尚美教育

立德树人理念下的小学美育实践探索

SHANGMEI JIAOYU：LIDE SHUREN LINIAN XIA DE XIAOXUE MEIYU SHIJIAN TANSUO

宿强　李建荣　著

四川教育出版社

图书在版编目（CIP）数据

尚美教育：立德树人理念下的小学美育实践探索 / 宿强，李建荣著. —成都：四川教育出版社，2022.1

ISBN 978-7-5408-7917-4

Ⅰ. ①尚… Ⅱ. ①宿… ②李… Ⅲ. ①美育—教学研究—小学 Ⅳ. ①G623.702

中国版本图书馆 CIP 数据核字（2021）第 269273 号

尚美教育：立德树人理念下的小学美育实践探索

SHANGMEI JIAOYU: LIDESHUREN LINIAN XIA DE XIAOXUE MEIYU SHIJIAN TANSUO

宿 强 李建荣 著

责任编辑 燕啸波
封面设计 许 涵
责任校对 李萌芽
责任印制 田东洋
版式设计 许 涵
出版发行 四川教育出版社
地 址 四川省成都市黄荆路 13 号
邮政编码 610225
网 址 www.chuanjiaoshe.com
制 作 四川胜翔数码印务设计有限公司
印 刷 成都市锦慧彩印有限公司
版 次 2022 年 1 月第 1 版
印 次 2022 年 1 月第 1 次印刷
成品规格 185mm×260mm
印 张 16.75
字 数 300 千
书 号 ISBN 978-7-5408-7917-4
定 价 68.00 元

以美育人

成就家国大爱

成都市成华小学校

二零二一年初夏 邵从速书

序

努力撰写美的教育学

成尚荣[①]

这本书摆在我面前，我恭恭敬敬、认认真真地读着，尽管是翻阅。她让我有了美的发现，其实，她本身就是美；她也让我有了美的教育沉思，其实，她本身就是一本美的教育学。

我说她本身就是美，又说她本身就是美的教育学，不是无聊的吹捧，而是真诚的认同。这里有个基本认识的澄清，不必把美看得过于神秘，也不必把美的教育学看得过于神圣。美是人类的一种生命现象，人活着就要追求美，生命有多么丰富，美就有多么广阔。成都市成华小学的老师们、小朋友们幸福地生活着，他们用自己丰富的生活、丰盈的心灵，书写着美的沉思与觉醒，表达着美的发现与创造，抒发着美的教育格调与境界，美与美的教育学就在其中了，真真切切，鲜明而鲜活。

美学是哲学的一个分支。黑格尔说："哲学的工作实在是一种连续不断的觉醒。"雅斯贝尔斯说"哲学就是在路途中"，"哲学不是给予，它只能唤醒"。成华小学提出的尚美教育正是基于学校教育价值觉醒后经过探索并逐步成型的。不断地在路上，不断地觉醒，不断地发现，不断地创造，这就是美的规律。马克思指出："人是按着美的规律来建造的。"成华小学按美的规律端正教育，按美的规律创造生活，按美的规律塑造人、塑造生命、塑造灵魂。这是一种哲思，是深刻沉思后的价值重塑，是价值重塑中对教育理想的追求、对育人信念的坚定，因而，成华小学是尚美的，是美的。

立德树人是教育改革发展的根本任务，这一根本任务要落实在所有学校里，但这绝不意味着教育是千篇一律、同质化的。立德树人这一共同任务可以有不同的切入口、突破点，

---

① 成尚荣　江苏省教科院研究员，教育部基础教育课程改革专家、中小学教材审查专家，中国教育学会学术委员会顾问。研究方向：课程教学、儿童文化、教师发展、学校管理。著作：《成尚荣教育文丛》《做中国立德树人好教师》《上有灵魂的课》。

而不同的切入口、突破点正是立德树人的实现方式，不同的实现方式带来立德树人的灿烂，带来学校的五彩斑斓，带来教育的生动活泼。成华小学选择的是尚美，尚美可以立人，尚美应该立人，尚美正是立人的方式。中国文化中德与美是相融的，美育不仅是德育的津梁与途径，而且是德育的目的。有人说，孔子始于仁、爱，即始于德，而终于美。从伦理学的视角看，美就是善；从美学视角看，善就是美。美与德的融合、美育与德育的融通、成华小学的立德树人的逻辑便是：以美立德，以德树人，再以美其身。成华小学育有道德的人，育审美的人，它的教育是一次美的历程，充溢着审美的愉悦和道德的情操。

成华小学尚美教育的历程大致是：首任校长胡天彦的殷殷美育情怀—继任校长曾蓉的丰盈审美元素之旅—现任校长宿强倾力学校高品质建设的伟大工程。值得注意的是，每一阶段都有着审美意蕴。首任校长的美育情怀，是尚美教育的开端，美、尚美教育的内核是情感。李泽厚先生提出“情本体”，朱小蔓先生提出“情感素养”“情感文明”，就是从情感走向审美，让审美以情感为燃料、为纽带。继任校长提出审美元素，是为了找寻审美的自由。自由是人存在的本质，是创造的“保姆”，要鼓励学生获得心灵的自由和创造的灵感，让学生插上想象的翅膀，飞向创造的天空，创造属于自己的创意世界。现任校长更是在尚美教育、尚美立人体系的整体构建方面历炼品质，从一个核心、三大系统、“三高”追求的理念与目标系统，到课程的规划与实施、尚美课堂的结构框架与行走方式，再到尚美校园环境力量的放大……一环紧扣一环，一步步深入，一层层推进。成华小学的尚美教育进入高质量发展阶段，追求高水平、高品位、高格调。美的历程也许没有终点，但一步步走来，正是美的觉醒、美的发现、美的创造。

成华小学形成了立德树人的审美范式，这一范式体现了“五育”并举与“五育”融合的思想、理念。全面贯彻党的教育方针，让审美与“五育”自然而又紧密地融通为一体，生根、铸魂、益智、润心的教育初心与真义，得到了和谐的统一，培养了完整的人、和谐发展的人。于是，成华小学的尚美教育实现了“美浸生活、美润人生、尚美立人”。这样的人，于教师，在尚美立人中淬炼自己；于学生，则在尚美教育中个性摇曳。总之，成华小学的尚美教育，似是一支美丽的歌曲，又似一篇散步着的美文，还似教育的壮丽诗篇。这一校本化的美的教育学理念，写在如诗如画的成华校园里，写在多情的成都田野中，写在广袤的中国大地上，最终写在儿童的心灵深处。生命的滴音，生命的澎湃，生命的歌唱，唱出尚美立人的旋律，这是教育的最强音，都是美的，让人有无限的想象并愿意追随。

建荣老师在宿强校长的领导下，带领团队，在实践中锤炼了研究的能力，提升了理性思考的水平，难能可贵。

愿这本美的教育学在今后的实践中进一步完善，让尚美立人教育走向全国。

附：成华小学校歌

美韵校园

词：李建荣
曲：李林

1=♭E 2/4

欢快活泼、充满朝气

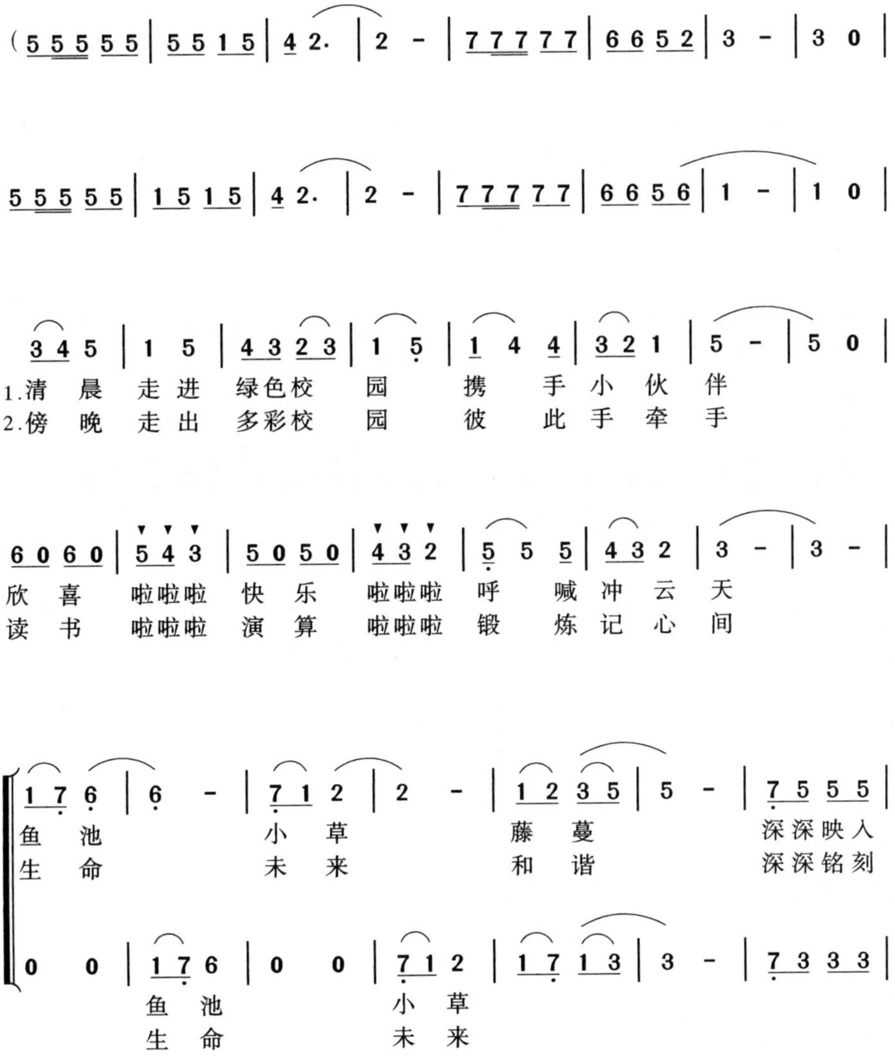

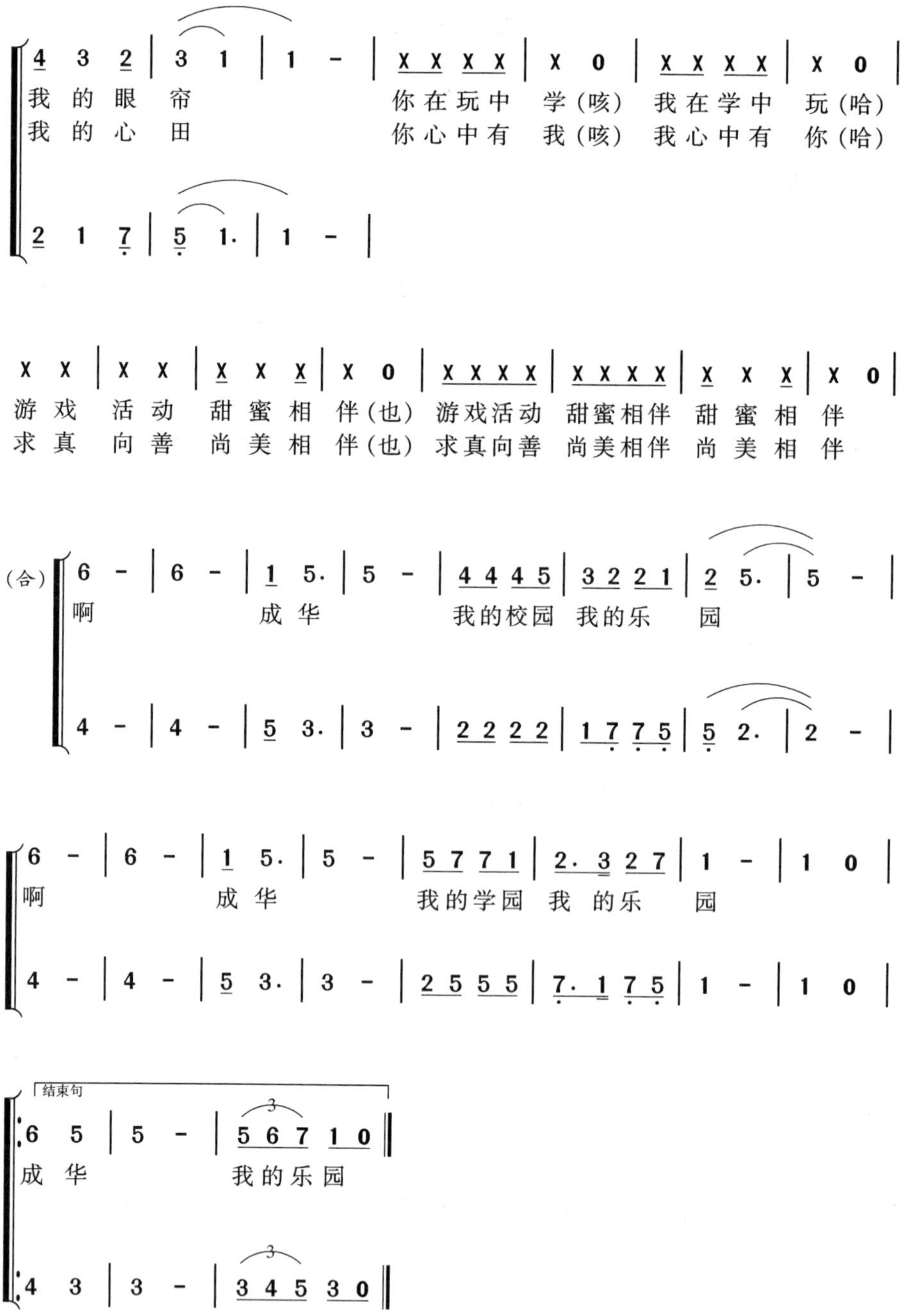
我 的 眼 帘 你在玩中 学（咳） 我在学中 玩（哈）
我 的 心 田 你心中有 我（咳） 我心中有 你（哈）
游戏 活动 甜 蜜 相 伴（也） 游戏活动 甜蜜相伴 甜 蜜 相 伴
求真 向善 尚 美 相 伴（也） 求真向善 尚美相伴 尚 美 相 伴
（合）
啊 成 华 我的校园 我的乐 园
啊 成 华 我的学园 我 的乐 园
结束句
成 华 我的乐园

目　录

第二篇　初心不改：尚美教育一路走来

第三篇　品质历练：尚美教育的行动篇章

前　言

美育，作为提升国民素质的重要手段，2020 年 10 月，中共中央办公厅、国务院办公厅印发《关于全面加强和改进新时代学校美育工作的意见》强调以美育人、以美化人、以美培元，把美育纳入各级各类学校人才培养全过程，贯穿学校教育各阶段，培养德智体美劳全面发展的社会主义建设者和接班人。西南大学美育研究中心主任赵伶俐教授表示：学校只要坚持以"提高学生审美与人文素养"为目的，开设美育规定课程和丰富的美育特色课程（选修），灵活设定考试方式，就能将考试压力转化为展现个性美的动力，激发出学生、教师、家长协力参考的热情和创造力。[①]

为什么美育会如此受重视呢？这涉及人类进入现代文明之后的精神追求与未来走向，涉及学校教育"培养什么人""为谁培养人""怎样培养人"等本原问题。所以，我们应该清楚教育人肩上的责任和担当，为时代做出自己的思考、努力与探索。

庄子言："天地有大美而不言。"柏拉图说："好的东西就是美的东西。"马克思说："社会的进步，就是人类追求美的结晶。"他还说："人是按照美的规律来建造的。"人性对美的追求也是永无止境的。美不仅能滋养人的性情，也可哺育人的理性，培养人的想象力和创造力，孕育全面和谐发展的个性。

成华小学开展尚美教育近三十年以来，试图充分挖掘教育资源中美的元素，与学校的育人活动有机结合，将美渗透于教学活动各个环节之中，并以审美心理学、尚美教育学、美学等多种理论为支撑，通过环境、内容、形式、手段等培养具有美的理想、美的情操、美的素养、美的人格的人，促进学生全面发展、和谐发展、特色发展。换言之，学校教育必须从"唯分数论""唯选拔属性"中觉醒，让教育担起立德树人、尚美立人的责任。

---

① 李晓，张国圣，晋浩天，等．美育如何教，又该怎样考［N］．光明日报，2020－11－17（7）．

美

关于美的学科属性，是为了考级或是升学加分？是为了语数外可以放弃的副科，或是让成绩不好的人可以混个艺术生？是有天赋的人可以追求的特权，或是仓廪实才能追求的上层建筑？是无用之用？如果是这样，美之为美，斯恶矣。

我们认为美随处可见，随手可拈，随性可得。

美是一个平凡的点头，美是一次短暂的握手，美是一句暖心的问候，美是一场黄昏的恋旧，美是一幕伤感的话剧，美是一坛陈酿的老酒……

美是“爸爸妈妈，再见”的温情，美是“老师，您早”的礼仪，美是“大爷，走稳”的叮嘱，美是“大哥，再来”的期待……

美在成华学子喜爱的校园中——

美是校园秀珍的小桥流水，美是围墙古朴的《清明上河图》，美是玉雕琢的“C形龙”，美是艺术流淌的画幅，美是律动人心的音符，美是书声琅琅的晨读，美是“加油！加油”的呐喊，美是书法展示的卷轴，美是捡起碎屑的瞬间，美是彼此感恩的眸子……

美是求真的探索，美是崇善的举止，美是坦诚的交流，美是包容的接纳，美是倾听的互动，美是善思的创新，美是厚积的薄发，美是知人的善任……

美是学科课中的个性，美是全科学习的共性，美是一轮轮课题研究的推进，美是一个个精彩活动的体验，美是一项项教育成果的积淀，美是一届届师生离别之前的相拥……

美是课堂上的积极交流，美是师生间的默契合作，美是成功后的嫣然一笑，美是探究中的遗憾一觑……

美在口中，美在手中，美在眼中，美在心中，美在成华小学这个大家庭之中！有人说，展开生命的蓬勃就是美。的确，美是丰富多彩的，也是极具个性化的。

尚美

所谓“尚”，即尊崇、注重、追求之意。尚美，简单地说，就是崇尚美好。尚美不仅是人的天性，更是一种高尚的人生境界。探索美好，崇尚美好，培养美好，成就美好，发扬美好，是尚美的目的。

尚美，是人类社会物质文明高度发达之后的必然要求，是精神文明和社会文明的具体体现，既表现出个人的感官认识，又表现为群体的共识性。

我们理解的尚美，包括三个层面：一是发现美，即在工作和生活中用自己锐敏的眼睛去欣赏和崇尚美的事物、现象，以美的事物感染自己、陶冶自己、润化自己，使自己的身心处于美的感受、包围、浸润之中。二是践行美，即把自己获得的美的熏陶、感染、理解，外化为工作、生活的源泉，行动的准则和动力。尤其在教学中，要善于发掘教材中的美的元素，善于用美的行为，使学生从学校和教师那里感受到美的气息，受到潜移默化的浸润和启迪。三是有美的人生发展，这既包括教师的美的人生发展，也包括学生的美的人生发展，这个美的发展，应该是言如其人、表里如一的，应该是坚持始终、一朝获取终生不变的，应该是对他人有示范效应，并让人效仿、弘扬的。

尚美既是一个名词，指的是追求美好这件事的全部；也是一个动词，即前面谈到的向往（动力）、尊崇（认同）、追求（过程）和践行（结果）与假、丑、恶相对立的价值取向和精神理念、行为表现等全过程；还是一个形容词，指的是追求美好之后呈现出来的给人眼前一亮的令人心情愉悦的那种靓丽形态或样态。

我们理解的尚美，指的是师生群体在教育教学活动中所显示出来的（或看得见，或听得到，或摸得着，或感受得到的）大家较为一致的崇尚和践行发现美、欣赏美、传播美、创造美的价值取向、信念、观点、处事方式、工作态度、行为规范、人际关系、生活方式及其作用等的总和。具体地说，就是在学校教育教学工作中，每个教师通过充满尚美追求的教师语言、教师形象、课堂教学、教育策略、闲暇生活、教育作用及其教育效果的总和。表现为通过教师个体的言传身教、潜移默化，直接作用于学生身上，使学生逐渐形成具有感知美、感受美、欣赏美和创造美的能力，并在学生身上显示出爱美的气质、审美的意识、尚美的行为和立美的特质。换一句话来说，就是在一所学校，除了直接就能看见的在物质方面的“美”的因素，更能通过教师和学生这些生命群体透射出爱美的氛围、寻美的足迹、赏美的行为、创美的意识等。有的美是外显的，一目了然的；有的美是内隐的，需要通过一些活动、交流，甚至交往，才能从中感觉到、领略到。

爱因斯坦在《纽约时报》上发表的《教育声明》中谈道：“用专业知识教育人是不够的。通过专业教育，他可以成为一种有用的机器，但是不能成为一个和谐发展的人。要使学生对价值有所理解并产生强烈的情感，那是最基本的。他必须对美和道德上的善有鲜明的辨别力。否则，他——连同他的专业知识——就更像一只受过很好训练的狗，而不像一个和谐发展的人。”

陶行知曾说过：“道德是做人的根本一环，纵然你有一些学问和本领，也无甚用处。否则，没有道德的人，学问和本领愈大，就能为非作恶愈大，所以我在不久以前，就提出‘人格长城’来，要我们大家‘建筑人格长城’。只有这样，才能使学生自觉地创造真善美之人格。”两位先哲的话语，直指做人的真善美，直指对人的道德和人格方面的明确要求，十分明显地包含着“尚美”的文化追求。

《礼记·学记》说：“君子之教，喻也。”“善歌者使人继其声，善教者使人继其志。”所谓“喻”“善”就是指教育的艺术。

“美”是一门科学，“教”是技术和艺术的综合体。在实现对学生尚美教育的渗透和影响时，只有大力提倡教师的专业化、提升教师“尚美”的专业素养，才能使教师有对教育理想的追求。直白地说，在教育教学实践中，就是要把各种教育资源中美的要素与教育教学活动有机结合起来，提高教育教学的艺术性，增强教育教学的感染力，让学生在审美中学习，在审美的情感共鸣中全面、健康、协调地发展，使教育的功能发挥到最佳状态。我们认为，美与审美是教育永具生机与活力的源泉，美应该走进学校，走进教室，走进教师心里，走进学生心灵，应该把一般的教育认知过程转变为美感体验和审美的过程，还教育以美，寓美于教育，做到“美景、美德、美智、美心”。

尚美教育

尚美教育，是指培养学生发现美、认识美、追求美、创造美的一切教育方式和教育活动。

纵观过去，可以说美育的价值一直是被低估的。今天，挖掘美育的价值，发挥美育的力量，不仅已经成为人们普遍的共识，而且也成了国家的政策导向。真正的教育应该是以美为目标的教育。因为教育的过程就是一个与美相遇的过程——科学追求并利用“真”，哲学探究并深入“善”，文学、艺术记录并展开“美”，真、善、美相通又相融，它们共同构成了人类教育要指向的育人目标。以“美”来定位教育的目标，不是要把人塑造成“成功者”，而是要成全人，要让每个人成为他自己——最好、最美的自己。所以，美育理念的定位应凸显“生命”“意象”和“化育”三大关键。其中“生命”是美育的具象根基所在，“意象”是美育的根本目的，“化育”是美育的基本样态。

学校要越过分数，看到人性深处和超越时代的东西。美育的主要任务是培养学习者感受美、鉴赏美的能力，发展主动表达、创造美的能力，培养出具备美的素养的未来人才。

在我国近代，著名学者、思想家王国维就将美育与德育、智育、体育相提并论，明确提出美育是培养“完全之人物”所不可缺少的一项重要内容。他在《论教育之宗旨》中说：“教育之事亦分为三部：智育、德育（即意志）、美育（即情育）是也……完全之教育，不可不备此三者。”他认为，美育应调和“人的感情，使人的感情发达，以达完美之域”。辛亥革命后，蔡元培于1912年2月在《对于教育方针之意见》一文中提出了包括美育在内的国民教育宗旨。他将自己的新式教育方针总结为德育、智育、体育、美育四个方面。鲁迅在教育部任职时，就热忱支持教育总长蔡元培倡导美育。1993年2月13日，中共中央、国务院印发的《中国教育改革和发展纲要》指出：“美育对于培养学生健康的审美观念和审美能力，陶冶高尚的道德情操，培养全面发展的人才，具有重要作用。”

尚美教育就是在教育教学过程中，遵循儿童身心发展特点，遵循美的内在与外显规律，把向往（动力）、尊崇（认同）、追求（过程）和践行（结果）美的思想、方法、路径融入其中，使学生在学习、成长的整个过程中受到美的感染、熏陶、浸润，并获得美的认知、美的发展、美的创造。

尚美教育要从尚美意识、尚美能力、尚美行动三个方面进行推进。这三个方面，正是尚美教育的基本路径，它能融合真、善、美，让三者相互协调、相互统一。

第一，树立尚美意识。成华小学自建校起，从校长到教职工再到学生，就树立起了“以美育人”的基本意识，于是在校园建设、学校管理、教育探索、教学研究、活动开展、家校共育、社区对接等方方面面，大家都牢记尚美二字，践行尚美理念，落实尚美行为，呈现出了环境尚美、课堂尚美、活动尚美，教师尚美、学生尚美、家长尚美的可喜局面。这些美的情境、美的过程、美的结果，都依赖于有尚美意识。

当今，我们需要在尚美好教师、现代美少年方面做得更好，走得更远。所以，我们利用党建园地、开展团队建设、加强理论学习、开展各项比赛活动，促使尚美意识更好、更精准地落地、落实、落细、落深。

第二，训练尚美能力。尚美能力，包括尚美的学习能力、尚美的生活能力、尚美的工作能力、尚美的社交能力等。教师的尚美能力主要指尚美的教育能力、尚美的教学能力、尚美的交往能力、尚美的沟通能力等。学生的尚美能力主要指尚美的学习能力、尚美的活动能力、尚美的表达能力、尚美的生活能力、尚美的合作能力、尚美的交往能力、尚美的展示能力等。

我们所说的尚美能力，指教师和学生所共同存在的方方面面，更侧重在课程、课堂两个方面。也就是在课程建设和课堂教学两个方面，要更好、更多地彰显出尚美意识、尚美行为、尚美特质。我们采取分层培训、分步推进、分项落实等措施，让教师和学生的尚美能力分期、分阶段、分目标得到逐项训练、逐一落实。

第三，付诸尚美行动。行动出智慧，行动出真知。有再好的理性认知，有再好的理论建构，不付之行动，那都是空谈。空谈是无意义的，“喊破嗓子，不如甩开膀子”，我们在理性分析、理性认知的基础上，付出真实的行动，这才是尚美的求真、求实，这才是尚美的具体行动。

我们的尚美行动，坚持以人为本，坚持知行合一，坚持一以贯之。近三十年的“以美育人”教育教学实践，就充分说明我们不是空谈家，而是实干家。

尚美有付出，才有尚美的收获；尚美有行动，才有尚美的成果。本次对我校尚美教育及研究的成果梳理，也是要向更多的教育同行证明——成华小学走出了一条卓有成效、特色鲜明的育人之路，这正是学校高品质发展的有益探索。

第一篇

尚美立人：学校教育的价值觉醒

苏格拉底认为："智慧是唯一的美，无知是唯一的恶。"智慧来自读书、交流与实践，智慧来自教育，尤其来自学校教育。要获得智慧之美，教育首当其冲，责无旁贷。

"建成文化强国、教育强国、人才强国、体育强国、健康中国，国民素质和社会文明程度达到新高度，国家文化软实力显著增强。"这是党的十九届五中全会提出的2035年基本实现社会主义现代化的远景目标。

第一章 / 美浸生活

什么是教育？著名教育家叶圣陶先生说："养成习惯，换个说法，就是教育。"此话简洁明了，一语破的，揭示出了教育的真谛和本质。

那么，怎么做教育呢？"千教万教，教人求真；千学万学，学做真人。"叶老告诫我们，教育在一个"真"字上，它突出的是真实、真诚、真理，强调做人要"真"，做学问也要"真"，我们要与真、善、美同行。

"小学教育的价值，就在于打定小学生一辈子有真实明确的人生观的根基。"这又是叶老的谆谆教诲。叶老教育思想的精髓就是着眼于学生的人生，因此小学教育的意义就是为学生的人生奠基，为学生的一生发展奠生活之基、思想之基、心理之基、品质之基、人格之基。

我们的办学使命就是"为学生的尚美人生奠基"，让每个孩子都与爱相伴，与美相随，在小学六年学校生活中打好人生的底色，实现自己美的成长。

一、 学校教育的价值觉醒

我们一直在思考：尚美教育怎样为学生的人生奠定尚美的基础呢？

美育的特点是"随风潜入夜，润物细无声"，所以，尚美教育就要让学生慢慢受到浸润，在课堂学习中、在课外活动中、在家庭生活中，耳濡目染，逐步受到潜移默化的影响，久而久之，学生自然会在其中受到熏陶、感染，渐渐地就会发生质的变化。

成华小学办校时间不长，历史文化积淀相对较为薄弱，但是，从建校伊始，首任校长胡天彦就敏锐地捕捉到了"美育"这个人类最高追求作为学校育人的抓手，率先开启了"以艺术教育为突破口，深化美育，促进学生全面发展""儿童生活美育和谐发展研究”“小学学科教学审美化对师生素质发展的影响研究”和“美育校本课程的开发与研究”四项研究，奠定了学校“以美育人”的教育主张和基本思路。继任校长曾蓉在传承中发展，组织开展了“教师尚美文化建设的实践与研究”“小学生尚美社团的构建策略与发展价值研究”，使学校的美育由艺术教育走向了更多的关注人的教育，总结并上升到了“尚美教育”层面，为成华小学打造出了一面亮丽的旗帜。第三任校长宿强在发展中创新，把老师们带入到“基于尚美核心素养的课程整合研究”“基于STEAM理念的尚美课程优化行动研究”之中，使成华小学的尚美教育再上新台阶，实现了教育理念的进一步优化、教育目标的进一步明确、教育行为的进一步落实，实现了“艺术之美”向“人生之美”的巨大转变，学校全方位彰显“尚美立人”指导思想，呈现出前所未有的学校尚美、教师尚美、学生尚美、家长尚美的可喜局面。

教育部副部长田学军、万丽君都曾到学校调研美育推进工作及艺术、体育综合测评工作，对学校都给予很高评价，学校被教育部领导称为“全国最美小学”，教育部艺术司常委谷公胜评价说：“到成华小学看一看，你就知道什么是中华传统美学精神。”

2019年开始，基础教育进入全面提高育人质量的新阶段。2020年10月29日，党的十九届五中全会提出，“十四五”期间要“建设高质量教育体系”，到2035年要建成教育强国。教育部副部长郑富芝指出，要站在国家立场、人民立场、党的立场来讨论基础教育高质量发展问题。他强调，科学的教育理念对基础教育高质量发展至关重要。科学的教育理念主要包括“有教无类”“素质教育”“因材施教”等方面，要从立德树人、推进公平、注重特色和补齐短板四个方面着力。①

成华小学从1991年建校起，就提出了“以艺术教育为突破口，深化美育，促进学生全面发展”的响亮口号，至今已在美育道路上历练了三十个年头。近年来，随着“一校一品”“一校一特色”的时代呼唤，我们由最初的在艺术教育中育人，到全面实施以美育人；由在艺术教育中探索美，在儿童生活中发现美，在学科教学中感受美，在校本课程开发中引领美，在教师文化建设中提升美，在尚美社团中渗透美，在课程整合中彰显美，在课程优化中沉淀美，总结出“一训三风”、尚美办学目标、教师尚美发展目标、尚美学生培育目标，形成了“六注重”“六懂得”尚美团队文化及《管理团队公约》等，使“以美育人”教育思想一直引领和影响着学校各方面工作持续、稳健地向前推进。我们提炼出了尚美教师、尚美学生、尚美员工、尚美家长评价指标，总

---

① 郑富芝．牢牢把握基础教育高质量发展的方向［J］．人民教育，2020（21）．

结出了各项课题研究的相应评价指标，梳理出了《课堂教学“五法”》《教师观课“五要”》《尚美学堂观课记录》《尚美教师“四状态”“二十六细则”》等，逐步形成了当今成华小学尚美教育的鲜明旗帜和以美育人的品牌效应，使得成华小学教育理想在美育这方沃土上生根、发芽、开花、结果，绽开出成华小学尚美的艳丽花朵。

教育是时代的产物，教育必须紧跟时代节拍。2018 年 9 月 10 日，习近平总书记在全国教育大会上发表重要讲话，站在新时代坚持和发展中国特色社会主义的战略高度，深刻回顾了党的十八大以来我国教育事业发展取得的显著成就，系统总结并提出我国教育改革发展必须坚持党对教育事业的全面领导，坚持把立德树人作为根本任务，坚持优先发展教育事业，坚持社会主义办学方向，坚持扎根中国大地办教育，坚持以人民为中心发展教育，坚持深化教育改革创新，坚持把服务中华民族伟大复兴作为教育的重要使命，坚持把教师队伍建设作为基础工作。这“九个坚持”，深刻回答了培养什么人、怎样培养人、为谁培养人这三个根本问题，对当前和今后一个时期的教育工作指明了方向，为加快推进教育现代化、建设教育强国、办好人民满意的教育提供了根本原则。所以，新时代立德树人是对我们教育者提出的明确目标、清晰任务、工作方向、行动抓手，我们必须不折不扣地贯彻和落实。

我们成华小学的教育主张——尚美在新时代便有了新的内涵、新的要求、新的责任、新的使命。我们必须在立德树人思想指引下，把尚美教育做得更好、更实，使我们的工作呈现出成华小学风采，使尚美成为成华的个性名片。

二、 尚美教育与学生生活

课文之美、课堂之美、课外之美，都是追求美的很好的凭借。成华小学是如何在学校教育中实施美育，引领师生尚美的呢？换一句话说，成华小学的师生是怎样在学校教育教学活动中受到美的浸润的呢？我们的回答很简单：让尚美浸入学生的生活！

（一）尚美教育浸入学生的学校生活

我们相信面向未来的教育，真正的大智慧是以价值观唤醒人心的潜力，激发动力，养成终身自主学习的良好习惯，让人因内在的美而自主发展，忘我生长。所以，我们用美去占据儿童纯洁的心灵，用美去滋养他们的心田，从而激发他们对一切美好的人与事的爱，进而崇尚美、追求美。

学生的大部分时间都是在学校度过的，学校是他们学习、锻炼、交往、玩乐、成长的地方。党的教育方针指出，学生应该在德、智、体、美、劳各方面都得到发展，也就是我们今天说的“五育”并举，全面发展。怎样实现“五育”并举、全面发展呢?

1. 环境尚美

孟母择邻而居，三迁其所，就是为了给孩子一个好的成长环境。古语说得好，蓬生麻中，不扶而直，也正说明环境育人的重要作用。所以，我们要创建和谐、文明、向善、有礼仪的尚美物化环境，以利于学生的健康成长。我们在学校不同校区、不同区域、不同楼层、不同角落，布置不同的文化点缀，使学生在哪里都能感到学校的一砖一瓦、一草一木、一景一物都在提醒他们、教育他们、规范他们，促进他们懂规矩、守礼仪、讲文明、重和谐。比如，我们的锦绣校区就是按表1—1的系统布局的，很值得玩味。其他校区大致相同，都在集中展示一个“美”字、一个“细”字、一个“精”字。

(1) 艺术作品分布篇

表1—1 各楼梯及楼层主题

<table>
<tr><th>1号楼梯</th><th>2号楼梯</th><th>3号楼梯</th><th>4号楼梯</th><th>5楼：彝族风情画</th></tr>
<tr><td rowspan="4">素描（包括孟德里安系列）</td><td rowspan="4">走进大师（包括凡·高、克里姆特系列）</td><td rowspan="4">儿童画</td><td rowspan="4">剪纸</td><td>4楼：儿童画（版画为主）</td></tr>
<tr><td>3楼：水墨画（川剧元素）</td></tr>
<tr><td>2楼：绘本故事（水性笔作品）</td></tr>
<tr><td>1楼：儿童画（剪纸、剪贴画）</td></tr>
</table>

目前，整个校园共陈列展出500余幅艺术作品，每一幅都是教师和学生自己创作且自愿展示的作品，连每幅作品的标签也是学生自己填写的。我们的理解是：结果并不重要，但这个过程会给师生留下尚美的印迹。

二楼“秀美舞台”——楼内艺术活动综合展场。一端为小舞台，既可以供师生进行歌唱、舞蹈、乐器等演出，也可以举办学生个人艺术作品展。

以二楼为代表，孩子们创造出来的艺术作品，纷纷从纸上翩然飞出，变成了各种材质的装饰品装点着校园。

最初，在三个美术室里，装裱着名家剪纸大师和部分孩子的剪纸小作品，大家走进美术室就能感受到浓浓的剪纸氛围。后来，美术老师们借鉴了吕胜忠的“小红人”，做出了三间美术室的木头门把手，把孩子们的剪纸作品“我自己的头像”翻刻成木版画镶嵌在美术室大门上。没想到这一行动暨成果受到了师生们的广泛喜爱。如此一来，老师们便脑洞大开，孩子们的剪纸作品逐渐占据了校园更多的角落：楼梯间的图书角里，大大小小的剪纸故事版画和温暖的灯光陪伴着孩子们安静阅读；二楼的尚美小舞台上，抽象风格的大红剪纸背景吸引着大家的目光，许多来校参观的家长都愿意带着孩子在此留影；小舞台前铺设着由孩子们的剪纸作品放大而制作的地砖画，周围的柱子上是用金属制作的剪纸造型灯；外延的一圈班级教室区，选择了几十余幅学生剪纸作品，有的被用腐蚀铝板放大制作成了装饰墙，有的被做成了 pvc 版画，有的被用木板翻刻成了红色和黑色的吊顶装饰；五楼学术厅后墙上，是一幅高 2.4 米、总长 10 米的剪纸版画。为了完成这部巨幅作品，孩子们团结合作，前后花费了几个月时间，围在作品边跪着画、趴着刻，最终完成了创作。这部作品对学术厅起到了画龙点睛的效果。

大量剪纸元素的系列作品，表现出孩子们与大自然、动物、环境的和谐相处，把孩子们热爱生活的童真情趣体现得淋漓尽致。

三楼“川剧魅力”——川剧水墨精品系列。有水墨喷绘趣味挂帘、艺术扇门、装置艺术、雕窗、艺术卷筒画等。

五楼“民风堂”——彝族风情木刻画。这里是学校彝族文化作品系列的展场，是成华小学多年来美术教育成果的精华部分。这些作品分别在教育部主办的三届“全国中小学艺术节”中获得过一等奖，部分作品还被编入人教版美术教材，也有受西昌市人民政府邀请举办“梦回凉山”专场作品展的作品，如彝族麻布画、趣味脸谱、彝族风卷筒装置、民族装置摆件……

（2）校园文化项目篇

①教学楼外观。教学楼外墙悬挂五彩琴键，源于校歌“多彩生活”。我们希望每一个孩子在成华小学都能拥有多彩的童年，为奏响人生的华彩乐章奠定坚实基础。

②成长门。校门旁边的收发室外墙是嵌有“成”字的“成长门”，每天孩子们由此进入学校，寓意是希望他们在这里能够快乐成长、体验成功；放眼望去可以看到校园里朱红色繁体“华”字造型的“华夏门”，寓意“为中华之崛起而读书”，它与“成长门”遥相呼应，也含有成华小学的“成”“华”之意。

③美育大厅。“美语墙”上排列的所有汉字都能按上下左右连接中间的“美”字组成相应的一个二字词语，可以给学生传递生活之美、语言之美、行为之美、人性之美，让学生在文字的浸润中体会美。左右两侧将分别呈现“五旗一徽”和学校校歌，“我们美美地在一起”画架将呈现校徽、校训以及师生的一些精彩活动照片，寓意教师和学

生一起成长，学校是我们共同的家。“遨游天地”将养殖一些水生植物和水生动物，我们希望以这样的方式告诉孩子要保护生态、爱护环境。

④华夏门和华夏龙。中国是龙的国度，中华民族是龙的传人。“华夏门”旁边的雕塑参考了“华夏第一龙”的造型。“华夏第一龙”是内蒙古翁牛特旗博物馆于 1987 年在民间征集到的一块黄玉龙形器，经中国文物部门鉴定，最终被认定为国家一级文物而列为国宝。“华夏第一龙”也称“C 形龙”，龙体蜷曲呈 C 形，正好和我们成华小学的“成”字拼音首个字母 C 吻合。我们借“华夏门”和“华夏第一龙”的大气之象，寄寓学校致力于传承中华民族优秀的传统文化，浸润师生的美好人生。

⑤耕读园与栀子花。校园南侧有一块小天地，既可以耕种，体验劳动的快乐，又能学到文化知识，这就是“耕读园”，取自“耕为本务，读可荣身”。“耕”是指种田，“读”当然就是指读书了。古人农忙时耕田种地，丰五谷，养家糊口，以立性命。在高楼林立、土地稀缺的城市，在我们的校园内开辟这么一块让同学们能够体验农耕文化的地方，也是希望要将劳动与读书相结合，在实践中去领悟生活的真谛。学校德育处制定了评比方案，同学们可以凭累计积分换取“耕读券”，周末和同伴、家长一起来体验耕地、播种、管理、施肥、收获的全过程。同学们通过自己的劳动，从平凡的土地收获鲜花、蔬菜、水果，体验劳动的快乐，见证土地的神奇。这里也是我们红领巾的科技种植园。

建校以来，每到毕业季，校园里都会盛开栀子花，渐渐地，栀子花就成为学校师生情谊的代表。操场边的景观石上，应景地刻着张祜的诗：“南檐架短廊，沙路白茫茫。尽日不归处，一庭栀子香。”

⑥楼梯间阅读区和楼层主题厅。我们相信阅读可以改变人的气质。学校教学楼 1—4 号楼道的楼梯间和 2 楼的走廊，都有开放式“诚信书吧”，课间我们可以看到学生三三两两地在这里阅读。

教学区每层楼的小活动厅都围绕“美”的主题布置。

一楼主题“发现美”：周边的展示柜，可以陈列学生自己发现的最喜欢的东西，让学生在生活中学会发现美。

二楼主题“欣赏美”：这里是主题灵活的展场。从大师到身边的师生家长的作品，都生动地展现在孩子们面前，让孩子们去欣赏美。

三楼主题“创造美”：此处展示的作品是水墨国画风格的地方特色文化作品，有川剧的滚灯、吐火、门神等元素。学校承研的课题“川剧文化在学校艺术教育中的应用”

取得了丰富的成果，川剧元素也融入了学生的美术和音乐类社团。学生川剧系列作品有线艺、剪纸、雕刻、沙画等，分类丰富多彩。

四楼主题“传承美”：这里用“四书五经六艺”装饰，让学生了解中国古典文化，传承文化经典，中间的石材“案桌”，展示了活字印刷为代表的中华文化的精粹，学生可以在上面下棋、练习书法。近期，学校正在收集全校师生的姓氏，打造“成华小学百家姓氏园”，让每一个师生和来宾走进这里，找到自己的姓氏，了解中华民族姓氏的渊源。

⑦舞蹈服装展示厅。学校的舞蹈团队出访过许多地方，舞蹈也成为成华小学的特质所在。这里将优美舞姿的元素渗透在服装陈列柜里，为师生展示了舞蹈带给我们的另一种视觉美。

⑧心理咨询室。这里以个体辅导和团体辅导相结合，并专门设立了宣泄室。这里色彩温馨，让学生能够放松心情，进入到和美的情境中。

⑨“I class”未来教室。这是成都市 14 个教育体制机制改革重点项目之一，在这间教室里，引进平板电脑到课堂，师生会体验全新的教学方式，是成华区第一间“未来教室”。目前我们拥有一支实验教师团队，并设置了实验班，学科涉及语文、数学、英语、音乐、美术、科学、生活、生命与安全等。我们旨在通过这个项目更新教育理念，拓宽教师视野，优化教学方式，进一步激发学生学习兴趣，促进学习方式的改变和学习效率的提升，培养具有现代学习视野和技能的现代小公民。

⑩管乐训练厅。管乐一直是我校享誉省市区的传统艺术项目。多年来，我校管乐团队多次受邀出访日本、新加坡等国家，多次在成都市娇子音乐厅、四川省聂耳音乐厅演出。学校精心设计和打造的专业的管乐训练厅，能充分保障师生日常训练及备赛备演。

多年的尚美教育让我们逐渐明白，儿童美育的真正目的是让孩子拥有一颗柔软而又敏锐的心，透过这颗心，他才能充满自信地走进这个世界，领略和欣赏生活里种种奇妙、有趣和美丽的现象，这些现象可能是色彩，可能是线条，也可能是音符，但更有可能是一种与外界事物互相融合的开放的内心活动。如果美育开始得早，引导得从容，整个人生都会因此而受益无穷。说得窄一点，这是一种品位的养成教育。说得宽一些，这其实就是整个人格的养成教育！而爱，是一切美的事物的源泉，以爱的眼光来看世界，你将会看到无限的美好。我们的孩子不见得、也不可能在成人之后都成长为艺术家，但我们却可以让他在一生之中都具有很好的审美素养，从而能享受作为欣赏者的乐趣，让他踏踏实实感受美的存在，让他终身都能与美同行，让美的追求不断延伸。

2. **课堂尚美**

学校教育主要是通过各种课程在具体的学习活动中实现的。因此，我们竭力挖掘国家课程、地方课程和校本课程的美育因素，以“美育目标”的方式，由硬性规定到自觉所为，促进老师牢固树立尚美育人的意识，不放弃任何一个有美育价值的课程载体或因子，在每个学科、每节课中坚持如一地实施美育。具体地说，就是要在学科课程教学中融入审美化的因素，通过老师深入挖掘学科课程中的美育因素，对学生适时地进行美育熏陶。这就要求教师一方面在理解、把握、处理教材的时候，要注意提取不同学科教材中的“美”的成分，以便对学生施加美的影响。当然，这对每个教师在解读文本时，都提出了更高的要求——不仅要深入理解教材，准确吃透教材，还要用审美的眼光去解读教材、使用教材。另一方面还是要根据不同学生的不同审美标准去驾驭教材，实施尚美影响。

我们对全体教师提出了学科教学审美化的总目标：探索小学各学科教学审美化的基本途径和方法，建立学科教学审美化基本模式，以此提高教育教学质量，促进学生综合素质尤其是审美素质的发展，促进教师队伍审美素质进一步提高，推动学校素质教育的改革进一步深化。

在总目标之下，还明确要求要有具体目标，一般包括，三个方面：

一是着力创建审美化教学基本模式，把美育与学科教育教学内容恰当、有机地结合起来，实现更高层次学科教学审美化，促进学科知识的掌握、审美能力的培养。

二是培养学生正确的审美观和审美能力（审美欣赏、表现、创造），培养良好的人格品质，促进身心健康及各方面素质和谐发展。

三是提高教师的职业道德，塑造良好的教师形象；强化教师美育意识，提高其实施美育教学的能力；树立积极的审美价值观和良好的审美心理，具有一定的审美知识、审美欣赏、审美表现和审美创造的能力。

在此基础上，我们还明确了学科教学审美化的主要表现，包括：教学目标审美化、教学内容审美化、教学组织形式（方式）审美化、教学环境审美化、教学评价审美化、学生学习审美化和教师教学行为审美化等七个方面的具体要求。

教学目标审美化。每一节课充分展示教材的审美内容，借助审美教育达到既传授学科知识，培养能力，又培养学生感受美、欣赏美、创造美的能力的目的。

教学内容审美化。通过各科教材内容对学生进行美的教育。教师把教材中美的因素与一般的知识性内容有机组合在一起，内化到教师头脑中并与自己已有的审美观相结合，然后通过多种教学手段让学生在感知美的过程中掌握知识。

教学组织形式（方式）审美化。主要包括教学组织、教学方法、教学语言等审美化。教师在设计和实施各教学环节时，要抓住教材的重点，找准知识与审美教育的结合点，紧扣学生兴奋点，组织好引人入胜的开头、热烈探索的高潮和严谨清晰的结尾，保持课堂教学结构的完整、有序和节奏。教学方法要追求艺术化。如教学手段赏心悦目，教师体态、语言、神情亲切动人，具有感染性。板书美观清晰，使学生在美的实践中获得知识，又获得美的享受。

教学环境审美化。主要是教师与学生之间形成一种热爱、尊重、愉快、平等合作的师生互动的课堂气氛，即造成一种审美化的课堂，由此激发学生的学习兴趣，活跃学习思路。要建立审美化的教学环境，特别强调教师在教学过程中的情感投入。只有教师以愉快、欢乐、期待、热情的情感投入教学，才能唤起学生的积极情感，使其智力活动达到最佳状态。

教学评价审美化。强调教师对学生的评价必须以表扬、赞同、激励为主，不能用训斥、指责甚至鄙视的方式对待学生。这样有助于学生在学习活动中体验到积极的情感，激发学生的自信心。

学生学习审美化。审美化的课堂应该充分体现学生的主体作用和教师的主导作用，教师要引导学生学得主动、积极、轻松、愉快、顺利、高效，做到以美感人、以情动人、以美促行。因此，教师必须以美的法则来精心设计和优化教学过程及知识的呈现形式，充分挖掘教材中的审美内容，给学生展示并使之感受、体验到教育教学内容的审美因素，组织开展以学生为主体的充满自由、创意的教学活动。让学生积极主动地学习和潜移默化地感受美的情绪，感知美的形成，获得美的知识，陶冶美的情操，而且能让学生更有效地掌握知识，形成技能，开发智力。

教师教学行为审美化。以美育人是教师实施美育的最佳途径。因此，教师必须从各方面给学生以审美示范。除了不断加强良好师德修养，以完美人格潜移默化地塑造每个学生的心灵美外，还要有美的仪表、自然潇洒的举止、整洁合体的衣着、稳重大方的姿态、精神饱满的情绪，给学生以踏实可信的印象和赏心悦目的美感。再次，教师要有美的语言及丰富的知识。准确、生动的语言、语调、语气能恰当地传情达意，传授知识。教师和蔼的态度、渊博的学识，更会给学生以美的示范，带给学生美的享受。

为保证尚美教育在学校不折不扣地贯彻实施，针对教师教学行为审美化，我们采取了如下具体举措：

增强审美示范意识。为了丰富教师美育理论知识，增强审美意识，提高审美化课堂教学技能，我校每期制定详细的《教师尚美培训计划表》，按计划认真组织教师参加美育实验专题培训（包括定期参加总课题组举办的各种讲座）。采用“走出去”“请进来”的做法，组织教师外出参观学习，并请专家到校做专题讲座，给教师提供美育书籍，通过学习、交流帮助教师增加美育知识，提高审美素养。

强化教师审美示范训练。①制定规范。学校制定了《成华小学教师礼仪条例》和《成华小学审美化教学操作细则》。从“思想美、语言美、仪表美、行为美”四个方面向教师提出了具体要求，以规范教师的教学行为，形成“审美一立美一创造美”的良好心理品质。②开展竞赛。为了提高教师审美示范能力，学校组织开展了教师教学基本功竞赛（板书设计、朗读比赛、范文竞赛、粉笔字展示、摄影、绘画、书法等）活动，并将其纳入评优条件。③精心备课。要求实验教师的备课着重从美育目标、美育因素、美育渗透点、美育手段、美育效果五个方面去考虑、设计，以提高教师的审美教育技能。④异地练兵。学校结合学科教学审美化研究，分别组织青年教师赴外地学校上研究课，与兄弟学校的同行们共同交流探讨。

展示教师审美示范形象。校内开展“教师形象设计比赛”，并选派教师参加“教师新形象风采大赛”。从进入教室形象、讲台形象、上课形象、教学结束形象、教师服饰礼仪形象、整体台感形象六个方面进行严格训练。

“师高弟子强。”教师要做到教学行为审美化，必须大力提升自身的审美与示范能力。教师要用自己美的人格、审美素养、审美示范能力等，去对学生进行潜移默化的影响。学生在这样美的氛围中，自然会被浸润，被感染，被化育，渐渐变成美的少年。

3. **课程尚美**

我们加强了校内美育课程的设置。主要有：美育综合课、艺术综合课、微型课。

开设美育综合课。美育综合课作为学校美育系统中的核心课程，旨在集中系统传授美的知识和技能，是提高师生审美素质的途径之一。每班每月利用班队活动时间开设一节美育综合课，教师根据美育目标系统，有计划、有步骤地利用自然、社会、艺术、科学等美的内容，精心设计活动内容及活动形式，以学生为主体，让学生积极主动地参与活动，培养学生的审美欣赏、审美表现和审美创造能力，并将美育课的教学特点辐射到其他学科，使之也渗透审美教育。

开展艺术综合活动课。每月设一节艺术综合活动课。这种课打破常规的教学模式、结构，以学生的参与表现为主，综合各种艺术形式，寓教于乐，让学生在活动中主动、愉快地学习。

开设微型课。利用每周一节早读课（20 分钟），以微型课形式，开展艺术欣赏和社会热点话题讨论。欣赏课的内容有音乐、美术作品欣赏，作文品词摘句欣赏、朗读比赛等。社会热点话题主要以“用我们的眼光看社会”等形式培养学生鉴赏评价美的能力。

4. *活动尚美*

在学校，除了课堂学习氤氲尚美气氛，学校的德育活动、传统活动、特色活动，也无一例外地包含美育要素，全体教职员工每时每刻都不忘对学生美的影响和渗透。我们学校活动很多，也各具特色，深受老师、学生及家长喜欢，也备受兄弟学校青睐、赞许与效仿。其中，我们的社团活动可谓极其独到，值得一叙。

我们在设计、组织、开展社团活动时，就响亮地提出了“让每一个孩子的生活都充满阳光，让每一个孩子的生命都拥有尊严，让每一个孩子的童年都绽放异彩，让每一个孩子成长都奔涌活力”。2010 年春季，学校开始大规模组建“尚美少年社团”，号称“百团大战”，其中艺术类社团顶起了半边天。

为什么要举办社团呢？学校第二任校长在与一位教育专家对话时曾谈到学校的艺术节有近三分之一的学生都上台表演了，不料这位专家却反问道：“三分之一的学生上台表演了，余下的三分之二学生呢？难道我们的活动就只是面向这三分之一吗？可不可以有一个平台能让每一个孩子都有展示自己天赋与才华的机会？”

专家的提醒让学校班子陷入深思，此前，虽然获得了各界的肯定与鼓励，但学生参与艺术活动的面仍然有限，美育的阳光还没有普照到学校里的每一个孩子身上。学校干部、教师反复商议，最终萌发了在校内大规模建设少年社团的构想。后来开展的“百团大战”，全校学生参与面成功实现 100%的目标。此举受到四川省教育学会常务副秘书长纪大海高度评价，他说：“学校在艺术教育普及面这个工作中开展的尝试值得称道，如此大规模组建学生社团尚属首创，让学生的童年生活在美育和艺术教育中能更加阳光、更有尊严，生命更有活力、更加绚丽多彩。”我们的社团活动，还申报了成都市规划课题，严格按照“课题研究”标准组织开展社团活动，并厘清了我们对社团的正确理解，形成了小学组建社团的有效策略，尤其是使我们清楚地认识到了尚美社团对学生、教师、学校的不可低估的价值和作用。

总之，尚美教育浸入学生的学校生活，就是要让学生在学校学习、生活、活动的每时每刻都能感受到美的氛围，呼吸到美的空气，感染到美的魅力。

（二）尚美教育浸入学生的家庭生活

肖川教授曾说，教育要“用生命去温暖生命，用生命去呵护生命，用生命去撞击生命，用生命去滋润生命，用生命去灿烂生命”①。

印度诗人泰戈尔说：“不是槌的敲打，乃是水的载歌载舞，使鹅卵石臻于完美。”随着物质生活的不断提高，美对学生的影响日益增强。怎样积极调动家庭、社会的教育力量，为学生营造一个美的生活空间，让学生能在一切生活环境中认识美、鉴赏美、创造美，并利用各种环境开展审美活动呢？

我们坚持审美对象的多样化原则、审美主体的实践性原则、审美范围的广泛性原则和审美活动的开放性原则，让儿童的审美活动形成学校、家庭、社会“三位一体”的相互沟通、互为补充、相辅相成的关系。

为促进家庭卷入我们的尚美教育中来，我们制订《儿童生活美育目标体系》，期望起到指向、激励作用。这个体系将美育目标（见表1—2）分解为审美素质目标和审美教养目标。审美素质分为审美观和感受美能力、鉴赏美能力、创造美能力；审美教养目标分为道德修养、个性心理素质；同时还制定了家庭美育目标、社会美育目标。

表1—2　儿童生活美育目标

主要目标	具体目标	
审美素质	审美观	能够掌握一定的美学知识和一些鉴别、评价美的标准，形成正确的审美观点
	感受美	能自觉调动情感系统去感知事物形态美，具有“热爱”“同情”等审美情感
	鉴赏美	能凭借生活经验和审美情趣，有意识地对审美对象进行观察品味，从而获得美感和乐趣
	创造美	学会在生活中主动表达美，有进行美的创造欲望和初步能力
教养目标	品德修养	守纪、守时、文明待人接物 热爱生活、爱国、爱校、爱家、爱同学 诚实、正直、负责
	心理素质	具有一定的自我评价、自我调控能力，有积极向上的追求目标和健康情趣。学会交往，群体意识、合作精神强

① 肖川．生命教育：为幸福人生奠基［J］．人民教育，2007（12）．

表(续)

主要目标	具体目标
家庭美育目标	1. 喜欢观察和发现生活中的美好事物并能产生相应的美感和乐趣 2. 能经常与父母一起评价现实生活中的真、善、美、假、丑、恶的现象 3. 在家庭中尊老爱幼，对长辈有礼貌，行为举止文明 4. 和父母一道布置家庭小天地 5. 每天有一定时间从事一项艺术活动 6. 坚持参加家庭假日俱乐部活动，并在活动中积极表现美、创造美
社会美育目标	1. 积极参加学校组织的各种观赏美、创造美的活动，激发热爱生活、热爱祖国的思想感情 2. 参与社会生活中的审美实践活动，丰富审美对象，在实践中表现美、创造美 3. 学会鉴赏社会生活中的美丑，形成一定的鉴赏美的能力

对于儿童来说，家长是家庭和社会生活美育的重要指导者，这不仅因为家长的一言一行都会对孩子产生潜移默化的影响，而且家庭环境、气氛乃至每个成员的思想、作风、性格、生活习惯、爱好等都会使儿童的心理倾向定型化。所以实施儿童生活美育，要求家长与学校求得共识，积极参与，互相配合，而且要从培养下一代的社会责任感出发，具备一定的品德和审美修养，要有文明、健康、科学的生活方式和生活情趣，要以身作则，身体力行，做出表率。基于以上认识，学校制订了一系列规范制度，不断加强对家长和学生的指导。

从面向家长的方法和措施看，学校利用各种渠道和方式，建立起与家长密切联系的平台，如家长座谈会、家长学校专题课程、家校联系本、家访、“家校通”的使用等，不断向家长宣讲美育在促进学生全面发展中的作用和地位，介绍实施儿童生活美育的方法、途径，交流情况，并根据家庭美育目标，向学生和家长提出达标要求，同时围绕达标情况进行文明家庭评比，为家庭更好地实施美育做好参谋，提供好服务。

从面向学生的方法和措施看，学校同样也是按照尚美教育原则进行，不断促使学生养成良好行为习惯，促进他们审美素质的提高。学生的行为符合社会主义的道德规范，达到真、善、美的统一，就是行为美，而行为美又是心灵美的表现形式。我们按照《小学生日常行为规范》，结合本校学生实际，制订了《成华小学学生一日常规》《成华小学文明家庭评比条件》等，从家里到校内分别作了明确的规定，既包括对学生在校思想品德养成的要求，又包括学生在家生活方面的要求，如怎样与老师交往，怎样穿着打扮，怎样整理书包、整理床铺及参加各种社区活动等。

为使《成华小学学生一日常规》《成华小学文明家庭评比条件》得到落实，首先要求明理。明理是礼仪美的先导和基础，但明理不是抽象的说教，而是寓教于乐，寓教于活动之中。我们开展“家庭礼仪竞赛”活动，其主题是“讲文明、懂礼仪；在校做好学生，在家做好孩子”，并形成了“礼仪规范卡”，从学生的待人接物、行为举止、思想感情上去规范。根据礼仪卡的要求，通过一段时间的强化训练和每月班级的“礼仪之星”评比，使学生逐步养成讲文明、懂礼仪的良好行为习惯。

我们培养学生在家庭尚美，主要侧重在：

一是促进学生从小学礼仪。我国自古就有“不学礼，无以立”的说法，现在我们更认为“不学礼，不成美”。随着社会的发展，我们在不断强调对孩子进行智力开发和特长培养的同时，更应该注重传统的美德传承，对孩子进行礼仪、规则的教育与训练。

孩子的礼仪教养、良好的行为习惯不能临时突击，需要中长期的培养与引导。我们对学生在家的礼仪养成要求主要有：着装礼仪、邀请礼仪、购物礼仪、就餐礼仪、招呼礼仪、电话礼仪、作客礼仪、待客礼仪、告别礼仪、参加活动礼仪、与父母长辈间的礼仪、师生间的礼仪、公共场所的礼仪、接触外国人的礼仪等十多个方面。

二是关注自己的生活。生活本身就是美的杰作。我们将学生的审美目光引向他们的生活本身，让他们在平凡的生活中发现美、感受美，进而热爱生活，并产生创造美好生活的愿望。让学校中葱郁的树木、繁盛的花草、飘溢的芳香来点染学生的心房，在愉悦中爱校；让教室里个性化的介绍、成长的趣事、经典的文粹来点亮学生的心性，在自信中勤学；让校园中优雅清亮的乐曲、飘逸有力的舞姿、荡气回肠的诵读点化学生的志趣，在幸福中乐学……

艺术化的生活是我们的追求，美育的目的不仅是要培养学生具备某种吹拉弹唱的具体技能，更是要培养学生对生活切实、高雅、丰富的感受，形成一种良好的文化生活习惯。要关注每个生命个体的性情和灵性，形成正确的人生观和价值观，在他们人生开始的时候，给他们精神的成长点。当生活处处洋溢着美，孩子们的人生将会成为一种幸福的享受。我们教会孩子能从周围世界的美中看到精神的高尚、善良、真挚，并以此为基础确立自身的美。作为教师，也不仅是真知的传播者、善德的引导者，还应该是美好的发现者，把美育和日常行为规范的教育结合起来，注重对学生进行美的行为指导，突出美育的实指性和有效性。

引导学生关注自己的生活，主要包括整理书包、整理床铺、整理衣物、装饰自己的小天地、参与教室美化、装扮学校的环境等一系列的家庭尚美活动，使审美对象（自然界、社会生活、物质和精神产品中一切美的形式）具有了形象性、愉悦性，并带有丰富的知识信息，激发起学生的兴趣，唤起他们对美的事物的热情，促进学生审美素质明显提高，智力得到更好发展，对良好品德和个性的形成产生积极影响。

（三）尚美教育浸入学生的社会生活

对学生的教育、培养，必须建立起学校、家庭、社会“三位一体”的网络。学生所在的社区，就是一个小社会。如果这个小社会也能像学校、家庭一样尚美，那么，我们的学生所处的教育环境就更加理想和具有教育的价值。所以，社会这个教育大环境对学生是否能尚美成长起着不可低估的作用。

我们的做法是充分利用、大力整合学校所在社区或更大范围现有的丰富的教育资源，实现其教育功能的有效性和最大化，让丰富的资源全方位支撑起尚美立人的理想。

一是整合“红色基因”，通过参观、学习历史资料，观看英雄人物电影电视，组织老红军、老战士、老英雄开展红色故事进校园宣讲活动，把革命先辈的英雄事迹和精神发扬光大；二是整合绿色元素，通过学习习总书记关于环保的系列讲话，对学生进行全方位、全维度的生态、环保、可持续发展等方面的教育；三是整合文化要素，通过组织学生走出去，参观武侯祠、杜甫草堂、都江堰水利工程、三星堆文化遗址、李白故里等历史文化遗迹，再把与这些文化要素相关联的伟人的著述请进课堂，对学生进行学习古人品质、彰显古人风骨的专项活动，促进学生走向深度、走向厚度，从而树立远大的理想信念，使丰富的立德树人资源发挥它应有的教育作用。同时，可以做好教育资源的优化升级，使校内外贯通、家庭与社会融通、城乡教育互通，从而形成一体化立德树人体系，更好地服务于当今立德树人的伟大构想和具体实践。

总之，只要美渗透进学生生活的方方面面，就不愁学生不能在其间受到浸润、熏陶、感染，并慢慢将其变成他们对尚美的自觉。

第二章 / 润扬人生

尚美教育，不仅能让学生树立崇尚美好的意识，训练他们发现美、传承美、创造美的能力，还能浸润、影响、规范他们崇尚美、践行美的内心涵养和外显特征，也能固化他们坚守真善美、抨击假丑恶的坚定决心，激扬他们树立美的人生目标，锻炼美的人生修为，发挥美的人生作用，实现美的人生创造。

一、尚美教育的三大追问

（一）尚美教育的价值追问

哲学家约翰·杜威曾经有言："没有审美的参与，思考是不完整的。"尚美教育的价值是什么？到什么程度才算尚美？尚美教育如何照顾个人意愿？尚美如何处理个性与共性的关系？对这些问题都不好用一个标准答案作答。也就是当需要"各美其美"的时候，尚美教育如何平衡呢？

其实这些问题的根源都指向了教育的本质到底是什么，即尚美教育有什么样的价值追求的问题。追溯到这个"点"上，我们就能铿锵而坦然地回答："基于人""为了人""成就人"是尚美教育的本质追求！

"基于人"，就是要基于学生的年龄特点、身心特点、学段特点、已有背景知识、一般成长规律等因素，实施因材施教，启发引导，点燃学生内心深处的那团学习热情，促进其学习的自觉、自律、自省。

"为了人"，既是为了全体学生，又是为了学生的全面发展；既关注学生的当前，更着眼学生的长远；既顾及个体差异性，又考虑整体发展性。对我们学校而言，还要突出孩子们的特色发展——尚美成长，使孩子们在我校的六年学习生活能在他们身上烙下尚美的美好印记，甚至影响他们的一生。

“成就人”，指的是有目标、有行动，还得有效果。换句话说，有了“基于人”的正确认知，有了“为了人”的行为推进，还必须要有“成就人”的必然结果。在成华小学尚美教育理念培养之下，成华小学的学子应有的结果是“有格有局”的，是“充满大爱”的，是有从骨子里彰显出来的与众不同的雅致、包容、沉稳、睿智。

（二）尚美教育的内容追问

既然教育的本质是“人”，接下来就必须回答“培养什么人”的问题。不同学校的办学宗旨、目标可能不一样，不同校长的办学理念、办学思路、办学风格也可能有差异，但“培养什么人”是绝对不能含糊的，那就是都得把“立德树人”放在首位，做到将“尚美”作为立人的学校标志，也就是除了做到德育为先、“五育”并举，还努力将学生培养成具备尚美意识、知晓尚美方法、练就尚美能力的人，使他们能够用自己的行动去感知美、认识美、欣赏美、践行美、创造美，做一个尚美立德、与美同行的人。

实现这样的育人目标，不可能轻而易举、立竿见影或者一蹴而就，需要借助育人目标的指引，需要借助尚美环境的影响，需要借助课程、教材、课堂教学、评价激励、课内外活动、家校同步、社区互动等多方面力量的支持，更需要每个教职员工不声不响的榜样示范，学生才可能在各种合力之下，长期受到浸润，逐步获得成长，最终展示出翱翔于人间大舞台的尚美翼翅，呈现出他们别样的精彩人生！

（三）尚美教育的方法追问

如何进行尚美教育教学，是尚美教育的方法问题，即“怎样培养人”的问题。实践证明，我们采取的“832”尚美育人思路是行之有效的。

“8”指的是我们用课题研究引领全体教师、员工进行尚美育人。从“以艺术教育为突破口，深化美育，促进学生全面发展研究”到“儿童生活美育和谐发展研究”“小学学科教学审美化对师生素质发展的影响研究”“美育校本课程的开发与研究”“教师尚美文化建设的实践与研究”“小学生尚美社团的构建策略与发展价值研究”“基于尚美核心素养的课程整合研究”“基于STEAM理念的尚美课程优化行动研究”等八轮课题研究，真实、扎实，一步一步把学校方方面面的工作统领起来，并用课题研究的目标、思路、方式、要求规范着教师、学生、员工的言行举止，实现尚美立人的初衷。

“3”是指基础课程、主题课程、拓展课程三类课程的有效实施。我们坚持国家课程校本化实施、地方课程个性化实施、校本课程特色化实施，以课程为载体，实现“五育”并举、立德树人有效落地和无缝对接，使学生在课程中获得做人、做学问的尚美成长，在课程中学习，在课程中磨砺，在课程中收获，在课程中立美，在课程中成人。

“2”指的是第一课堂和第二课堂两种课堂形式，我们主张让学生在第一课堂中扎扎实实打基础，在第二课堂中生动活泼求发展，真正使学生的“五育”全面发展、尚美共性发展、特长个性发展，实现为祖国培养合格的具有尚美特质的建设者和接班人的目标，最终完成“为谁培养人”的优质答卷。

二、 尚美教育润扬师生人生

（一）尚美润扬教师人生

引发教师关注美的动力。“世界上并不缺少美，而是缺少发现美的眼睛。”所以，尚美须从发现美、感知美开始。美的事物有时是稍纵即逝的，需要我们把握时机。比如，天空中海燕闪电般的一个俯冲，山巅上彩云顺着山势流动的美姿，大街旁默默捐赠后匆匆离去的背影，课堂上精彩的表现获得同学认可后的一个会心的微笑……都需要我们用敏锐的目光去发现、去捕捉。这，需要有一种来自内心深处的力量，来自内心身不由己的力量，来自内心不抓住就不快的力量。这种力量，就是我们所说的关注美的动力。试想一下，如果我们的教师眼中看到的总是美美的事物、美美的情感，他是不是每时每刻都沉浸在美的包围中呢？如果长期被美的事物、美的瞬间、美的情感所包围，他是不是每天都在享受着尚美教育带给他的快乐呢？所以，发现美的同时，也在驱使我们去享受美，享受美带给我们的愉悦，享受美带给我们愉悦的工作，享受美带给我们愉悦工作的尚美教育。这样，形成了尚美教育带来的良性循环，教师或许就很少产生职业倦怠感，取而代之的是职业幸福感、职业荣耀感、职业收获感。

激励教师审视美的活力。尚美教育需要时刻保持这样的审视美的活力存在，从独有的审视美的角度去对美进行理解、诠释、传递、弘扬。当然，审视美是可以相互影响的。一个团队中如果有审视美的主流存在，其他的队友常常会受到影响，跟上团队去审视这些美。我们就当它是“近朱者赤，近墨者黑”力量的作用吧。

提升教师建构美的能力。美是客观存在的，美也是需要去发现的，美还需要我们去建构。教师的工作就是与学生的日常行为相联系，就是与学生的学习课程相联系，就是与学生的学习活动相联系，因此，教师要有发现美的锐眼，要有审视美的意识，要有建构美的能力。面对同样的教学材料、课程资源、活动设计，老师如果能站在尚美的角度去思考、去重构，展示出来的教育教学环节、流程、着力点、辨识度便有了“美”的因素。比如，北师大版语文教材中有一篇课文《生死攸关的烛光》，讲述的是第二次世界大战期间，法国一家母子三人机智、勇敢地保护装有情报的半截蜡烛的故事，歌颂了法国人民崇高的爱国主义精神。文章重点描绘了伯瑙德母子三人怎样想尽办法、机智勇敢地保护藏在半截蜡烛里的情报，最终使情报安然无恙地保存下来的情节。这是对文本的一般解读，大多教师都能做到。但如果没有德国军官看到乖巧的小女孩杰奎琳，自然而然地想到他自己的女儿的情节，杰奎琳还能凭她的智慧保护好藏在蜡烛里的情报吗？这是什么因素在起作用？冷静想来，才发现原来是德国军官的“任性”起作用了，这就彰显了人性之美在文章故事中的奇特功能！每个教师都有无限能量，每个教师都可能创造出无限可能。在挖掘教育教学中美的因素方面，我们的教师也存在这样的“无限可能”。怎样引导教师、引发教师去挖掘教材中、教学活动中、教学资源中美的因素，既需要对教师的方向给予指导，又需要赋予他们开掘创造美的想象空间，激发他们的无穷潜力，使他们主动参与到学校尚美教育的方方面面，散发出他们对美的感知、认识、欣赏、践行、创造的能量，把每个学科、每节课、每个学生都带进美的场域之中，从而受到美的熏陶、感染、浸润，并推动学生朝着尚美的方向前进。

触动教师体现美的张力。从教学看，不同学科有着不同的美的成分：语文是一门极富诗意和人文性的课程，它博大精深，文质优美，意蕴隽永；数学中有自然的美、理性的美，主要体现为简约之美、对称之美、和谐之美、奇异之美；科学中有严肃的美、冷静的美，也有想象的美、创造的美，最具科学特征的是求真的美、遵循规律的美；音乐、美术本身就是艺术学科，它们的美不用言说，其节奏美、音韵美、旋律美、线条美、构图美、色彩美、意境美，大家心领神会；体育明显的是肢体美、运动美、竞争美、精神美、拼搏美、团结美、力量美、热情美；劳动表现为品格美、举动美、孝敬美、才能美、智慧美、意志美、情感美，正所谓“劳动创造了人类”“劳动创造了美”；其他所有学科应该说都有其各自美的因素和特征。从教师自身来说，不同的人对美的理解、追求、表现是不一样的，我们期待、允许“各美其美”，更期待“美美与共”，实现“天下大同”。所以，我们鼓励教师在教育教学过程中充分体现自己对美的认知、对美的践行、对美的创造。

引发教师关注美的动力，激励教师审视美的活力，提升教师建构美的能力，开掘教师创造美的潜力，触动教师体现美的张力，让每个教师时时刻刻被美包围，让美润泽自己的人生，他们身上就能折射出美的气息、美的底蕴、美的追求，并服务于自己的教育教学工作，使学生受到美的教育。

（二）尚美润扬学生人生

尚美能润扬学生尚美之事。一是做好自己的事。现在的学生大多生活在全家老小的极力关注与倍加呵护之下，本该他们自己做的事很多时候全由家长代劳，让很多学生依赖思想日趋严重。培养学生养成“自己的事自己做”的好习惯极其重要。从整理文具、学具、书包，再到衣食住行等与自己密切相关的生活琐事，都应该由学生自己独立操持，逐步培养其“自食其力”“自我管理”的能力。二是做家庭的事。每个人都是家庭的一分子，在家庭中，每个人都要为家人做出一些力所能及的事情。做家务，既能培养劳动意识，锻炼劳动能力，还能增加亲人之间的感情，促进全家人身心愉悦。三是做集体的事。在班级里，值日、擦黑板、打扫教室、整理桌凳、维护班级板报、爱护花草树木、帮助有困难的同学、分餐、洗碗等，都是值得每个孩子参与和认真做好的。这样，既保护了环境卫生，又增进了同学友情，在小事中锻炼着自己的品格。四是为他人做事。做到心中有他人，心中想着他人，行动上为了他人，将“赠人玫瑰，手留余香”的信念奉行到底，为班级、为学校、为团队多做有益的事，努力给别人以方便和帮助。

尚美能润扬学生做尚美之思。在学校教育活动中，我们以“尚美”为抓手，培养学生感受美、欣赏美、创造美的能力。随着社会的进步，人类物质文明日趋丰富，人们的精神追求就显得越来越突出，于是，培养严谨、高雅、有追求、有格调的社会主义接班人，就成了当今教育的重要目标追求。

第一，用师德引领学生的尚美之思。要树立与时俱进的立德树人理念，不断完善、创新立德树人手段，坚持德才兼备、一专多能、重视实践、勇于创新的基本思想，做学生的精神引领者、美的传播者，真正将美融入心灵，渗透到立德树人的教育教学活动之中。

第二，用行动引领学生的尚美之思。一切情语皆景语，所有行动存教育。要在教育教学行动中，将尚美根植其间，让尚美“随风潜入夜，润物细无声”，让尚美形成巨大的场域，使学生时时、处处浸润在美的氛围中，并产生自我尚美的欲望、冲动和实践，在尚美情境中学习知识、掌握技能、陶冶情操，养成良好的尚美品质。

第三，用活动引领学生的尚美之思。学校的教育教学主要以活动的形式展开，尤其是德育活动、少先队活动、传统活动、实践活动，所以，我们可以用特色奖章引领学生的尚美成长，用“劳动章”引领他们争做尚美小能手，用“文明章”引领他们争做尚美小天使，用“纪律章”引领他们争做尚美小模范，用“文艺章”引领他们争做尚美小明星，等等。还可以结合传统活动、常规活动、实践活动，促进学生积极向上、健康活泼、守纪懂礼，尚美成长。

要引领学生思考自己在成长过程中，是否是“面向世界，面向未来，面向现代化”的，是否有世界格局、博大胸怀，有为美好的人类共同体奉献青春和力量的责任担当。思是行之始，行是思之果。我们要教孩子做有思考的行动者，做尚美思考的行动者，使自己成为尚美发展之人。学生在生活所涉及的地方做尚美之人、行尚美之事、有尚美之思，我们就可以说学生时时刻刻在受到尚美的浸染，他们将会越来越朝着尚美的大道阔步向前！

第三章 / 尚美立人

2014年1月10日，教育部发布的《关于推进学校艺术教育发展的若干意见》（以下简称《意见》）指出："艺术教育对于立德树人具有独特而重要的作用。学校艺术教育是实施美育的最主要的途径和内容。艺术教育能够培养学生感受美、表现美、鉴赏美、创造美的能力，引领学生树立正确的审美观念，陶冶高尚的道德情操，培养深厚的民族情感，激发想象力和创新意识，促进学生的全面发展和健康成长。"《意见》强调："当前和今后一个时期，学校艺术教育要以立德树人为根本任务，遵循学校艺术教育特点与规律，统筹推进各级各类学校艺术教育，探索艺术教育与其他相关学科相结合的途径与方式……建立学校艺术教育和学生综合艺术素养多元评价制度……促进学校艺术教育规范科学发展。"《意见》要求，学校要"创新活动内容与形式……要以育人为宗旨，面向全体学生，坚持社会主义先进文化导向，体现向真、向善、向美、向上的校园文化特质"。

党中央、国务院及中央有关部门频频出台各种文件，都集中指向为什么要立德树人、怎样立德树人、立德树人的目标和具体任务等，所以，我们要坚决贯彻、执行各项立德树人要求，不走错，不走偏，不走样，用权威的声音指引我们的教育教学思考与行动，使学校的办学理念、做法、特色、文化，融入立德树人的总要求之中，以实现立德树人的校本化、个性化、特色化。

尚美教育以"尚美"为抓手，突出的是"立人"，彰显的是学校办学的特色，符合党中央、国务院以及国家各部委的文件要求，能在区域高品质学校建设中凸显其教育理念、追求、价值、目标，是成华小学建校以来的教育梦想。

一、从“艺术之美”走向“人生之美”

（一）艺术之美

简单地说，让你的眼睛看着舒服，让你的耳朵听着舒服，让你的心里感觉舒服，这就是艺术之美。

艺术美主要指的是艺术的形象之美。因为任何艺术形式都不能离开艺术形象的描绘，没有了形象，那艺术本身也就不存在了。艺术形象是根据现实生活中各种现象加以艺术概括所创造出来的具体、生动图画，它是广泛多彩的。艺术形象，包括人物形象、动人景色、欢乐或哀痛的思绪、一幅熙熙攘攘的生活图画、一种气氛、一种情趣等。

人生离不开艺术，生活中也不缺少艺术。艺术需要创新，创新的前提是继承，在绘画、音乐、文学、书法、摄影、剪纸等各种艺术表现形式中，人们可以感受到对艺术的追求，自然能见到艺术工作者通过自己灵巧的双手创造出来的艺术形象，并通过这些艺术形象去领略生活中的林林总总的各种美的存在。

人类为了求真便有了科学，为了求善便有了伦理，为了求美也就有了艺术。艺术是人类求美而产生的有别于自然之功的创造活动和结果。这种创造活动的过程也许是快乐的，也许是痛苦的，也许是艰难的，但深入其中，仍然可以给自己带来学习和创作的心理快乐。人们创作的艺术作品展示给大家欣赏，也就是审美。因为审美受到人的眼光、学识、修养等影响，所以会导致千差万别的感觉认知，这便是审美再创造。艺术介于哲学和神学之间，是理性驱动下的感性飞翔。人人都有感性，但没有理性驱动的感性创造不能称之为艺术。艺术能带给欣赏者以多种心理感受。

艺术是精神生活的升华，是对美的理解与思考，是人类进步的标志。写字提升到书法就是艺术；画画用笔墨颜料体现意境是艺术；城市中的雕塑表达进步、向上的雕刻是艺术；做菜经过厨师的用心组合，把菜品的色、香、味表现得淋漓尽致也是艺术……艺术无处不在，让人惊奇，让人憧憬，让人有幸福感，让人快乐地生活着。艺术源于生活，但又高于生活，所以，艺术是对生活的再造。

艺术能使人快乐。歌曲通过声乐以及节奏，能使人感悟到深入心灵的快乐；绘画通过视觉形象，让画面中的人、事、景、物富有了美的氛围，因此，欣赏者在欣赏绘画作品时，会跟着创作者一道感受作品带给自己的视觉冲击、情感陶冶、心灵震撼；文学作品也一样，能让读者在阅读过程中不由自主地跟着故事中的人情世故一起喜怒哀乐、一起悲欢离合；其他艺术作品也有这样的感染之力。所以，艺术是不分种族、不分国界的，能让我们快乐地生活在美的世界里。

这就是艺术之美！这就是艺术的神奇力量！成华小学从1991年建校起，就十分认同艺术的感染力、艺术的感召力，确立了“以艺术教育为突破口，深化美育，促进学生全面发展”的办学方向，把学校教育定位在艺术教育中带领、影响、训练儿童去感受美、发现美、探索美、创造美。

现代艺术教育，“大美术”是显而易见的趋势，从“纯美术”到“大美术”的延长线，就是未来美术与周边生活的关系。

（二）人生之美

保尔·柯察金说：“一个人的一生应该是这样度过的：当他回首往事的时候，他不会因为虚度年华而悔恨，也不会因为碌碌无为而羞耻；这样，在临死的时候，他就能够说：‘我的整个生命和全部精力，都已经献给世界上最壮丽的事业——为人类的解放而斗争。’”席慕蓉说：“每一朵花，只能开一次，只能享受一个季节的热烈的或者温柔的生命。”我们不能只看到物质需求，更要追求精神食粮。我们要尽力做到成功不张扬，有才不尽显，有功能自持，得理还容忍，获宠仍平易，居高而不霸，体现我们应有的人生之美。

第一，人生之美在于心灵。当今社会流行“颜值控”，有点像许地山先生在《落花生》中所说的“桃子、石榴、苹果……把鲜红嫩绿的果实高高地挂在枝头上，使人一见就生爱慕之心”。但我们觉得这或许还是肤浅的不值得细品的外表之美。我们更追求人的心灵美，因为心灵美才是真正的美。只有心灵美的人才会永远不被社会抛弃，才会成为人们敬仰的人！我们不敢追求学校培养的所有人将来都一定轰轰烈烈，都一定成名成家，都一定是有大成者。但我们至少期待在尚美教育理念下培养出来的学生是积极阳光的，是合群乐群的，是团结向上的，是接纳包容的，是善于合作的，是不会对他人和社会带来危害的，是手中有真、心中有善、眼中有美的社会主义事业接班人和劳动者。

第二，人生之美在于奋斗。人生之美在于对美好未来的憧憬，这样才会让自己有奋斗的动力。“实干兴邦，空谈误国”，“天下兴亡，匹夫有责”，“先天下之乐而乐，后天下之忧而忧”。任何人在一生中都需要奋斗，都需要竭尽全力地奋斗。奋斗才能让人生变得敦实，奋斗才能显示人生的精彩。不管你在什么岗位，都可以闪耀出别样的光芒。我们通过奋斗，对家庭、对社会、对国家做出力所能及的事情，彰显出我们每个人的人生之美。

第三，人生之美在于过程。奋斗的过程，会在成功之后回味无穷：获得诺贝尔奖，得到全世界人民的认可，值得庆贺；站在奥运领奖台上，捧着闪闪发光的奖杯，值得庆贺；在本职岗位上，默默奉献着自己的一切，虽无显赫之处，也无愧疚之过，值得庆贺；即便受疾病缠绕，遭受身体残疾之苦，但没给别人带去遗憾，也可赢得尊重。十根手指有长短，人的分工有不同，只要在自己的学习、生活、工作中，埋头苦干，脚踏实地，兢兢业业，我们的人生过程照样是璀璨的。

第四，人生之美在于永恒。尚美教育是成华小学教育人自始至终的共同追求，我们为着“两全”（全人教育、全纳理念），围绕“两育”（家校共育、社区协同），坚持“五育”并举，坚持以课堂为中心，以课程为载体，以改革为动力，不仅重视“传道、授业、解惑”，而且强调学科学习中渗透尚美育人，从而把“人生之美”这篇大文章做扎实，做出高质量，做出大效果。

（三）从“艺术之美”走向“人生之美”

学校经过三十年的发展，尤其是经过美育园圃的八轮课题研究与实践，我们认识到，美育绝不能仅仅停留在艺术层面，绝不是唱唱歌、画点画之类的所谓艺术所能涵盖的，还应该包含教育教学所有活动以及学生成长的方方面面。于是，我们逐渐有了更为清晰、更为深入、更为全面、更为符合教育规律及人的成长的认知，决定将“艺术之美”引向“人生之美”的全方位以美育人新理念，逐步建构起“艺术之美”走向“人生之美”的尚美教育新体系。

这是认知的必然发展。谁都知道，认识是由表及里、由浅入深、由易到难、循序渐进、螺旋上升的。我们以美育人的教育理念也经历了这个必然的过程，于是便有了由易到难、由浅入深的发展历程。从“艺术之美”到“人生之美”，符合认知要求，遵循了认知的发展规律。

这是尚美的必然要求。尚美具有阶段性和实践约束性，正如人类从衣不蔽体、食不果腹到吃得饱、穿得暖，再到如何吃好、穿好，再到吃出品质、穿出风格，就必然要经历几个阶段，进行一系列实践。我们学校从建校那天起，正好赶上党的教育方针做调整，把“美育”纳入其中，因此提出“以艺术教育为突破口”的以美育人思路，是完全符合当时的时代要求和认识实际的。如果跳跃了这个阶段性和实践约束性，它就成了空中楼阁、无根之木，更谈不上尚美了！

这是教育的必然追求。“因势利导”“因时利导”“因事利导”也是遵循客观规律的具体表现。我们常说“教育要适应党的时代呼唤”，要做到与时俱进，要做时代的教育，就是我们提出的尚美教育在发展进程中的必然选择。我们之所以选择“尚美”一词，不是“明德、博学、尚美、创新”“励志、笃学、求实、尚美”之类校训的窄化，而是将学校办学理念、育人思想、校风校训等优化、浓缩和聚焦，追求以“尚美”统领学校一切教育教学活动，把“尚美”置于求真、向善之上的囊括和践行德、智、体、美、劳全面发展的教育思想的集中体现，是我们学校由以美育人到尚美教育的重大发展和飞跃。

二、从“小美成事”走向“大美立人”

（一）小美与大美

我们理解的“小美”，指的是个体的美、局部的美，是和与真、善、美相并行的美，是真、善、美的一个部分。

而“大美”，则指的是群体公认的美、系统完整的美，还是居于真与善之上，统领真与善的美。我们在贯彻、执行党的教育方针的同时，还把“美”作为校本化实施教育方针的重要抓手，把学校内外的教育教学活动统一在“美”的范畴中，让办学理念、目标、规划、策略、方法等都统摄在尚美之下。

（二）从“小美”走向“大美”

一是小美促智，大美立人。个体的美、局部的美，与真、善、美相并行的美，都相对较容易体现和训练，也能够有效促进培养“四有”新人，促进学生多元智能得到充分开发，这些都是属于“小美促智”的范畴。而时代要求我们回答“培养什么人、怎样培养人、为谁培养人”这个根本问题，其实就是要求我们教育工作者要立志于中华民族千秋伟业，必须培养一代又一代拥护中国共产党领导和中国社会主义制度、为中国特色社会主义事业奋斗终生的有用人才。这为我们教育事业发展指明了方向，为新时代教育改革提供了根本遵循。所以，我们必须站在“大美”的角度“立人”，使我们所从事的教育教学活动服从党的指挥，服务社会主义事业的发展。

二是小美呈小爱，大美铸大爱。因为小美受个体、局部影响，只能成就某些细微的不全面的非全局性的成功和作为。比如，不管小美还是大美，首当其冲的便涉及“爱”的问题，而小美涉及的是小爱，我们的尚美教育不能目光短浅，不能一叶障目，必须追求小爱到大爱的嬗变，这正是大美更有利于对学生进行世界观、人生观、价值观教育的最佳契机、合理凭借。

三是小美成事，大美立人。众所周知，联合国教科文组织早就提出了“四会”教育目标，即学会认知、学会做事、学会与人合作、学会学习。这“四会”很重要，但在今天看来，似乎还没有强调“立人”问题。前面已经谈到我们立德树人的根本任务与要求，这里更要强调我们所说的“立人”必须包括有格局和大美两个要素。

什么是有格局？其实，格是格，局是局。格是指大的方向、框架、高度、广度、战略。局指的是局部，指的是一些细节如何去落实等。比如我们说一个人有没有胸襟、抱负和眼光时，指的是他的格。有的人有格，但局不行，没有实施与落实的能力，不接地气。这种人只会想，不会做，没有办法面对具体的人和事。这种人就是假大空、高大全，这样的人要跟有局的人合作才能做好事情。人与人之间，知识的差别、能力的差别不是根本的差别，根本的差别是思想境界的差别，是价值观的差别。一旦价值观有了差别，即便能力再强，彼此也无法在一起共事。所以，与其说彼此有缘，不如说彼此的价值观相同。价值观不同，可能是有缘无分，更不会成为志同道合的“亲密战友”。

有格局的人一定是有大爱的人，有大爱的人一定是乐于奉献、尽心敬业的人，一定是胸怀世界、有国际视野、有责任担当的人。

所以，我们追求的大美立人，就是期待尚美教育培养出来的学生是做到了“四会”的人，是既有格又有局的人，是充满了大爱的人。

三、从“简单说教”走向“融合育人”

传统的教育，不管是学校还是家庭，不管是教师还是家长，大多表现为“说教式”“训导式”，甚至“高压式”“棍棒式”，正所谓“严是爱，松是害，不教不管要变坏”“严师出高徒”“黄荆棍棍出好人”！随着人们民主意识、自主意识的提升，传统的教育方式俨然已不符合时代要求了，因此，必须改变之。

中国教育学会名誉会长、著名教育家顾明远指出："课堂是完成国家课程标准的主要途径，是集体学习的主要场所，学校教育的变革主要发生在课堂上，不能因为提倡学生自主学习就放弃课堂教学。"习近平总书记强调，要深化教育体制改革，健全立德树人落实机制。他特别提到要扭转不科学的教育评价导向，坚决克服唯分数、唯升学、唯文凭、唯论文、唯帽子的痼疾，从根本上解决教育评价指挥棒的问题。总书记点出了当前教育弊端的根源，指明了解决困境的方向。所以，我们要转变观念，树立正确的教育观、人才观、学生观，改革考试评价制度，使评价制度促进学生的全面发展。融合育人应该是应运而生的产物。

（一）融合育人

融合教育是以经过特别设计的环境和教学方法来适应不同特质小孩的学习，让大多数残障儿童进入普通班，并增进在普通班学习的一种教育方式。融合教育针对孩子不同的特质设定每个孩子不同的学习目标，以合作学习、合作小组及同辈间的学习、合作以达到完全包含的策略和目的，最终目的是将特殊孩子包含在教育、物理环境及社会生活的主流内。不管普通孩子还是特殊小孩都因其不同特质有不同的学习目标，分数不是唯一的指针，适才适能的快乐学习才是根本。

融合育人是在融合教育基础上提出来的，指的是遵循育人规律，促进学生全面发展和健康成长，发展"高品位、质量优、有内涵"的教育①。我们也称其为综合育人。

（二）融合育人的三条主线

融合育人的三条主线包括家校共育、社区协同、抱团发展。

首先是家校共育。苏联教育家苏霍姆林斯基曾把学校和家庭比作两个"教育者"，认为这两个教育者"不仅要一致行动，要向儿童提出同样的要求，而且要志同道合，抱着一致的信念"②。"家校共育"概念由此诞生。家校共育指的是学校与家庭是担负儿童教育的两个法定责任主体，构建和谐的家校关系、形成合作共育的格局，是儿童健康成长的根本保障，也是我国教育的基本理念。

我国的家校共育有四个特征：家校合作理念已融入国家教育基本政策之中；确立

---

① 黄萍．多措并举融合育人［J］．基础教育参考，2019（6）．

② 朱永新．苏霍姆林斯基教育箴言［M］．教育科学出版社，2016．

以妇联和教育行政部门为核心的管理体系；高度注重家长委员会的制度建设；创设了多样化的家校合育活动形式。①

为充分发挥广大家长在学校教育和家庭教育中的积极作用，增进学校、教师、家长之间的沟通，可以让家长走进校园，走进课堂，了解学校的管理与发展趋势，了解课堂教学和课改动向；缩短学校与家庭、学校与社会的距离，向家长展示学校的办学思想和理念，展示师生风采，创设和谐育人的氛围；让家长亲历子女在学校的学习和生活，走近孩子，关注教育，走进学校，参与评价，从而更好地配合学校，让每一个孩子都能健康成长。

其次是社区协同。我们常听见“协同治理”这样的说法。协同治理是现阶段社会治理的理想模式和状态。我们也了解到社区协同治理模式的运行机制包括六部分：政府引导机制、协作动力机制、责任分担机制、调解仲裁机制、信息共享机制和监督评估机制。因为社区都有较为完善的组织机构，也有较为理想的治理能力，所以，把学校教育、家庭教育与社区教育有机联系起来，对学生的教育力度会大大加强。为此，我们提倡社区协同教育这一运行机制。它是在社区党组织引领下，由政府公共机构主导，通过制度化和社会化的多种行动方式，激发社会组织、社团、社工、社企等多方面社会主体充分参与，构建有序的社区协同教育模式，进而不断完善协同教育的运行机制，对社区孩子进行有效监管，实现“人民教育人民办，办好教育为人民”的共建共管共享。

社区协同教育运行机制相比学校教育而言，有个最大的优势——家庭在社区中，社区对家长的监管、约束力度远大于学校对家庭教育的期待，更有利于学校、家庭、社区三方共同着力，为实现立德树人的教育目标服务。

最后是抱团发展。中国有句俗话叫“人心齐，泰山移”，意思是只要人们心向一处，共同努力，就能发挥出移动高山的巨大力量，克服任何困难。“一根筷子易折断，一把筷子掰不弯”“众人拾柴火焰高”“众人划桨开大船”等说法，也都指的是凝聚更多人的力量，办好更大的事情。

相传佛教创始人释迦牟尼曾问他的弟子：“一滴水怎样才能不干涸?”弟子们面面相觑，无法回答。释迦牟尼说：“把它放到大海里去。”是的，没有完美的个人，只有完美的团队。个人再完美，也就是一滴水；一个团队、一个优秀的团队就是大海。学

① 中国青少年研究中心．家校共育有四大特征［N］．中国教育报，2018－4－12．

校教育也需要借助这个故事带给我们启发——把“一滴水”放到“大海”里去，让这滴水永不干涸，实现“抱团发展”的优势最大化。

抱团发展可以有以下三种形式：小手拉大手、一校带动多校、一地辐射省内外。

所谓“小手拉大手”，就是将学校的尚美教育理念、目标、方法、措施等，通过学生带到千家万户，让孩子们成为尚美成长的有益载体，用孩子的行动去影响、感染大人，使家长们慢慢被孩子的尚美行动所改变。

所谓“一校带动多校”，就是用我们的尚美教育去影响成华小学教育集团校，使一校带动多校朝着尚美之路共同发展。

所谓“一地辐射省内外”，就是把已经较为成熟的办学思想、运行方式、学校特色、课程建设等经验发扬光大，使这个“星星之火”燎原更广泛的教育园地。

总之，融合育人不仅追求先进理念、实操方法以及可用资源的整合、优化、利用，而且追求多措并举、多力共振、多维齐促，以实现效益更大化、辐射更大化、作用更大化。

第二篇

初心不改：尚美教育一路走来

成都市成华区委区政府将“成华”定位为“成于中优·华在文商”，可见成华区在成都这片沃土上的价值所在和目标追求。而与区同名、同时诞生的成华小学教育人更具有历史担当，重任在肩，义不容辞。为此，我们梳理了学校三十年的“一路走来”，用一句话概括，那就是：成华小学一以贯之的尚美教育深深烙下了时代印痕，也体现了学校三代校长融会贯通、一脉相承的共同教育梦想与扎实努力。

第四章 / 厚植尚美的根基

学校是人民的，必须满足广大人民群众的需求；学校是国家的，必须体现党和政府的意志；学校是时代的，必须适应社会滚滚向前发展的潮流。

一、新中国成立以来各时期的教育方针表述

1949 年 9 月通过的《中国人民政治协商会议共同纲领》第五章“文化教育政策”中规定：“中华人民共和国的文化教育为新民主主义的，即民族的、科学的、大众的文化教育。人民政府的文化教育工作，应以提高人民文化水平，培养国家建设人才，肃清封建的、买办的、法西斯主义的思想，发展为人民服务的思想为主要任务。”

1957 年 2 月 27 日，毛泽东在扩大的最高国务会议上作题为《关于正确处理人民内部矛盾的问题》的报告中指出：“我们的教育方针，应该使受教育者在德育、智育、体育几方面都得到发展，成为有社会主义觉悟的有文化的劳动者。”①

1958 年 9 月 18 日，中共中央国务院《关于教育工作的指示》正式规定：“党的教育工作方针，是教育为无产阶级的政治服务，教育与生产劳动相结合。”“教育的目的是培养有社会主义觉悟的有文化的劳动者。”

1981 年 11 月，在五届人大四次会议上的《政府工作报告》中提出：“我们教育的基本方针是明确的，这就是使受教育者在德育、智育、体育几方面都得到发展，成为有社会主义觉悟的有文化的劳动者和又红又专的人才，坚持脑力劳动与体力劳动相结

---

① 该报告系毛泽东于 1957 年 2 月 27 日在最高国务会议第十一次（扩大）会议上的讲话，后经毛泽东根据原始记录加以整理，作了若干补充，1957 年 6 月 19 日发表在《人民日报》。

合，知识分子与工人农民相结合。”①

1983 年 9 月，邓小平同志在给北京景山学校的题词中指出：“教育要面向现代化，面向世界，面向未来。”

1988 年 3 月 25 日，在七届人大一次会议上李鹏总理在《政府工作报告》中指出：“实现四个现代化，科技是关键，教育是基础。”又指出：“我国教育事业的根本任务是为社会主义建设培养合格的劳动者和各类专门人才。各级各类学校要努力使学生在德、智、体、美各方面得到发展，并适当加强劳动教育。”②

1991 年，李铁映在全国教育工作会议上作了题为《努力建设有中国特色的社会主义教育体系》的报告，把教育方针正式完整地表述为：“党和国家的教育方针是教育必须为社会主义现代化服务，必须同生产劳动相结合，培养德、智、体等全面发展的建设者和接班人。”③

2002 年 3 月 5 日，朱镕基总理在《政府工作报告》中要求各级各类学校都要全面推进素质教育，加强德育工作，努力培养学生的创新精神和实践能力，促进学生德、智、体、美全面发展。④

成华小学是与成华区人民政府于 1991 年同步诞生的，且属于小区配套小学，位于成都市新鸿南路 77 号，与新华公园比邻。这个时期正处于党的教育方针调整时期，从李鹏总理在《政府工作报告》中提到“学校要努力使学生在德、智、体、美各方面得到发展”，到朱镕基总理在《政府工作报告》强调“促进学生德、智、体、美全面发展”，学校首任校长胡天彦十分敏锐地捕捉到了教育方针的最新要求——“美育”作为时代的产物，已被中央重视起来。于是，她大胆提出了以“实施素质教育为突破口，走特色学校发展之路”为办学目标，以“从美育着力引动素质教育”的办学思想，确定了学校未来的发展走向，探索、求解美育与学生发展、教师发展、学校发展的关系，启动了“以艺术教育为突破口，深化美育，促进学生全面发展”课堂实践与研究。这一主张突出了在艺术教育中探索美的教育愿望，为成华小学开启了“以美育人”的窗

① 中国政府网．1981 年国务院政府工作报告［R/OL］．（1981－11－30）［2006－02－16］．www.gov.cn/test/2006－02/16/content _ 200802.htm.

② 中国政府网．1983 年国务院政府工作报告［R/OL］．（1983－06－06）［2006－02－16］．www.gov.cn/test/2006－02/16/content _ 200823.htm.

③ 李铁映．中国教育改革发展探索——李铁映论教育［M］．北京：人民教育出版社．2014：3.

④ 中国政府网．2002 年政府工作报告［R/OL］．（2002－03－05）［2006－02－16］．www.gov.cn/test/2006－02/16/content－201164.htm.

口，初步勾勒出了成华小学尚美育人的雏形。

二、 首任校长胡天彦的殷殷美育情怀

从成华小学建校到胡天彦校长退休期间，她主张的“以美育人”经历了四个阶段：

（一）在艺术教育中探索美

从 1991 年建校起到 1994 年，是成华小学实施美育的第一阶段。在这个阶段，首任校长胡天彦强烈地感觉到：作为小区配套的城市小学，学生的行为习惯和审美观念培养较为薄弱，美的知识与美的实践能力比较欠缺，更不具备将美的要求内化为美的行为的特点。选择什么作为突破点才能尽快提高学生的道德修养、审美素质，使其在思想感情上得到健康成长呢？可以说，这是学校兴校的当务之急。学校很快就瞄准了“美育”，因为大家觉得依靠美育的多功能和全信息作用，或许能有“给我一个支点，我就能把地球撬起”的效果。1992 年，学校选择了“以艺术为突破口，深化美育，促进学生全面发展”的研究课题，把艺术教育作为从“应试教育”向“素质教育”转轨的重要途径。

这一时期，学校的艺术教育主要表现为每逢节假日便组织学生进行文艺排练、演出，并形成传统；同时开设音乐、美术等艺术兴趣小组作为艺术教育阵地，让学生在参与课堂学习、艺术兴趣活动中去发现美、感受美、创造美，从而形成艺术素养。此外，学校还按照美的法则设计、布局校园，建设校园环境，以此形成美育的外环境；狠抓教师师德修养及学生良好品德、行为习惯的培养，塑造师生美的心灵，培养师生美的语言、美的行为、美的仪表，以此形成美育的内环境。经过两年的研究，取得了初步成果。

（二）在儿童生活中发现美

随着“课改”的推进，学生的在校时间缩短，校外环境对学生的影响日益增强，如何依靠和调动家庭、社会的教育力量，营造一个美的生活空间，让学生能在一切生活环境中认识美、鉴赏美、创造美，并利用各种环境开展审美活动，就成为迫切需要研究探索的新课题。于是，在前阶段研究基础上，学校于 1994 年又开展了 1994—1997 年为期三年的“儿童生活美育与和谐发展研究”。这是成华小学实施美育的第二

阶段。这个阶段的研究，主要以儿童生活中各种美的行为、美的事物为审美对象，以儿童的家庭、社会生活的美育为研究范围和途径，有计划、有目的、有组织地进行系列审美教育活动。

胡校长发现，在儿童成为全面发展的人的过程中，美育占有相当重要的地位，它不仅可以培养学生正确的审美意识，而且能促使学生德、智、体等各方面得到良好和谐的发展。这一思想正好与我国近代著名学者、思想家王国维将美育与德育、智育、体育相提并论，明确提出美育是培养“完全之人物”所不可缺少的一项重要内容相吻合，也与蔡元培后来提出的新式教育方针为德育、智育、体育、美育四个方面相一致，完全符合《中国教育改革和发展纲要》指出的“美育对于培养学生健康的审美观念和审美能力，陶冶高尚的道德情操，培养全面发展的人才，具有重要作用”的阐述。

学校确定了这个阶段的主要研究目标是：探索儿童生活美育的目标体系、发掘儿童生活美育对学生终身发展的价值、在儿童美育中培养他们良好的行为习惯几项内容。于是，便从“从小学习礼仪”“关注自己的生活”两个部分展开儿童生活美育。

礼仪是人内在美德的外化。在“从小学习礼仪”中，我们对学生的着装礼仪、邀请礼仪、购物礼仪、就餐礼仪、招呼礼仪、电话礼仪、做客礼仪、待客礼仪、告辞礼仪、参加活动的礼仪、师生间的礼仪、与父母长辈间的礼仪、公共场所的礼仪、接触外国人的礼仪 14 项礼仪措施的熏陶，使学生在各种人际交往中，化解可化解的矛盾，协调可协调的关系，使人心得以凝聚，使人品得以升华。在习礼过程中，使学生感悟到礼仪虽然不是无所不能的，但它是人人都需要的，是社会生活各个领域中无处不在的。礼仪与文明同在，美与行相辅相成。通过逐项训练，学生的变化很大，且基本能知礼节、懂礼貌、行礼数，落落大方，不卑不亢，彬彬有礼，张弛有度，受到了家长们的认可与积极支持。

为促进研究和实践的有序、有效、高质量推进，学校主要投放了以下措施：

一是制订儿童生活美育的目标体系。学校以“成都市小学生素质目标”为依据和原则，结合儿童生活美育研究的总目标，把审美素质目标进行分类、分解，确定了审美素质、教养目标、家庭美育、社会美育四项具体目标（见表 4－1）。

表 4—1 儿童生活美育研究的目标

<table>
<tr><th>主要目标</th><th colspan="2">具体目标</th></tr>
<tr><td rowspan="4">审美素质</td><td>审美观</td><td>能够掌握一定的美学知识和一些鉴别、评价美的标准，形成正向的审美观点</td></tr>
<tr><td>感受美</td><td>能自觉调动情感系统去感知事物形态美，具有“热爱”“同情”等审美情感</td></tr>
<tr><td>鉴赏美</td><td>能凭借生活经验和审美情趣，有意识地对审美对象进行观察品味，从而获得美感和乐趣</td></tr>
<tr><td>创造美</td><td>学会在生活中主动表达美，有进行美的创造欲望和初步能力</td></tr>
<tr><td rowspan="2">教养目标</td><td>品德修养</td><td>守纪、守时、文明待人接物
热爱生活、爱国、爱校、爱家、爱同学
诚实、正直、负责</td></tr>
<tr><td>心理素质</td><td>具有一定的自我评价、自我调控能力，有积极向上的追求目标和健康情趣
学会交往，群体意识、合作精神强</td></tr>
<tr><td>家庭美育目标</td><td colspan="2">1. 喜欢观察和发现生活中的美好事物并能产生相应的美感和乐趣
2. 能经常与父母一起评价现实生活中的真、善、美、假、丑、恶现象
3. 在家庭中尊老爱幼，对长辈有礼貌，行为举止文明
4. 和父母一道布置家庭小天地
5. 每天有一定时间从事一项艺术活动
6. 坚持参加家庭假日俱乐部活动，并在活动中积极表现美、创造美</td></tr>
<tr><td>社会美育目标</td><td colspan="2">1. 积极参加学校组织的各种观赏美、创造美的活动，激发热爱生活、热爱祖国的思想感情
2. 参与社会生活中的审美实践活动，丰富审美对象，在实践中表现美、创造美
3. 学会鉴赏社会生活中的美丑，形成一定的鉴赏美的能力</td></tr>
</table>

二是加强学校对儿童生活美育的指导和促进。儿童生活需要有美好的环境氛围、文明礼貌的思想行为、和美融洽的人际关系。对于儿童来说，家长是家庭和社会生活美育的重要指导者，这不仅因为家长的一言一行都会对孩子产生潜移默化的影响，而且家庭环境、气氛乃至每个成员的思想、作风、性格、生活习惯、爱好等都会使儿童的心理倾向定型化。所以在实施儿童生活美育的过程中，要求家长与学校求得共识，积极参与，互相配合，而且要从培养下一代的社会责任感出发，具备一定的品德和审美修养，要有文明、健康、科学的生活方式和生活情趣，要以身作则，身体力行，做出表率。

在“关注自己的生活”中，将学生日常生活、校园生活与社会生活结合起来，主要抓住整理书包、整理床铺、整理衣物、装饰自己的小天地、参与教室美化、装扮学校的环境、关注社区美等育人活动，有目的地对学生进行各项美的教育。引导学生能积极主动接受美好行为习惯的影响，逐步参与学校美好环境的建设，最终积极创造美好社区氛围。

从面向家长的方法和措施上看，学校利用各种渠道和方式，建立起与家长密切联系的平台，如家长座谈会、家长学校专题课程、家校联系本、家访、“家校通”等等。学校不断向家长宣讲美育在促进学生全面发展中的作用和地位，介绍实施儿童生活美育的方法、途径，与其交流情况，并根据家庭美育目标，向学生和家长提出达标要求，同时围绕达标情况进行文明家庭评比，为家庭更好地实施美育做好参谋，提供好服务。

从面向学生的方法和措施看，学校同样也是按照审美教育原则进行，不断培养学生良好行为习惯，促进审美素质提高。一个学生的行为符合社会主义的道德规范，达到真、善、美的统一，就是行为美，而行为美又是心灵美的表现形式。我们按照《小学生日常行为规范》，结合本校学生实际，制定了《成华小学学生一日常规》《成华小学文明家庭评比条件》等，从家里到校内分别做了明确的规定，既包括对学生在校思想品德养成的要求，又包括对学生在家生活习礼的要求，从怎样与老师交往到自己怎样穿着打扮，从怎样整理书包、整理床铺到怎样参加各种社会社区活动。为使《成华小学学生一日常规》《成华小学文明家庭评比条件》得到落实，首先要求明理。明理是礼仪美的先导和基础，但明理不是抽象的说教，而是寓教于乐，寓教于活动之中。如我们开展“家庭礼仪竞赛”活动，其主题是“讲文明、懂礼仪；在校做好学生，在家做好孩子”，并制定了“礼仪规范卡”，从学生的待人接物、行为举止、思想感情上去规范。根据礼仪卡的要求，通过一段时间的强化训练和每月班级的“礼仪之星”评比，使学生逐步养成讲文明、懂礼仪的良好行为习惯。

我们通过渗透、感染、熏陶，使学生初步具有感受美、鉴赏美、创造美的能力，从而使学生身心愉悦，陶冶情趣，发展个性，养成习惯，促进儿童品德、智力、身心的和谐发展。我们通过学科课、音美活动课、微型课以及开展“家庭艺术小天地”“用我（儿童）的眼光看社会”等活动，培养学生感受美、鉴赏美、创造美的能力和艺术素养，形成学校、家庭、社会教育一体化，使学校审美教育达到和谐统一，使我校德育工作快速步入了省市区先进行列。老师们把以美育人的思想落实到教育教学的一切工作中，师生在美的环境中受到感染，在文明和谐的氛围中接受熏陶，在审美的实践中培养道德情操，提高道德修养。同时，促进了学校艺术教育成绩的显著提升。学生对美好行为的喜爱和追求也促进了各项艺术活动的丰富开展。每个学生至少有一项的艺术爱好或特长，人人至少会一种乐器。学校的艺术教育成果喜人，学校成为首批“四川省百所艺术特色学校”。

（三）在学科教学中感受美

在研究和实践中，胡校长意识到，美育，不只是艺术教育，也不能囿于儿童生活层面的表象层，必须把触角伸进学校教育最核心的部分——学科教学。于是，1997 年至 2001 年，她推动成华小学实施美育进入第三阶段研究中，也就是组织人员着力开展“小学学科教学审美化对师生素质发展的影响”课题研究。这一课题系全国教育科学“九五”规划国家教委重点项目“学校美育系统与美育心理发展研究”子课题，同时被确定为成都市“九五”科研规划课题。

学科渗透美育（即学科教学审美化）从此便成为学校美育的一个主要内容和主要渠道。

学科教学审美化，简单地说，就是要在学科课程教学中融入审美化的因素，通过老师深入挖掘学科课程中的美育因素，对学生适时地进行美育熏陶。这项研究，一方面是要老师在理解、把握、处理教材的时候，注意提取不同学科教材中的“美”的成分，对学生施加影响。这就对每个教师在解读文本时，提出了更高的要求，不仅要深入理解教材，准确吃透教材，还要用审美的眼光去解读教材、使用教材。另一方面是要根据不同学生的不同审美标准去驾驭教材，影响学生。

本轮研究的总目标是：探索小学各学科教学审美化的基本途径和方法，建立学科教学审美化基本模式，促进学生综合素质尤其是审美素质的发展，促进教师队伍审美素质进一步提高，推动学校素质教育的改革进一步深化。

具体目标是：着力创建审美化教学基本模式，把美育与学科教育教学内容恰当、有机地结合起来，实现更高层次学科教学审美化，促进学科知识的掌握和审美能力的培养；培养学生正确的审美观和审美能力（审美欣赏、表现、创造），培养学生良好的人格品质行为，促进身心健康及各方面素质和谐发展；提高教师职业道德，塑造良好的教师形象；强化教师美育意识，提高其实施美育教学的能力。树立积极的审美价值观和良好的审美心理，具有一定的审美知识、审美欣赏、审美表现和审美创造的能力。

在学科教学审美化过程中，我们坚持整体性原则、渗透性原则、循序渐进原则、可行性原则，但以渗透性原则为主。要求每个教师上课时要有明确的渗透目的，有利于活跃课堂气氛，有利于本学科教学，有利于学生德、智、体、美、劳全面发展。要将美的内容与学科教学内容在某些方面相吻合，不机械渗透，做到自然、贴切、适时、适度。

为帮助老师正确、有效地做好学科教学审美化，我们要求老师主要做到：教学目标审美化、教学内容审美化、教学组织形式（方式）审美化、教学环境审美化、教学评价审美化、学生学习审美化和教师教学行为审美化等七个方面。

教学目标审美化，要求老师们每节课都要充分展示教材的审美内容，借助审美教育达到既传授学科知识，培养能力，又培养学生感受美、欣赏美、创造美的能力的目的。

教学内容审美化，要求老师通过各科教材内容对学生进行美的教育。教师把教材中美的因素与一般的知识性内容有机组合在一起，内化到教师头脑中，并与自己已有的审美观相结合，然后通过多种教学手段让学生在感知美的过程中掌握知识。

教学组织形式（方式）审美化，主要包括教学组织、教学方法、教学语言等审美化。要求教师在设计和实施各教学环节时，要抓住教材的重点，找准知识与审美教育的结合点，紧扣学生兴奋点，组织好引人入胜的开头，热烈探索的高潮和严谨清晰的结尾，保持课堂教学结构的完整、有序和节奏。教学方法要追求艺术化。如教学手段赏心悦目，教师体态、语言、神情亲切动人，具有感染性。板书美观清晰，使学生在美的实验中获得知识，又获得美的熏陶。

教学环境审美化，主要是教师与学生之间形成一种热爱、尊重、愉快、平等、合作的师生互动的课堂气氛，即创造一种审美化的课堂，由此激发学生的学习兴趣，活跃学习思路。要建立审美化的教学环境，特别强调教师在教学过程中的情感投入。只有教师以愉快、欢乐、期待、热情的情感投入教学，才能唤起学生的积极情感，使其智力活动达到最佳状态。

教学评价审美化，强调教师对学生的评价必须以表扬、赞同、激励为主，不能用训斥、指责，甚至鄙视的方式对待学生。这样有助于学生在学习活动中体验到积极的情感，激发学生的自信心。

学生学习审美化，主要强调审美化的课堂应该充分体现学生的主体作用和教师的主导作用，教师要引导学生学得主动、积极、轻松、愉快、顺利、高效，达到以美感人、以情动人、以美促行。教师必须以美的法则来精心设计和优化教学过程及知识的呈现形式，充分挖掘教材中的审美内容，给学生展示并使之感受、体验到教育教学内容的审美因素，组织开展以学生为主体的充满自由、创造的教学活动。让学生积极主动地学习和潜移默化地感受美的情绪，感知美的形成，获得美的知识，陶冶美的情操，而且能让学生更有效地掌握知识，形成技能，开发智力。

教师教学行为审美化，则强调教师必须从各方面给学生以审美示范。因此，教师要不断加强良好师德修养，以完美人格潜移默化地塑造每个学生的心灵美，还要有美的仪表，自然潇洒的举止，整洁得体的衣着，稳重大方的姿态，精神饱满的情绪，给学生以踏实可信的印象和赏心悦目的美感。再次，教师要有美的语言及丰富的知识。准确、生动的语言、语调、语气能恰当地传情达意，传授知识。最后加上教师态度和蔼，学识渊博，更会给学生以美的示范，带给学生美的享受。

针对教师教学行为审美化，我们采取了如下具体举措：

增强审美示范意识。为了丰富教师美育理论知识，增强审美意识，提高审美化课堂教学技能，我们每期制定了详细的《教师尚美培训计划表》，按计划认真组织教师参加美育实验专题培训（包括定期参加总课题组举办的各种讲座）。我们采用了走出去请进来的做法，先后组织教师到大连、杭州、北京、重庆、泸州等地参观学习，并请总课题组的专家做专题讲座，还为实验教师提供美育书籍，通过学习、交流帮助教师增加美育知识，提高审美素养。

强化教师审美示范训练。一是制定规范。学校制定了《成华小学教师礼仪条例》和《成华小学审美化教学操作细则》，从“思想美、语言美、仪表美、行为美”四个方面向教师提出了具体要求，以规范教师的教学行为。二是开展竞赛。学校组织开展了教师教学基本功，如板书设计、朗读比赛、范文竞赛、粉笔字展示、摄影、绘画、书法等竞赛活动，并将其纳入评优条件。三是精心备课。要求实验教师的备课着重从美育目标、美育因素、美育渗透点、美育手段、美育效果五个方面考虑、设计，提高审美教育技能。四是异地练兵。学校分学科组织青年教师赴外地学校上研究课，与兄弟学校的同行们共同交流探讨。

展示教师审美示范形象。校内开展“教师形象设计比赛”，并选派教师参加“成华区教师新形象风采大赛”。对“进入教室形象、讲台形象、上课形象、教学结束形象、教师服饰礼仪形象、整体台感形象”六个方面进行严格训练。

加强校内美育课程设置，开设美育综合课、艺术综合课、微型课。美育综合课作为学校美育系统中的核心课程，旨在集中、系统传授美的知识和技能，是提高师生审美素质的途径之一。实验班每月利用班队活动时间开设一节美育综合课，教师根据美育目标系统，有计划、有步骤地利用自然、社会、艺术、科学等美的内容，精心设计活动内容及活动形式，以学生为主体，让学生积极主动参与活动，并将美育课的教学特点辐射到其他学科，使之也渗透审美教育。每月设一节艺术综合活动课，打破常规的教学模式、结构，以学生参与表现为主，综合各种艺术形式，寓教于乐，让学生在活动中主动、愉快地学习。以微型课形式每周开设一节“艺术欣赏”和“社会热点话题”早读课（20 分钟)。欣赏课的内容有音乐、美术作品欣赏，作文品词摘句欣赏，朗读比赛等。社会热点话题课主要以“用我们的眼光看社会”等形式培养学生鉴赏评价美的能力。

学校不仅把学科教学活动的认识看作学生经历的一个单纯的认知活动，还看作学生长期亲历的一项审美活动。教师更加关注整个教学活动所呈现出的感性形象、情境和自由度所体现的审美特征。在教育教学过程中，教师审美能力和教学能力得到了提升，学生在审美素质、学习心理品质、认知能力等多方面和谐发展。

（四）在校本课程中引领美

随着“儿童生活美育”“学科教学审美化”研究与实践的推进，我校已逐步形成以美育人的办学特色。接着，便选定“美育校本课程的开发”这一课程进行了大胆的尝试、拓展、研究和创新。

在这个阶段，我们确立的美育校本课程开发的目标是：探索美育校本课程开发的途径、内容和方法；探索美育校本课程的开发对学生发展的价值；通过美育校本课程的实施，促进学生审美创美素养的提高，同时培养他们的良好的品格行为，发展智力，增强体质，促进学生身心全面发展；在开发美育校本课程的过程中，巩固和提高整个教师队伍的审美课程意识，促进教师队伍审美专业化水平的提高；进一步完善学校办学思想，凸现学校特色。

在研究中，坚持继承与发展相结合、校本课程开发与新课程改革相结合、主力作战与全员参与相结合等原则，我们开发了“三课程”“一文化节”，即“课程整合——开设美育综合实践活动课程”“课程拓展——补充和拓宽艺术类课程”“课程创编——开设学校特色课程美育选修课”“课程延伸——开展具有学校特色的校园艺术文化节”。我们在美育校本课程开发的过程中，充分发掘我校教师个体具有的审美素养，不仅为教师个人提供了展示审美素养的平台，同时也巩固和提高整个教师队伍的课程审美意识，促进教师队伍的审美专业化发展，还进一步提炼、形成、巩固学校的美育办学特色。

比如，我们开设的美育综合实践活动课程是学校美育校本课程系统中的核心课程，目的在于集中、系统传授美的知识和技能，调动学生审美情趣，鼓励学生参与审美实践活动，增强审美情感体验，是提高师生审美素质的有效途径。学校每班每周开设美育综合实践活动课。主要内容包括欣赏自然美、了解社会美、关注生活美、感知艺术美、探索科学美、感受成长美等方面，学生在各种综合实践活动课中，围绕一个主题（内容），大胆想象，自由驰骋，尽情描绘，深深感受着美的浸润、淘洗、滋养，使自己在不知不觉中就与美同行了。

我们改编、整合、拓展的艺术类课程体现了综合化、生活化、活动化、审美化等特点，让孩子们真正成了学习的主体，并最大限度地开发了他们的创作潜能。学生们学会在新情景中探究、在生活中探究，充分发挥了美育在素质教育中的作用。

更值得一提的是，我们开设美育选修课在经过多轮筛选、大浪淘沙之后，终于沉淀出健身艺术、传统艺术、生活艺术、文化艺术这四个板块的内容，成为学生最为喜闻乐见且积极参与的优势项目。比如，我们的健身艺术项目里面有中华武术、艺术体操、健美操、民族舞蹈编排，传统艺术里面有国学小书院、线艺、编结、宇宙探秘、海底探秘、人与自然，生活艺术里面有折纸、剪纸、泥塑、摄影、服装设计屋，文化艺术里面有新闻采访与电视制作、辩论与演讲、课本剧、诗歌欣赏、影视欣赏、阅读指导、电子阅览与网页制作、英语话剧、音乐鉴赏等，这些板块内容符合学生需求，满足学生个体意愿，学生参与率极高。

我们的传统校园艺术文化节形式多样，很好地为学生提供了一个展示自我的平台。“我创新，我快乐”的创新科技节，按不同的年级，以“生命的精彩”“培植的历程”“环保的呐喊”“科技的畅想”为主题，分为四个板块分别开展活动；“展示成长足迹，享受童年快乐”的快乐文化节，呈现“七彩”艺术团的少先队管乐队、“彩童”舞蹈队、“小精灵”艺术体操队、“花蕾”合唱队、春秋画艺社、“醒狮”武术队、七巧线艺组、创新科技组八个艺术队的活动；“圣诞快乐，新年快乐”的动感英语节为学生身心全面发展提供了一个广阔的空间与平台。孩子们在整个活动中感受了英语的语言美；在参与的过程中体验了过程美，同时在成果展示时还欣赏了创造之美。孩子们在文化节中放飞着自己的智慧：有技能的展示，有毅力的展示，有思想的翱翔，有感情的抒发，有诗意的飞扬……我们的校园文化充满了无限张力，同学们在活动中，不仅增长了知识，收获了快乐，也陶冶了情操，唤起了他们对生活的激情、对学习的热情以及对美和艺术的强烈追求。

总之，在校本课程开发过程中，我们注重对接学生发展水平、发展需求与生活实际，尊重学生个性差异，促进学生素质、个性和人格更充分、更自由、更健全地发展；注重培养学生健康的审美情趣，提高其审美素养和审美实践能力；注重弘扬建校以来的美育研究传统，充分利用长期积累的、丰富的美育实践经验和美育资源，培育和体现美育办学特色；侧重开发以美育为主线的校本课程，突出以美育为特色的学生发展目标。活动产生感情，活动形成活力，活动促进发展，活动使学生的语言、行为、心灵变得更美了。

第五章 / 丰盈尚美的元素

一、 学校是否继续走美育之路

2003 年，胡天彦校长退休，曾蓉校长接任。

当时有人认为：“吃别人嚼过的馍——没味道!”“美育是听起来舒服，做起来没多大意思的事情。”

在国家的教育方针中，“美”排在“德智体美劳”的第四位，难道美育比德智体还重要？学校如果不抓智育，还有什么立身之本？

美育如何能赢得学生、家长、社会的一致认可？成华小学如果继续高扬美育大旗，将来如何受到人们青睐？

前任校长已经组织开展了四轮美育课题研究，接下来又可以从什么地方找到突破口？

“首任校长胡天彦开启成华小学美育之路，厚植了成华小学美育根基，难道要在我的手中断了血脉?”

……

诸多问题一股脑儿摆在了继任校长曾蓉面前。作为校长的她，必须面对这个难以取舍且迫在眉睫的问题。能不能不再走前面校长选择的路？有没有一条比“美育”更适合孩子们成长的路？如果选择一条新的发展之路，学校已有的文化又如何传承？如果要继续走这条路，又该如何向前推进？有哪些美育方面的新抓手？在自己的任期内，可能会有什么样的突破？

曾蓉校长在思忖之后，多次组织行政会、教师会进行专题研究，并邀请川内知名专家参与论证，最后，做出了掷地有声的决定——循着胡校长确定的美育办学之路，坚持与美同行，继续以美育人的持续、深入探索。

二、继任校长曾蓉的丰盈尚美元素之旅

2004—2014 年，曾蓉校长在成华小学先是完成了“美育校本课程的开发与研究”的课题总结及结题工作，随后组织开展了“教师尚美文化建设”“尚美社团的构建”两大项研究。学校一以贯之的研究是潜心的、虔诚的、智慧的，在小学教育领域摸索出了一条优化师生生命成长的素质教育有效路径。

（一）在校本课程开发中引领美（续）[①]

因为胡天彦校长的第四个阶段正好是第二任校长曾蓉任后的第一阶段，所以，2004 年至 2005 年，曾校长带领团队对胡校长组织开展的“校本美育课程开发”研究工作进行了认真且系统的梳理、提炼，成功创建了“自然之美”“社会之美”“生活之美”“艺术之美”“科学之美”“成长之美”等系列美育校本课程，形成了《“校本美育课程开发”研究报告》，为前一轮研究画上了一个圆满的句号。

校本课程的开发与实践，使学生有了明显的变化。

一是提高了审美素养。学生初步树立起了正确的审美观和健康的审美情趣，初步具有了审美欣赏、审美表现和审美创造能力，他们非常乐于感受美好的事物。

二是学会了关注身边的生活。由于学生大多是独生子女，受到方方面面的呵护、宠爱，变得只注重自己的体验和享受，而美育选修课让更多的孩子打开了视野，不仅看到了课堂，还注意了家庭，也开始关注社会了；不仅重视自我，还关心身边的一切。

三是提高了审美实践能力。美育选修课满足了学生动脑、动口、动手的愿望，并引导学生通过实践逐步掌握了一定的审美基础知识和基本技能。

四是增强了沟通、交流能力。由于选修课所涉及的内容已超越了学科课，资料的收集、作品的完成都需要在课前做大量的工作，有的孩子还请家长一块儿参与，有的孩子将自己的成败得失讲给家长听，也有的孩子干脆当起了小老师，将自己的所学所

---

① 此研究于 2005 年 9 月获得四川省教育厅“四川省第二届基础教育课程改革优秀成果一等奖”，2006 年 11 月获得成华区教育局“成都市成华区‘十五’教育科研成果一等奖”。

获绘声绘色地讲给家长和自己的小伙伴听。家长及时了解了孩子的近期动态，也增强了亲子感情。

在这个阶段，老师的变化也着实可观。

一是增强了课程意识。美育校本课程开发的目的在于集中、系统地传授美的知识和技能，调动学生的审美情趣，鼓励学生参与审美实践活动，增强审美情感体验，是提高师生审美素质的有效途径。

在欣赏自然美方面，老师们适时带领学生走出教室，甚至走出校园，直接面对自然的美，去进行春风细雨、润物无声的美的体验。儿童画组的孩子，在老师的带领下逛春风中的校园。师生们看到小游园绿色长廊的迎春花盛开，大操场沿路造型美观的龙爪槐长出嫩绿的新叶，杨柳枝条随风轻舞，睡莲叶展开在小池塘水面，朵朵梅花残留在枝头，一起构成了一幅春色满校园的图画。学校附近的新华公园、沙河麻石烟云广场、熊猫基地附近的植树基地，都成了我校师生寻访自然美、感受自然美、创造自然美的绝佳场所。

在了解社会美方面，老师们充分挖掘学科教学中蕴涵的社会美育因素，引导学生从各科教材内容中发现并感知社会之美。学校加大对家庭教育的影响力度，促进家校良性互动，积极开展各种课外实践活动，让学生在活动中建立起对社会美的认识，拥有社会美德行为的体验。学校组织学生为困难人群开展捐款活动、爱心义卖活动等，让学生的心灵受到了一次次洗礼，促进着学生美德的养成。

在关注生活美方面，老师们把日常生活作为张扬学生个性的资源，和学生一起走进生活，参与实践探索，共同成长进步。老师做学生生活的引导者，指点迷津，在学生茫然时，给他们以启迪；当学生困惑时，给他们以引导；当学生遇到障碍时，给他们以帮助。在活动中，尽量多给学生自主选择的权利，学生可以自主选择学习活动的目标、内容、方式、时间、地点以及指导教师，自己决定活动结果呈现的方式。当小雨滋润万物的时候，同学们便自主选择开展以“雨”为主题的活动；招牌上的错别字催生了“街道广告招牌错别字知多少”的主题活动；听到一句不文明的话语，就生成出“小学生文明礼仪情况调查”；呼吸到污浊的空气，就生成出“家乡环境探析”主题活动等，尽显学生的自主创造力。每逢节日，同学们还自主设计，亲手制作风格各异的贺卡，并附上极富个性色彩的祝福语，送给老师、同学和家人。高年级学生利用所学知识，探究“厨房小窍门”，为父母献计，家长为此非常开心。低年级学生自制了“种子画”“布贴画”，体验创造之美。这样，我们尽量把学生的目光引到课本以外无边无际的现实生活世界中去，从而引导儿童认识生活、积累生活经验、热爱生活、在生活中发现美，创造美，放飞学生，让学生在阳光下茁壮成长。

在感知艺术美方面，我们的老师不是将知识硬塞给学生，而是找出能激起学生情趣、刺激学生兴趣的材料，然后引导学生自己去解决问题。如根据不同年级和教学实际，安排了新颖有趣的内容。如低段的“可爱的泥娃娃”、中段的“插花艺术”、高段的“变幻的线条”等。我们让孩子欣赏具有审美价值的插花，体验美的情趣，要求孩子从不同角度充分观察审美对象，说出所看到的形象间、色彩间的关系，感受其艺术美；懂得怎样插花才好看，从中体味大自然可以创造美，人们通过劳动也能创造美。然后在欣赏基础上，引导孩子依据花的形式和规律，大胆创造，表达自己的情感、理解和想象。最后，进行相互欣赏、相互交流，整个活动使他们体验到了成功的喜悦。我们不仅仅停留于让孩子用艺术表达生活，更注重引导他们学会用艺术的方式改善周围的生活环境。老师们根据孩子爱美的天性，充分满足孩子自我表现和审美的需要，使他们在生活中能感受美、表现美和创造美。通过实践，老师们认识到通过美的创造，能够进一步加深孩子的艺术体验，增强其艺术表现力，给人以美的享受，也能促进人格变得高尚起来。

在探索科学美方面，老师们引导学生欣赏与发现科学美，促使学生从内心深处发现灵感和快乐。数学本身就是“美的王国”，不仅表现在数的美、形的美、比例的美，还表现在它的精确美、抽象美、简单美、对称美、秩序美。各种公式、定理、定律，无不以简洁、优美的形式，显示已知和未知、定量与变量之间的逻辑关系，使人感到一种逻辑的美。现代科技造就的高楼大厦、宏伟桥梁、让人眼花缭乱的电子产品等都向我们展示着科技美。这种美已经是人类现代文明的符号出现在我们生活的每个角落。老师们引导学生从严肃的、冷静的科学研究中，感受到了科学里充满了激情，充满了丰富的想象力和创造力，充满了诱惑和魅力。

在感受成长美方面，学校大队部精心策划“感恩于心，回报于行”启动仪式，让以前只知道获取爱、不懂得付出爱的孩子们去思考：爱是相互的，对父母长辈、对老师、对他人的爱与关心，我们应心怀感激，并用实际行动去回报。在新年来临之际，又组织“感恩于心，回报于行”系列活动，如“暖阳行动·爱心义卖会”，孩子们自己动手布置卖场，“商店”中摆满了孩子们捐出的物品。每个孩子都可以是义卖者，也可以是购买者。那用稚嫩之笔写出的“献出一份爱心，收获无限欢乐”的广告，让人无法拒绝孩子们的一片爱心。而有爱心的人必然是审美感受丰富的人，孩子们将自己最善良的、最美好的情感，最重要的是充盈着爱的情感赋予了他人，他们自己也从中感受到了美，感受到了愉悦，感受到了人间真情，感受到了自己一步步的成长。爱人类，爱自然，爱自己，爱生活，健全的人格于无声处慢慢形成。

为此，可以说我们的老师们在校本课程开发中除了收获本专业知识，还涉猎了其他学科与社会生活，更加关注学生的生活实际与发展需要。因此，老师们在设计与指导这种新型课程中需要树立起一种全新的教育理念，并由知识传授者的角色变为学习活动的指导者、学习情景的创设者与课程资源的开发者，这是教师提升课程意识、走向专业化发展的必由之路。

二是改变了教育行为。教师的教育行为直接作用于学生的可见成长，其教育行为的方向性、引领性、力度与学生成长的速度、质量成正相关。为促进每个学生在各自的基础上获得不同程度的发展，情感得到陶冶，审美能力得以提高，进而促进学生感知能力和形象思维能力的发展，促进学生创新精神和技术意识的形成，促进学生的个体形成与全面发展，我们的老师表现出了“四化”的特点。

第一，综合化。学校的学科活动是课堂教学的必要补充，只有课内与课外相结合，才能提高艺术教育质量。因此，我们根据自身优势，积极以学生的发展为本，充分挖掘、巩固、发展以本校艺术特色为重点的课外教育活动课教学的潜能。在校本课程开发工作中，我校老师更为强化改编、整合、拓宽艺术类课程，从而突出课程开发的审美价值、情感价值和文化价值；还注重打破学科之间的界限，将各种艺术门类乃至艺术与文学、哲学、科学等结合起来，拓宽艺术与美术学习的领域和空间。

我校美术教师胡琳身为彝族人，决心把彝族文化通过自己手中的画笔传承下来，于是，着手收集资料，包括彝族文字、古籍、民俗、民风等，用美术的形式来加以表现，如把民俗民风内容用绘画的形式加以创作，运用儿童画夸张的手法表现人物动态等。有了老师的个人想法，便在教学中开始了初步尝试，引导儿童感受大凉山彝族文化，激发学生对民族文化的兴趣。

老师一边播放自己准备的资料片，一边解说。学生们知道了四川凉山是中国最大的彝族聚居区。在那古老浑厚的大凉山上，窈窕多情的彝家阿咪小姑娘，吹奏的口玄夜曲，如同蜜茶醇酒，让人如痴如醉。身披查尔瓦（羊毛披毡）的彝家青年小伙子，大山般的性格，神鹰般的气质，同样让人感动。七月的火把节时彝人们成群结队地举着火把遍游山野，火气一片，点起篝火围着火堂，跳起欢乐的达体舞直到天亮。还要举行很多项目，如斗牛、骑马，等等。火把节时，老凉山的彝族拿着火把排着队，满山遍野地游，远远望去好像一条长龙，很美很美。篝火烤红了这片土地，美酒陶醉了这方山水。每到过彝族年前，人们都要晾晒衣服、除尘、酿酒、杀猪、宰羊。他们从不吃独食，一家人杀猪，就会分给大家吃。只要遇到他们过年或结婚，不管认识或不认识的人都可以坐下来吃。彝族同胞是坐在地上喝酒的，而且只用一个碗传来传去。他们还不穿鞋，男孩头上都有一撮毛，而且还可以戴耳环。孩子们看得目不转睛，还不时提出一些天真的问题。孩子们知道了彝族是个很古老的民族，便决心跟着胡老师去描绘大凉山的神奇与美丽。在胡老师带领下，孩子们用麻袋、麻绳、木头这些没有生命的东西，将色彩和形象巧妙地组合，使其变得鲜活，变得有生命力，变得有艺术的魅力，焕发出如此新颖的光辉——这便有了《麻线彝情》系列作品。

第二，生活化。孩子们对世界的认识大部分依靠眼睛的观察。引导孩子们观察生活，捕捉生活中的美，是创造美的前提。美术老师赵强在教学《纸盒变家具》时，发现实际生活中有许多现成的纸盒（如烟盒、香皂盒、火柴盒、药盒等）适合做家具。赵老师想到，既然生活是学科教学之源，就必须想方设法丰富学生生活经验，增加他们的积累。于是，赵老师引导学生走进生活，感受生活，要求几个班级学生在家仔细观察自己家的家具样式，有条件的还可上网或去家具城了解。后来还制作了一个展示许多现代家具的课件，同时收集不拘泥于现实生活中现成的纸盒，并用白纸、卡纸和彩色水笔等工具和材料做一些样式独特的盒子，上了一堂别开生面的生活化的美术课。

第三，活动化。戏曲是中国传统艺术中最富有代表性的艺术形式。无论是从戏曲本身的特性，还是从美育的本质特征来看，两者极为相通，戏曲理应成为审美教育中最不可或缺的内容。音乐老师林丽霜慢慢摸索出了上川剧活动课的教学方法。一般得先给学生做几分钟发声练习，然后每次唱歌前要念词正音。旋律变成了弯来弯去的“羊肠小道”，学生往往也不容易抓住，处理“一字多音”的时候，老师要求学生一起在空中“画”出旋律，孩子跟着老师来两遍之后，也豁然开朗了。随着川剧活动课的深入，学生学到的川剧表演艺术也越来越多了，90 多个学生在课堂上也渐渐不再那么拘束，在表演环节中常常举起手要展示自己，或进行小组之间的 PK。这些表演一般是边唱川剧歌曲边做指法，有些没有加入指法的川剧歌曲也被他们加上了“自创指法”，孩子们那种积极、投入的态度让我们十分感动。

第四，审美化。一是学校资源审美化。我们充分利用学校磁砖墙展示学生的优秀作品，当老师把学生的优秀作品在画廊中展示出来时，马上会引来一大批观众。学生在观看时，先找是否有自己的作品，其次是同班同学的作品，然后再看认识的和不认识的同学的作品，还要对其作品进行点评，发表自己对每幅作品的看法和感受。这样的画展给每个喜欢美术的学生搭建了一个舞台，给学生提供了自我表现的机会，同时也有助于提高学生的鉴赏能力。这种展示，是学生最能接受的，也是最受学生欢迎的，能加强学生之间的交流，互相启发，促进学生的想象力和表现力的发展。二是社会资源审美化。成都小吃有悠久的历史以及独特的传统制作工艺，小吃品种上百种，而担担面、钟水饺、韩包子、三大炮等为学生最为熟悉的小吃，可谓有口皆碑。教学中，我们组织学生通过走访、考察和收集资料，初步了解有关家乡小吃的历史、文化、习俗以及小吃的特色和制作工艺，在不知不觉中认识了特色小吃的美，传承了家乡文化。除“小吃文化”，我们还将民间工艺品引进课堂，将学生们分成若干小组，每组有目的地调查一项家乡的艺术，学生们通过走访、考察等亲身体验家乡艺术。大部分同学为了搞好这次寻访民间文化美的活动，专程到了锦里、文殊坊、宽窄巷子收集资料，他们了解到了民间玩具、民间面花、皮彩剪纸、刺清糖画、彩塑等。通过欣赏交流所调查的资料，了解了家乡的民俗民风，感受到民间玩具的造型美、色彩美以及精湛的技术。这样的活动充分调动了学生的主观能动性，在自己最熟悉的土地上掌握了学习内容，以小组合作的方式，用自己的眼睛审视家乡，是任何一节照着教材上课的课所无法代替的。三是环境资源审美化。学校紧邻新华公园，新华公园优美的环境，尤其是对孩子有极大吸引力的“海底世界”，总是他们节假日去游玩的最佳选择，我们充分利用这一资源开展美术教学活动。在课堂上，我们组织学生设计未来的学校、未来的公园、未来的“海底世界”、未来的儿童游乐场……学生的积极性很高，很多学生将公园与学校连为一片，都希望能在像公园一样的学校里生活、学习。学生们还利用各种废旧材料制作成房屋建筑、花草树木、假山等，变废为宝；学生们还能在其作品上涂色修饰，看起来既环保又富有大胆的想象力。

我们改编、整合、拓展了艺术课程内容后，每个学生都真正成了学习的主体，并最大限度地开发了他们的创作潜能；学生们学会在新情景中探究、在生活中探究，充分发挥了美育在素质教育中的作用。这让我们欣喜地看到，老师们在设计、实施校本课程时，由于观念的转变，他们自然地把这种意识观念迁移到学科的课堂教学及教育活动中，以生为本，关注学生的生命发展，既重视知识的传授，更注重学生学习过程的体验、良好的学习习惯的培养、综合能力的提高，极大地激活了学生主动参与学习的内在动力，改变了学生以往对学习所抱有的依赖心态。

三是提高了审美素养。在美育校本课程开发中，老师们发现美、欣赏美、创造美的能力在不断提高，对美的认识和以美育人的认识有了长足发展。特别是在美育选修课中，表现得更淋漓尽致。我校根据老师的特长、兴趣、爱好和学生的发展愿望，经过多轮筛选，确定了健身艺术、传统艺术、生活艺术、文化艺术四大方面的美育选修课，对学生进行美的熏陶。

我们开设的健身艺术课程，包含了中华武术、体操、健身房、舞蹈等内容。张美富老师认为武术具有强健身心、防病、祛病和防身等多种作用，能提高学生记忆力、注意力、思维想象能力，让学生逐渐地体验动和静、修和练、人和环境、形和意、形和神相结合等辩证的哲理，激发学生热爱祖国和民族自豪感。他采用“尝试—自学—传授—练习—比赛”的教学方式，使学生短期内就有了显著提升。张永红老师让学生们练习艺术体操徒手基本动作组合，主要配合音乐练习徒手动作中身体的基本姿态、手臂动作以及基本步法。通过徒手训练来提高身体的协调性以及节奏感与表现力，培养形体美感，提高身体素质。她以形体训练为重，采用“意境教学法”“节奏教学法”“舞台教学法”等几种特殊教学方法进行教学。针对学生的动作不协调等情况，在形体训练中加入民族舞蹈、健美操、现代舞等教学，不仅活跃了课堂气氛，也提高了学生的学习兴趣。曾毅老师在舞蹈教学中，将手的挥动、脚的移动、身体的俯仰相结合，做到能保持一定的弧度，以曲线为美。弧度小而快，显示刚健有力；弧度大而慢，显示柔和松弛，让学生美在其中。

在传统艺术方面，我们开设“国学小书院”，还开设“线艺”“人与自然”“深海探秘”等课程，希望能让学生体会到其中蕴涵的美，感受到我国悠久的历史底蕴。

开设“国学小书院”是希望更多的孩子能和老师一起走进国学，感受国学的无限魅力，从经典中汲取养分，从而达到提高自身素养的目的，感受到语言文字的美、文化艺术的美、传统思辨的美、道德伦理的美。一是选用合适的教材。采取讲故事、明道理、重践行的“三部曲”方式，加强对学生进行“忠、孝、礼、诚、勤、俭、仁、恕、让”这些传统美德的感性认识。我们先让学生围坐在一起，诵读经句。老师用三国时期的曹操教子的故事作为引子。讲完故事后，让学生说一说自己喜欢故事里的哪个人物，引导学生理解“人之初，性本善”，进而引导欣赏“善”字。通过这样的形式，激发学生对《三字经》的浓厚兴趣。二是为了激发起学生的兴趣，老师们找来“蔡志忠漫画国学丛书”，比如《老子说》《庄子说》《论语》《大学》《中庸》《孟子说》《孙子说》《唐诗说》《宋词说》《列子说》……这些国学漫画书籍的内容，孩子们虽然一时半会还不能全部看懂，但都非常喜欢漫画的形式。三是在每个传统节日来临前，我们鼓励孩子去查阅资料，询问自己的父母长辈，充分了解每个传统节日的风俗习惯，用表演、介绍、问答等丰富多彩的方式在国学课上进行交流。四是利用家长会等形式，引导家长在日常生活中从自身做起，给孩子树立好榜样，让孩子得到充分的耳濡目染。

开设“线艺”课程，主要是通过制作壁挂的学习，让学生亲身经历线艺的全过程，体验制作中的乐趣，分享成功的喜悦，激发了学生的学习热情，了解民间手工艺术的历史起源与基本技能。

开设“人与自然”课程，是希望通过学习，使学生认识大自然中的野生动物，特别是我国的珍稀保护动物，初步了解动物、植物、微生物之间的联系，感受人与自然的关系，激发起热爱大自然的情感，树立保护动物的意识，通过实践活动，增长学生的自然科学知识，提高能力，认识到人与自然和谐共处的重要意义，并能从身边做起，将环保意识落实到行动之中。

开设“深海探秘”课程，是希望从美丽与神秘的大海入手，力图使学生感受美、体验美、创造美，获取课本以外的美的知识，丰富学生对美的认识，并根据小学生的认知特点，介绍了一些海洋生物的基本情况，设计了可操作性较强的活动，学生通过观察、收集等方式，从海底生物的色彩、形态等方面感知体验海底世界的美丽。

在生活艺术方面，我们主要通过折纸、剪纸、编织中国结、服装设计屋、泥塑、摄影这些选修课，对学生进行美的教育和美的熏陶。

折纸造型富于变化，需要手脑并用，可以开发儿童的想象力和创造力，锻炼他们的动手能力和独立思考能力，培养他们的创新精神和创新能力，使他们增强自信心和树立积极的自我形象。

利用剪纸课程，引导学生了解剪纸，学习剪纸。通常的做法是先欣赏，包括图案、样式等；再练习，从实实在在的剪纸活动中去感受我国传统艺术，进而感受它美化人们的生活，传递美的情感的艺术价值。

“编织中国结”课程，主要是了解中国结具有造型、色彩之美，皆因其形意而得名，体现了我国古代的文化信仰，体现着人们追求真、善、美的良好的愿望。

“服装设计屋”课程，是为了帮助孩子们对服装有正确的认识，知道了什么样的年龄该穿什么样的服装，什么样的职业该穿着什么样的衣物；知道了即使是喜爱具有个性的服饰，也应该是与自己性格相匹配的服装，而不能只追求标新立异。

在文化艺术方面，我们的目的是培养小学生健康的审美情趣和良好的文化艺术修养，提高同学们的综合素质，努力营造积极向上、百花齐放、格调高雅、健康文明的校园文化氛围，为学生的终身发展打下扎实的基础。

一是新闻采访与电视制作。为了办好学校红领巾电视台，把丰富多彩的少儿节目奉献给孩子们，学校老师不断创新，因地制宜，开播多样的少儿节目，让学生进行自我教育，从中学到知识，受到启迪。其间，少不了小记者的现场采访、跟踪纪实、连续报道以及现场表演等手法，介绍校园里的“偶像”，为同学们提供身边的榜样。结合重大节日以及文化节、体育节、科技节进行专题报道，使每个中队、每个队员都有机会展示才华。为了培养优秀的小记者、小主持人，老师们进行招聘、培训、试用等一系列工作。特设小主持人兴趣班，长年坚持组织开展各种有计划、有组织的培训、实践，激发学生热爱生活的情感，引导他们关心生活、关注社会，形成积极健康的生活态度，培养社会责任感；培养观察生活、认识社会、分辨是非的能力；培养语音标准、自然大方的口语表达能力；反映事实，表达自己观点的新闻稿件撰写能力；稿件的收集整理编辑等方面的能力。现在基本能由学生自己组织材料、录制素材，在教师的指导下完成后期的制作。

二是辩论与演讲。学校开设这门课程，是希望孩子们通过学习能大胆说，而且说得有理有据，充分锻炼自己；同时师生共情共勉，增强凝聚力，提高学生的演讲水平和表达能力。此项活动丰富了学生们的课余生活，活跃了学习气氛，为孩子们提供了一个展示自我的平台。

三是课本剧。课本剧是学生喜闻乐见的语文学习形式，它具有语文工具性与人文性相统一的特征。我们鼓励老师做好课本剧的准备、实践、检查效果三个阶段的工作。首先，要选择故事性较强、趣味性较浓、故事传递较简单、易于表演操作的课文。其次，要根据课文内容、角色等特点在班内挑选好各种角色。再次，要组织学生根据故事情节的需要制作一些能激发学生学习兴趣的道具，并本着节约、逼真的原则，培养学生节俭的品德和动手操作的能力。最后，读懂课本，弄清故事情节，准确把握人物形象，在充分准备之后，进入表演。

我们的文化艺术内容还有诗歌欣赏、影视欣赏、阅读指导、电子阅览与网页制作、英语话剧、音乐鉴赏，等等。只要有学生需要，只要我们的老师有这方面的才华，只要我们能整合到相关的教育资源，我们就会不遗余力，认真而严格地做好它。

在这个阶段，我们还筹备、组织了“我创新，我快乐——创新科技节”“展示成长足迹，享受童年快乐——快乐文化节”“圣诞快乐，新年快乐——动感英语节”等大型活动，极大地丰富了学生的学校文化生活，给他们的童年增添了无尽的精彩瞬间。比如在创新科技节中，我们按不同年级的校内活动，就有“生命的精彩”“培植的历程”“环保的呐喊”“科技的畅想”为主题的四个板块，学生活动有声有色，十分精彩。

在“生命的精彩”板块中，参与者为一、二年级全体学生。活动内容是在科学老师的带动下，了解昆虫的生长过程，同时在家里饲养小金鱼或小蝌蚪。通过动手观察和饲养，孩子们的思维打开了，主动提出了一些新颖的问题，如昆虫生长为什么有些虫子样子变化得大，有些则不大？小金鱼的饭量有多大？等等。对于这些他们愿意思考的问题，科学老师由浅入深地细致解答，使孩子们感受到了小生命的精彩，学会了珍惜生命、爱护动物，内心洋溢着关爱之情。

三年级学生参与了“培植的历程”板块的活动。活动内容一方面是在科学老师指导下，去欣赏一些由种子繁殖的或已经长大的常见植物；另一方面去收集种子，在家里种植一种植物（如种大蒜），并记录其生长过程。学生们笑嘻嘻地钻到校园林子里观察花草树木，回到家里纷纷拿着空瓶子、空罐头盒子种起了大蒜，一篇篇记录报告交到了科学老师手中。在很多报告中，孩子们不约而同地提到了养料对植物生长影响的问题，这样结合教材进行的拓展活动，让同学们了解植物的生长历程，激发了他们勇于探索的科学精神。

在“环保的呐喊”板块中，四年级学生积极参加了收集、介绍环保小常识（如“变废为宝”“减少污染”等）和写小论文的活动；并且通过制作环保宣传牌，弘扬了环保意识。孩子们积极思考，对环保工作提出了不少的好点子，如废纸二次使用和粉笔头再利用等，促进环保的推广。

五、六年级全体学生参与了“科技的畅想”板块的活动。他们围绕所学的科学知识，在环境保护、科技小发明、科普宣传等方面开展征文比赛。学生们动脑、动手，充分发挥聪明才智和创新精神，创作出属于自己的作品。他们还作为主力军，出色地完成了鸡蛋保护器和各种科技模型的制作，积极参加了校内初赛和区比赛。

在艺术文化节中，学校合唱团、舞蹈队、美术社参加区上比赛均获特等奖，成为成华区艺术节历史上首个实现“大满贯”的学校。在 2005 年 7 月举行的全国中小学管乐艺术节中，学校管乐团以娴熟的技艺、出色的发挥获小学组最佳表演奖；同时也给现场评委、中日学生管乐联谊会主席尔余建一先生留下了深刻的印象，他毫不犹豫地向成华小学发出邀请函，请学校管乐团一定要参加在日本东京举行的中日小学生管乐团年会。同年 12 月，学校美术社精心准备的大型美术作品《麻线彝情》，在四川省美术馆参加四川省美术教育成果展示活动也深受好评。著名画家、全国美协主席彝马责仁和省美协主席吴绪经都认为，这次活动中成华小学的成绩非常突出，这充分展示了成华小学在美术教育中的突出成果和学生发展的灵性。这些作品在国内美术界、教育界引起了不小的轰动，也被四川省指定为代表美术作品参加于 2006 年初韩国首尔举行的中韩美术交流双年展。

“小精灵艺术体操队”活动是融音乐、舞蹈和体操于一身的体育项目。它的动作自然、协调，内容丰富多彩，变化多样。长期坚持锻炼，可以发展同学们的节奏感、韵律感以及表现力，还可以使大家举止更潇洒、富于感情。此活动中将音乐与形体的完美结合带给学生，孩子们在无形中便形成了灵活优美的姿态——美在“小精灵”艺术团中生根开花结果。

“花蕾合唱团”让孩子们在歌声中了解了婉转动听的音乐之美，陶冶学生的情操，培养孩子们的团结协作精神。

“彩童舞蹈队”有着系统有效的舞蹈教育，培养孩子们优雅出众的气质美，使孩子们学习和掌握审美的知识和审美的方法，陶冶其性情，净化其心灵，提高其真、善、美的精神境界。

“醒狮武术队”成立于 1999 年，代表学校多次参加了各种大型活动，并且在成华区运动会多次荣获特等奖。在体育教师的指导下，通过武术练习这一独特形式，学校培养了学生矫健的形体美、运动的艺术美和高尚的心灵美，使学生在身体联系的过程中，培养审美能力，树立正确的审美观，逐渐提高感受美，鉴赏美，表达美和创造美的能力。

在学校“七彩艺术团”这块艺术的天地中，孩子们的审美情趣得到了提高，艺术素质得到了充分的发掘和培养。艺术团的蓬勃发展，让学校的每一位孩子都有了一种“我也要拥有艺术特长”的想法和愿望。

校园英语节以一系列丰富多彩的英语活动为载体，激发学生学习的兴趣，营造良好的英语学习氛围，丰富校园文化生活，让学生在英语实践中体会到学英语、用英语的快乐。

在这个阶段，学校也有了突出变化。

一方面，校园环境更美了。学校循着“美育校本课程的开发”的内涵，展示着绿化、美化、香化和净化四大特点。学校一年四季绿树成荫、鲜花盛开、鸟语花香，赏心悦目。冬青树和龙爪槐分列小道两边。沙树、柳树拥抱着小游园，七里香爬满花架，箭树、红沙树、桂花树，高低错落，十分得体。林间的石桌小凳，排列有序。精致的小水池，泉水喷涌，清澈晶莹。塑胶操场显眼、漂亮。1600 平方米人工塑料草坪点缀着整个校园。美观规范的音乐室、美术室、体操室、实验室、图书室、卫生室设施一流，各具特色。几十个规范橱窗、书画长廊，随时更换着孩子们的书法、国画、水粉画、工笔画、简笔画、钢笔画、版画及诗文习作。规范的宣传栏内，反映着学校概况、教学花絮、办学成果。进入校园，“和谐、上进、求美、创造”的理念在这里得到了充分的体现。

另一方面，学校的美育特色更加凸显了。教师自身的美育素养不断提高，每天都以自然潇洒的举止、整洁得体的衣着、稳重大方的姿态、精神饱满的情绪给学生赏心悦目的美感，老师们能以准确、生动的语言、语调、语气，恰当地传情达意、传授知识。领导与领导、领导与老师、老师与老师、老师与学生之间，相互尊重、理解，彬彬有礼，无不体现出美育素养。老师不断挖掘和运用教学中的审美因素，落实了审美化课堂教学，做到了教学目标审美化、教学内容审美化、教学过程审美化、教学情境审美化、教学评价审美化，从整体上构成了“轻松、愉快、和谐、高效”的教学特点，形成了独特的审美化教学风格。

再一方面，学校的影响扩大了。学校以选修课为载体，以美育人，发生着日新月异的变化，社区居民更加认可我校的教育，以把孩子交到我校为荣，争相送孩子就读我校。学校走上了“科研兴校”之路后，行政管理更科学，教师教学更有水平，学生学习更有劲头，学校的知名度日益提高，我校成了具有一定实验性和示范性的省、市、区窗口示范学校。学校被评为成都市首批“义务教育示范学校”，先后获得“全国环境文化艺术建设先进单位”“四川省校风示范学校”“四川省百所艺术教育特色学校”“四川省教师职业技能示范学校”“四川省爱国卫生先进单位”“四川省德育工作先进单位”“成都市文明单位”“成都市巾帼文明岗”“成都市绿色学校”等 100 多项殊荣，办学效益日益显现。

经过胡校长的四个阶段美育探索与实践，再经过曾校长第一阶段的接续研究，全体老师坚持以课堂为主阵地，以课程整合、开发、延伸为主渠道，发掘和放大不同课程蕴含的“美育”因素，进行了“润物细无声”的对学生的美育熏陶、启迪和浸润，丰厚了学校和师生生命行走的精神力量，体现了学校的美育办学思想，形成了较好的美育氛围和美育特色，取得了美育办学的良好社会效应，在区内、市内、省内外产生了一定影响。

（二）在尚美文化建设中提升美[①]

个人尚美，那是个体的偏爱；群体尚美，就会形成爱美的氛围，形成尚美的集体。一个群体一定要用一种思想、一个精神、一个信念凝聚起来，才能战无不胜、坚不可摧。

由于成都市各区（县）加强了教育城乡一体化的进程，成华小学与原来的保和中心校、东风路小学合并。这两所学校的老师虽然有自己过去积累的办学经验和教育教学特色，但作为一校三体的两个新校区的老师原来没有直接参与成华小学本部开展的美育研究，他们对学校的美育研究成果不是十分清楚，也不能较好地或者驾轻就熟地对学生实施美育；即便是在学校本部，也因为课题经过了十多个春秋，教师队伍有了许多新老更替，哪怕是一直在学校工作的老师，也由于美育研究的不断深入，他们的思想还不能完全跟随研究步伐，需要得到不断更新。而新进的教师更需要全面而扎实地掌握我校开展美育研究的教育理念、原则、方法、措施、手段等，才能对学生进行更好、更有利于学生可持续发展的教育。2005 年至 2009 年，学校通过反复思考、讨论与论证，确定了“教师尚美文化的实践与研究”的课题。这项研究，不仅可以填补学校过去研究中缺乏“教师文化”这个空白，而且有利于整合我校已有的研究资源，使三校区教师用美育思想武装头脑，用美育理念指导自己的教育教学行为，便于促进我校教师的专业化发展，使三校区教师的美育行为常规化、制度化、特色化，使我校的美育研究成果发扬光大，学校特色更加鲜明，使我校从美育特色学校走向美育文化学校，从而提升学校美育研究的层次，进而促进学生“五育”并举，全面发展。

通过这项研究，我们力图打造一支尚美的教师队伍，营造尚美的教学氛围，在引领教师丰厚精神世界的同时，促进教师们有尚美的教育追求，有尚美的教育行动。这样的教师队伍将有丰厚的美育知识的文化积淀，她们将把尚美的文化像雨露一样洒向学生的心田，她们将把尚美文化的阳光照向学生学习、生活的每一个角落，引领着学生学习生活，引领着学生向善向美。学生在这种充满温馨文化气息的教育中自然会得到美的熏陶，受到美的感染，为美的一生奠定基础。

“教师尚美文化建设”研究的核心目标是：提高教师的审美素养和以美育人的能力。在核心目标之下，我们又确定了“三三”总体目标。即：对自己——信仰、习礼、

---

① 此研究于 2010 年 10 月获得四川省人民政府“四川省第四届普教教育教学成果二等奖”。

笃实；对他人——怡情、谐趣、欣赏；对工作——秩序、智慧、创造。旨在通过这“三三目标”的达成，使教师人人有美育方面的专长，学生有美育方面的特长，人人追求艺术爱好，使认识美、发现美、欣赏美、感悟美、创造美伴随教师和学生的人生。

研究的主要内容是：关注以求真、向上、尚美为核心的教师的生命意识和闲暇生活，关注教师生命的和谐发展，关注教师人文精神的树立，关注教师所具有的爱与宽容，关注教师的理想与激情，关注教师个体所具有的独特个性，提高教师的生活和工作质量。

具体研究内容是：教师尚美文化建设的基本构成（内容）研究；教师尚美文化建设的途径和方法（模式）研究；教师尚美文化建设案例（包括课堂教学案例、教师成长个案、教师精神成长）研究；教师尚美文化建设的评价指标（课堂教学、开展活动和精神素质的外显形式）研究。

我们根据本研究的特点，主要从管理层面、教师层面、学生层面投放了相应的具体措施，保证研究的顺利落实。在进行措施的同时，也及时收集、总结、梳理投放后的成效。

在管理层面的措施主要有管理体系举措、学科具体举措和活动建设策略。

在“管理举措”中，我们一方面是加强制度的建设，建立健全了《学校教育科研管理制度》《教师个人课题申报及管理制度》《主研教师培训制度》《参研教师学习制度》《集中读书及闲时“充电”制度》《科研例会制度》《青年教师培训制度》等相关制度，保障了各项研究计划的顺利实施。另一方面是坚持制度落实。我们做到了人文管理与制度管理结合，实行定人、定时、定责的检查、考核办法，跟踪研究，奖优罚劣，月月兑现，年度考评挂钩。再一方面是做好管理回馈。在实行分级负责、分级管理的同时，我们还利用每周行政例会和科研例会进行过程管理的及时反馈，总结经验，分析情况，落实任务，明确新的目标、责任。同时，还加强结果评价。对研究情况、阶段效果、教师成长典型案例、学生发展的印证情况及时公布，引导后期工作，对表现突出的教师进行奖励，并向上级部门推荐纳入名师培养的对象。

在“学科具体举措”中，我们不断总结，锐意进取，形成了涵盖语文、数学、英语、科学、音乐、体育、美术、思想品德、计算机、健康等多个学科的《课堂导学评价量标》，规范了全体教师的课堂教学行为，也从而形成了我校各学科教师的基本美育素养标准和实施策略。

在“活动建设策略”中，我们学校为了与尚美教师文化研究配套，对学校、班级组织的各项活动都有相应的量化指标和评价标准，更好地规避了活动开展的随意性、盲目性，保证了学生活动的制度化、规范化、目标化。

在教师层面，我们通过多元路径，引领全体教师尚美文化建设目标的达成。

一是在读书中提高美育修养。除了业务书籍或与业务有关的书籍，每学期每个教师还要至少阅读所谓的“闲书”3至5本，从这些“闲书”中去获取一定的精神营养。在教师自主读书的同时，学校还组织全体教师利用寒暑假等休闲时间，集中阅读了《窗边的小豆豆》《心会看见》和宗白华的《美学散步》《西方美术名著选译》《中国美学史论集》《艺境》，朱光潜的《谈美》《谈美书简》《谈文学》，吴琼的《西方美学史》，滕守尧的《艺术与创生——生态式艺术教育概论》等20余种美学专著。

二是在活动中陶冶审美情操。我们组织全体教师参加健康、有益的文体活动，做学生文娱活动的倡导者、引领者。我们组织教师看电影《放牛班的春天》，开展趣味体育运动、奥运北湖徒步走、春游、秋游等活动。开展选修课，绝大部分教师参与了太极拳、拉丁舞（含瑜伽）、时装走秀（含舞蹈）、健美操、蜡染、摄影、家政（含厨艺、插花、拼盘）、表演唱（含合唱）等8个项目选修学习，不仅提高了教师们的生活质量，也使全体教师在选修课中拓宽了知识，丰富了视野，锻炼了身体。活动使教师们有了更多的休闲方式，很多教师喜欢利用休息时间到郊外徒步行走，或在家里搞搞盆景，写写心得收获。女教师喜爱编织、插画、锻炼身体，男教师喜欢摄影、书法、武术。多年来，全校教师的生活明显地展现出尚美气息。

三是在亲历中增长审美体验。我们要求每位教师至少拥有一项所教学科以外的艺术爱好和专长，增强审美体验。我们的教师有的学习摄影，其作品多次在全国、省、市获奖或发表；有的练习演讲，练得一口好口才，在组织节目中崭露头角；有的大练书法，其书法水平达到一定水准，春节期间还帮助社区、邻里、亲友写了一副副潇洒、飘逸的精美对联；有的对武术、太极拳、瑜伽产生了非一般的情感，他们的执着还影响到了家里人，甚至亲戚朋友，使更多的人不但有了新的休闲方式，而且身体一天比一天硬朗，一家人成天乐得脸上都开了花。说来也怪，当我校刚提出这项要求时，很多教师都觉得这是在“哗众取宠”“故弄玄虚”，但2008年底在区教育局与文化局联合举办的青年教师风采大赛中，我校教师朱春堂一路过关斩将，最终一举夺得全区第一名的成绩时，不禁让所有评委对我校的教师特长培养方法产生了浓厚兴趣，都说成华小学有远见，走在了上级领导的思考之前。获奖的老师更是喜不胜收，捧着上级奖励的价值6000多元的笔记本电脑，获得了更多人的祝福、羡慕与敬仰。

四是在拓展中扩大审美领域。我们要求全体教师拓宽学习视野，加强默会知识、本土知识、同事关系、日常行为规范等研究。审美已经由原来的教学审美化，延伸到了人生的诸多领域，延伸到了生活的方方面面，延伸到了人与人之间的交往、合作，也使自己的工作有了更为明显的起色。我校教龄在 10 年以内的年轻教师，有 9 人迅速成长为校级“青年学科带头人”，有 5 人成为“最具影响力的班主任”，有 11 人的论文获得校级美育优秀论文评选一等奖。

五是在互动中提高审美能力。我们努力改变传统的以学习班、讲座为主的静听培训模式，加强专业实践的参与式、沙龙式、论坛式培训和行动研究、个案研究，在具体化情境中提高教师参与课程开发的能力。在我校的校本课程开发中，绝大部分教师是在这种培训之后脱颖而出的新秀，他们参与编写的《生活之美》《科学之美》《文化之美》《艺术之美》四本校本教材，视野开阔，视角独特，语言优美，设计独具匠心，充分展示了我校青年一代茁壮成长的蓬勃姿态。

六是在反思中加强审美合作。我们倡导教师积极反思自己每天的教育教学行为，鼓励教师集体教研和体验交流，坚持做教学日志和轶事记录，建立专业成长档案袋。教师们上课之余，茶余饭后最常提起的话题就是：“我的那节课××地方让我记忆犹新”“昨天的课，有个地方真是令我寝食难安，万万没有想到的是在那个环节竟然没有很好地引用烂熟于心的这种激励方法”；“每次，我都极愿意听你的帮助，在这样的集体中工作，我会大大缩短自己的教学成长周期”。今天，随便翻阅老师的备课本，都可以看到大家在每课后面的“教学反思”中，总有自己认真而深刻的自我反省或经验总结。上级业务主管部门到我校检查工作后，总会说：“成华小学的老师不论态度还是经验，在全区真正起到了窗口学校的示范作用。”2008 年，全区中小学（含原成都市市属高完中）的年度目标考核，我校以 116.5 分的罕有高分获得全区第一。

七是在展示中加强审美互补。组织教师坚持开展以“倡导文明、修身进取、提高素质、全面成才”为主题的文化活动，展示教师才华，发现特长教师，培养个性教师，促进审美互补。同年级同学科的老师几乎每天都在进行相互交流，优势互补。每期至少有分组集体教研 10 次，全校集体教研 4 次，开展三个校区同年级同学科或同年级不同学科的“同课异构”活动不少于 8 次，开展校级培训不少于 4 次，邀请专家进行专题讲座不少于 2 次，“走出去”学习取经的支出每年都在数万元以上。老师们的成长是多方面的促成，更是长期积累的结果，如果是关着门搞研究，是不能得到多方面的信息和多方面的帮助的。有学习，有思考，有交流，有总结，才换来了大家思想上的快速提高。

在学生层面，我们积极倡导“尚美的德育”，实施育人的空间开发，具体表现在：

一是个性化尚美空间建设。鼓励各班以伟人或名人的精神、事迹、语言感染学生，让学生从小树立远大理想，在学校，做新“三好”学生，在家庭，精心布置自己的小乐园，延续在学校的构想。

二是群体共享尚美空间建设。要求班主任精心布置教室和学校环境。根据“尚美”要求，做到让教室的每面墙壁说话；让孩子们可能去到的学校的每个角落都有“尚美”的物件说话，使孩子们随时得到启迪。

三是纯净的自然空间建设。我们鼓励教师带孩子们即便不能走进深山老林，至少也要到塔子山公园、人民公园、“五朵金花”等地去踏青，去野炊，让孩子们走进大自然，探访大自然，感觉大自然，抒写大自然，让大自然成为孩子们陶冶性情的自然空间。

四是丰厚的知识空间建设。我们努力把学生带进知识的海洋，要求教师要尽力办好图书室，办好每个班的图书角，使学生在休息时间自觉不自觉地钻进书的海洋，享受书中乐趣，厚积知识与经验。

五是灵动的智慧空间建设。我们让老师组织学生开展丰富多彩的第二课堂活动，使学生在活动中拓宽视野，增长知识，积累智慧，闪动灵性，创造奇迹。学校组织学生搞起了泥塑、雕塑、舞蹈、竖笛、管弦、钢琴、武术、田径、羽毛球、排球、足球、篮球等 20 多个项目的第二课堂活动，就连周六、周日，家长和孩子们也争相来到这些第二课堂训练组进行学习。我校的舞蹈《不屈之魂》还在 2009 年中央电视台教育频道全国青少年优秀节目展播。

六是尚美的创新空间建设。我们坚持组织学生开展富有创意的科技制作、网络比赛、艺术大赛，使孩子们的潜能得到开发，使孩子们的冲动获得展示的机会。李道兴老师在课外活动中，组织学生开展航空、航模、机器人组装、研究，近几年，就有 223 人的科技小论文在全国、省、市获得一、二、三等奖的好成绩，有 1 名学生的“定时电灯”获得科技创新二等奖，还有航空、航海、车辆模型获成都市一、二、三等奖 56 人。尤其是去年带队参加成都市的“蓝翔二号”飞机模型竞赛，学生作品囊括全市中小学生组前三名，超过中学组的成绩。第二课堂还让李道兴老师的论文《同质分组还是互不分组?》获得全省、全国论文比赛一等奖，李道兴老师在成都市小学科学教学学术年会上作专题发言，讲话文稿发表在《四川基础教育课程改革》2007 年第四期上。

总之，我校所崇尚的教师尚美文化，是除了直接就能看见的在物质方面的“美”的因素外，更能透过教师和学生这些生命群体透射出来的爱美的氛围、寻美的足迹、赏美的行为、创美的意识等，包括教师自我的尚美和教师尚美的育人。我们把“六大项目”（见表 4—2）作为教师尚美文化建设基本要素，再通过六项具体措施，较好地破解了教师尚美文化建设的有效密码。

表 4—2　教师尚美文化建设六大项目

项目	子项目	具体要求
环境浸润	办公室布置	整洁、美观、有序，体现办公室成员集体风貌，有尚美创意
	教室布置	有尚美理念，有儿童特点，有班级特色，有师生合作及共同成长痕迹
学习提升	集体学习	有计划、有组织、有目标、有记载、有互动，体现尚美追求的导向性
	自主学习	与书为友，自发读书，深度思考，视野开阔，有强烈的审美体验
教学探索	常规教学	解读教材审美化，适时渗透尚美理念，教学环节、语言、活动体现尚美理念
	同课异构	加强组内合作，从不同视野探寻美育因素，善于相互学习，扬长避短
	美育课程	投身课程改革，主动建构课程，大胆尝试创新，体现团结共进
生活体验	集体生活	乐于参加集体活动，遵守统一要求，表现自己适度，善于包容理解
	闲暇生活	富有生活情趣，注重生活雅趣，体现生活乐趣，展示生命志趣
交流互动	校内交流	准备充分，有理有据，言语亲和，自然大方，善于倾听不同意见
	校外交流	显示美育风貌，展示学校风采，富有雄厚底蕴，彰显自己特色
反思矫正	工作反思	注重反思当天工作的成败，及时调节自己的教育教学工作思路、计划
	生活反思	学会自我解压，及时调节心态，享受教育之乐，愉悦家人心情
	调整规划	对照自我规划，适时调整修正，实现最优发展，显示自身价值

一是营造氛围，强化教师的尚美意识。

办公室美化。有的办公室张贴卡通图片，充满了童话色彩，富有童趣；有的办公室悬挂古语古训，弥漫着文学气息，富有文化色彩；有的办公室摆放民俗作品，彰显出民族特色，极具艺术风格。

教室洋溢情。“班训”是班级奋斗的目标。学校为了让三个校区步调一致，将一、二年级的“班训”统一为“诚实、乐学、求美、和睦”；三、四年级统一为“守信、好问、悟美、合作”；五、六年级则是“诚信、探索、创美、和谐”。看似简单、略有区别的“班训”，却针对了学生的年段特点，体现着师生共同的尚美追求。各具特色的“班级树”“我行我秀”“小组冲冲冲”“班级掌门人”“新闻小快车”……处处有溢美内容，对师生产生着影响和感召。

公共区域渗透尚美。校园图书角、书画长廊，具有浓厚的书卷气息；五线谱乐章点缀的音乐教室，涌动着音乐之声的旋律；素描、水彩、蜡染、线艺等作品装点的美术室，让美术之魂充盈校园；舞蹈形体室、武术室、跆拳道室，展示着力与美的完美结合……

二是陶冶情操，厚积教师的尚美底蕴。

通过假期集中读书、诵读经典、师生同读一本书改变传统学习模式，让老师们在生活中读书，在读书中学习，在学习中工作，有滋有味，充满乐趣。

三是开发资源，优化教师的尚美实践。

学科教学渗透尚美目标。他们制定《审美化课堂教学备课要求》，把“美育目标”作为挖掘教材、处理教材、进行教学互动的重要因素，从教学目标、教学内容、教学过程、教学情境和教学评价等方面落实审美化教学。针对不同学科有着不同形式的美，要求教师在教学中依照《各科审美化课堂教学实施意见》，自觉规范自己的导学行为。在教学中，他们倡导板书要体现“三路”，做到“三美”，实现“三优”。

《课堂导学评价量标》评价课堂尚美。由教科室牵头精心设计的涵盖语文、数学、思品、英语、音乐、体育、美术、计算机、科学、健康10门学科的《课堂导学评价量标》，帮助老师们明白了怎样才具有审美特质，怎样才能促使师生的尚美共进，怎样才能充分体现尚美的价值追求……成了大家看课、议课的重要标尺。

美育综合实践活动课集中展示尚美理念。他们围绕欣赏自然美、了解社会美、感知艺术美、探索科学美、感受成长美五大方面，开设了美育综合实践活动课，既提高了大家的课程意识，又促进了教师队伍的审美化发展。

四是丰富体验，拓宽教师的尚美空间。

开展健康的文体活动。组织教师看电影，开展趣味体育运动、奥运北湖徒步走、教师春游、秋游等，老师们成了健康文体活动的践行者。

开设教师选修课。组织教师参加太极拳、拉丁舞（含瑜伽）、时装走秀（含舞蹈）、健美操、蜡染、摄影、家政（含厨艺、插花、拼盘）、表演唱（含合唱）等8个项目的教师选修课，全校教师现在的生活质量明显透露出尚美气息。

关注闲暇生活。全校教师喜欢利用闲暇时间，或参与社会公益活动，或广泛涉猎文学名著，或大量浏览儿童文学，或亲近大自然，享受天然氧吧的愉悦……全校教师的闲暇生活，富有生活情趣，注重生活雅趣，体现生活乐趣，展示着生命志趣。

五是深度参与，展示教师的尚美风貌。

文化节上秀拳脚。一年一度的校园文化节，使整个校园充满了无限张力。语文节——诗歌创编、语文小报、课本剧编演等；体育节——班级自编操、年级团体操、自创游戏、体育舞蹈、团体武术、集体舞蹈表演等；科技节——科学小论文、科幻想象画、模型制作、小发明创造等；美术节——麻线艺术、插花艺术、剪纸、刺绣、书法绘画展等；艺术节——器乐表演、声乐表演、舞蹈表演、朗诵表演等。这余韵不容拒绝地走进教师的人生，融入师生学习、生活的每一天。

校内外交流亮秀色。为实现教师的发展目标，他们经常开展教育时政论坛、名师讲座、热点问题透视、难点问题沙龙等校内教师的交流、探讨活动。

六是悉心感受，享受教育的尚美愉悦。

工作中有快乐，生活中添情趣，为教师实现个人发展愿景搭建平台。许多教师为自己描绘着美好的愿望。为发挥学校优秀教师的辐射、示范作用，提升班主任队伍的整体水平，学校已评选出校级学科带头人 10 人、最具影响力的班主任 5 人。虽然标准严格，但老师认为只要找准“最近发展区”，就有奔头。

通过问卷、座谈、调查学生、走访家长，学生、家长普遍认为我们 3 年的实践探索使老师们整体的尚美水平有了本质性的变化。教师诗朗诵、歌伴舞表演、器乐合奏、时装走秀、摄影作品展，无不显示着尚美的收获；单看那桌上摆着的插花，可别认为那是从外面请来的高手所为。可以说，我们的老师今天个个胸怀广阔、性格开朗、爱好广泛、仪态大方、举止端庄、温文尔雅、睿智幽默。朱春堂老师参加全区青年教师风采大赛，在初赛、复赛、决赛中，一路过关斩将，最终夺得大赛一等奖第一名。胡琳老师利用彝族文化资源，辅导儿童创作的《阿普的天菩萨好长》《好好学习，天天向“下”》等彝族风情漆画系列 29 幅作品在区艺术节展出时，获得省教科所美术教研员冯旭高度评价：“这些作品挖掘彝族风情很到位，令人感动，让人震撼，具有极高的艺术价值，对彝族博物馆来说都有极高的收藏价值。”语文老师利用文字美、语言美、段落美、景物美，数学老师利用线条美、图形美、逻辑美，音乐老师利用旋律美、节奏美、意境美，美术老师利用色彩美、线条美、构图美，品生老师利用事例美、心灵美等美的因素，充分挖掘教材，浸润了学生的审美体验，提高了课堂教学效益。

学生发现美、感受美、创造美的能力与日俱增。尤其是表现在心理健康方面的变化特别明显，自信心显著增强，乐于读书，善于表现，家长对孩子的发展轨迹十分满意。自主创作的《倾听》《守信》《和谐校园》《别进网吧》等歌谣，展示着孩子们尚美的表现。“5·12”特大地震后，同学们首次就捐款12万余元，捐献2万多元的棉被、衣服等物资。学校管乐队赴日本交流演出，舞蹈队赴韩国演出；84名学生获得全国书画大赛金、银、铜奖；17名学生硬笔书法作品入选《国际青少年儿童优秀书画作品大观》；7名同学作品入选荷兰、美国、日本等国举办的国际画展；2名学生获“巴蜀少儿画”现场竞赛一等奖……无不展示着我校学生良好的尚美特质。学校根据课题研究提炼而成的专著已由科学出版社正式出版，公开发行，受到四川省社科院查有梁教授评价：“读一读《教师尚美文化的理论与实践》，对于做人、做事、做学问，对于教书、育人、教子女都大有好处。”近3年，学校教师撰写的研究文章和论文，773篇（次）获得全国、省、市、区论文评比一、二、三等奖，9人参加教材或教辅读物编写，显示出强劲的文化底蕴。

走进我们的校园，你会感受到有一种美的因子在他们身上涌动：课堂里，孩子们高举的小手、流畅的表达；运动会上，健儿们奔跑的脚步、健康的风姿；舞蹈表演中，演员们灵气的舞姿；诗歌比赛中，学生们激情的朗诵，都是以自己独有的形式表现着美，创造着美，让人赏心悦目，感动于心；“五环连成华、同心迎奥运”大型文体活动……给大家留下了深刻印象。

走进校园，你会感觉到，老师们在思想上保持一片纯洁，远离生活污秽，从而促进自己在真、善、美方面的和谐统一；你会发现，我们在着眼于培植和发展人性中的善根，培根固本，顺乎自然地把人导向了健康的发展，递进了求真、向善、尚美的教育科学和人文精神走向，努力拓展着学生个性化发展的时空和路径；你会看到，学校彰显着绿化、美化、香化和净化四大特点。

走近老师，你会深深地感叹：这里的老师胸怀理想，充满激情和诗意；表现自信、自强，不断挑战自我；善于与同事合作，彰显人格魅力；处处充满爱心，时时受到学生尊敬；工作中努力追求卓越，富有创新精神；目光更远，具有社会责任感。是的，我校学科教学质量监测，名列全区前茅：2008年年度目标考核，我校夺取全区（含中小学）第一名；学校已获省、市、区窗口示范学校、成都市“新五朵金花”、成都市优质教育集团学校等100多项殊荣……

近几年，学校先后接待北京延庆、甘孜州教育局、广州天河教育局、南充市仪凤街小学等30余个团体先后来校进行教师文化建设考察，中国美育学会选择我校为年会会场，美学专家李田赞赏有加："成华小学看似平常，但他们的课充分反映了研究美育的历程以及对美的不懈追求。"中国美育学会授予了我校"以美育人的摇篮"的称号。

（三）在尚美社团构建中渗透美①

学校先后开展了"儿童生活美育""学科教学（含艺术课）审美化""美育校本课程的开发"和"教师尚美文化建设"等研究，经历了由点到面、由低到高、由浅到深、由模糊到清晰、由浅层到深邃的"尚美"认识和实践过程，得到了学生、家长、社会的一致肯定。但有一天，也就是学校在锦江剧场举行"'童心·童悦·童趣'大型艺术节展演"活动后，一位专家突然向校长发问道："今天晚上参加演出活动有多少人？占全体学生多大比例?"专家的问题引起了曾校长特别关注：是啊，虽然演出活动参与人数不少，演出效果被人叫绝，但是，这是面向全体的吗？学校教育怎么是一部分孩子展示的天堂？有没有能够体现"人人参与""个个精彩"的活动形式呢？通过问卷、座谈，大家认为"小学生尚美社团"能够为孩子们搭建练习、操作、展示、交流、合作的平台，帮助他们体验到教科书以外的东西，促进他们公民素质的提高，也能让每个孩子的生活都充满阳光，让每个孩子的姓名都拥有尊严，让每个孩子的童年都绽放异彩，为学生的今天过得很好，也为学生的明天打下坚实的基础。所以，2009 年至 2013 年的几年间，学校轰轰烈烈开展了"小学生尚美社团的构建策略及发展价值研究"，开始了"百团大战"，拉开了成华小学尚美教育的又一道幕布。

在查阅全国各地中小学开展的大量社团活动后，我们发现：不少学校所谓的社团，其实只是挂其名而无其实。因此，我们决心改变它，使之走向具有真正社团意涵的小学生社团——我们要让尚美社团有别于"兴趣小组""第二课堂""课外活动"，要让尚美社团成为传统的"兴趣小组""第二课堂""课外活动"的升级版，是功能更完备的真正体现学生是学习的主人的活动形式，是现有学科课程和学生学习活动的有效延伸和有机补充。在整个活动中，学生能更好地发现美、感受美、体验美、创造美，做到学思结合、知行统一，实现"美浸生活，美润人生"的育人目标，促进学生的尚美发展。

我们对小学生尚美社团的研究目标是：厘清构建小学生尚美社团的发展价值；探

---

①　此研究于 2013 年 9 月获得成都市教育局"成都市优秀教学成果二等奖"；2014 年 5 月获得成都市教育学会、成都市教育科学研究部"成都市第十五届基础教育优秀教育科研成果评选三等奖"；2015 年 6 月获得四川省人民政府"2013 年度四川省优秀教学成果三等奖"。

索出与小学生尚美社团发展价值相匹配的构建策略；使学生在社团能获得学习、处事、做人、交往、合作、探索、创新、尚美等方面的知识与能力，实现身心和谐、个性发展；能促进教师、家庭、社会对育人观、人才观、价值观有新的认识。

心境决定眼界，眼界映射心境，我们开展的尚美社团从一开始就追求：社团名称有味——内涵美；成员关系融洽——人际美；内容选择恰当——崇尚美；社员共同成长——足迹美。我们要凭借尚美社团引导学生不断地发现美、审视美、践行美、创造美。

我们对构建小学生尚美社团进行了可行性论证，得出的结论是：第一，在新课程改革背景下具有可行性。社团，能以人为本，尊重学生的发展天性，能为学生的个性发展提供舞台。它开放、灵活，可以使学生的生活变得异彩纷呈，进而激发其潜能，张扬其个性。第二，在尚美教育理念下具有可行性。美的教育，携手美的人生。美的人生，由丰富的童年生活起航。“尚美”注重浸润，注重滋养，让学生在兴趣中参与、体验、交流和探索，在收获中不断成长，为其终身发展奠好基础，为合格公民和杰出人才铺了路。第三，在满足学生个体发展需求上具有可行性。社团在满足学生兴趣、尊重学生发展需求的前提下，开展各种各样的社团活动，正好是学科学习的一个良好补充。对××校区 3 至 6 年级 783 名学生的调查显示：76.5%的学生认为社团能帮助他们发展兴趣，65.1%的学生认为社团可以发展自身能力，而希望结交朋友、获得成就感的分别为 73.4%和 69.8%。随后在“社团对你的成长是否有帮助”的座谈会中，学生的肯定率达到 100%。这都说明社团的活动性、体验性的特点符合学生个体发展需求，是促进学生个体发展和群体成长的有效载体。

在三年的社团实践活动中，我们厘清了小学生尚美社团的发展价值。总的来说，尚美社团可以丰富学生课余生活，积极地获取知识、探求真理，发展学生的兴趣特长，提高自身素质，提升综合能力。引导小学生社团健康发展，使学生在各具特色的社团活动中体验、感悟、反思、收获，提升素养，涵养心灵，能促进学生的多样化成长。

具体说来，主要有三大发展价值：

一是对学生个体的发展价值。小学生尚美社团在培养学生的实践能力方面，具有课堂教学无法比拟的优势，对学生的兴趣、特长、参与、体验、成果意识方面有着绝好的培养作用。

兴趣。社团活动，从某种程度上说，能帮助学生在活动中满足自我需求，实现自我愿望。“兴趣是最好的老师。”干任何一件事情，只有充满了兴趣，才会全身心地投入其中，心里有澎湃的血液在涌动，全身就充满了干劲，甚至可以废寝忘食，得意忘形。这种境界是我们所期待的心理上的自我尚美。

特长。小小的社团在培养学生技能、组织能力、策划能力方面，有着重要作用。一方面，技能练就的优势得天独厚。社团活动中，老师退居幕后，起辅助、点拨作用，学生是真正的主人，主宰着活动的前前后后。天长日久，学生便获得了技能的发展。另一方面，组织能力实践的优势得天独厚。一个小组、一个小团体的组织者要考虑包括社团名称是否美，社团章程如何定，社团成员如何有序活动，社团活动怎样体现“知、行、练、访、赏”的校本序列设计要求，社团成员的表现如何评价，等等。这一过程，学生必将获得组织能力甚至领导能力的锻炼，以至形成特有的领导能力。再一方面，策划能力锻炼的优势得天独厚。对于全校上百个社团而言，一个社团是小家庭；但对于每个成员来说，小社团又是自己的大家庭。每个成员在这个家庭中扮演着不同的角色，担任着不同的职责。其中，策划每次活动，就需要大家群策群力、献计献策。每次精彩活动背后，成员的策划能力悄无声息地得到了锻炼，他们渐渐地成长起来，成熟起来。

参与。学生参与社团活动，便能在活动中感受，在参与中感悟。他们参与社团章程的制定，参与活动方案的设计，参与资料的收集、整理，参与活动的实施，参与社团的管理，参与社团活动质量的评估，自己在收获着，成长着，欣赏着，快乐着。他们用行动证实着自己的参与，发掘着自己的潜能，收获着自己的成长。

体验。书本知识的学习，远不如亲临感受所获的真实，更没有投身其中的深刻和难忘。学生在一次又一次社团活动中，参与其中，收获多多。社团活动激励着学生主动发展，实现生命成长，享受体验之乐。

成果。在社团活动中，其成果包括自己想要做到的事情做到了；完成的工作比自己先前预料的完成得更快、更好；学习的知识用到了实处，解决了真实问题；做出或学到比自己的同龄人或比自己年龄还大很多的人没有做到或学到的知识。还包括一次一次社团活动的圆满成功；成员参与设计的活动方案、报告；活动的精彩过程；活动中所呈现出来的作品；自己的成长经历；自己对大千世界的审美态度、审美过程、审美结果，等等。这些鲜活的、灵动的个体成长史，都是尚美社团的发展价值追求。

二是对学生群体的发展价值。社团不仅是培养兴趣的场所，还能使学生在活动中积极参与，深入体验，尽可能扬自我之长，获得特长发展。同时，社团的群体参与和集体智慧还能促进不同社团各显其能，大展身手，扬小社团之长。小社团锻炼着每个成员，使每个成员由一粒一粒不起眼的沙砾磨砺成一颗一颗闪闪发光的珍珠。许多小珍珠又汇聚成一个个别样的小社团，使小社团绽放出异样的光彩，从而使社团特色纷呈。小珍珠串缀成夺目的项链。社团以学习为核心，以自我与团队的成长为终极目标。在社团中，每个人都有机会发展得更好，成为一颗颗闪亮的珍珠。有了这样的璀璨夺目的小珍珠，再将其串缀成更加美艳的价值倍增的珍珠项链，那就是一道亮丽的风景。小群体还可以促进大群体的蜕变。一个社团是一个小群体，百来个社团就构成了学校这个大群体。一个社团促进了其成员的发展、变化，所有社团能促成全校学生向更高、更靓丽的尚美人生冲刺。

三是对学校特色的提升价值。学校是由学生组成的，学生的品质提升着学校的品质。我们凭借尚美社团提升学校的品质，打造着响亮的尚美名片。有品位的教师支撑着有品位的学校。一所学校的老师具有端庄的外表气质形象，具有高雅的生活情趣，具有完善的人品修养，具有深厚的专业素养，就会使教育教学洋溢风采，充满生机，自然支撑着学校的品位。学生文化彰显着学校文化。学校文化是由学生沉淀的，有特色的学生文化彰显着有特色的学校文化。学生文化有品位，学校文化才有根基，才显得灵动，才可能持续传承、弘扬和发展。特色社团是学校文化的一个分支，承载着学校文化特色，催生着学校特色课程开发，彰显着学校文化特色。学校品牌由学生群体支撑。学生群体的品牌，足以支撑学校的办学思想、办学质量、办学特色以及办学品牌。特色鲜活的社团越多，其学校特色就越鲜活。尚美社团以其“尚美”为灵魂，学生在社团活动中围绕美、发现美、呈现美、创造美，奠基美的人生，实现人生的尚美发展。尚美社团铸造着学生品牌，尚美社团走向深处，就会激发出学生的无限精彩。社团与品牌，品牌与尚美，互相促进，相得益彰！

综上，尚美社团能够在兴趣上满足学生个体需要，使学生爱上实践，爱上探索，爱上创造，心理产生愉悦感；能够发掘学生潜能，催生其特长发展，享受成长的快乐感；能够为学生的参与提供载体，使学生在活动中感受，在参与中感悟，分享参与的满足感；能够大胆实践，亲身体验，在体验中获得升华，尽尝身在其中的美味感；能够饱尝自我实现的甘醇，达到美的境界，乐享辛苦之后的成就感。这些，都催生着学生个体的尚美发展。同时，学生个体的尚美发展和社团个体的尚美发展，就像把一颗颗粗糙的沙粒变成了一颗颗闪光的珍珠，再将一颗颗闪着光彩的珍珠串成价值不菲的珍珠项链佩戴在特色日臻完善、越加鲜明的学校巨人身上，使学校增添无限光辉。这又实现了学生群体的尚美发展和学校特色的价值提升。

在3年中，本着“人人有所获，而非人人获得所有”的基本主张，我们围绕尚美社团的发展价值，依据社团的组建、发展、评价和保障四大要素投放了10余项具体策略。这些策略，既顾及社团所有成员的良性互动，又鼓励优者更优，以强带弱，以优促劣，最终满足了所有学生的多样化发展。

学生自主构建策略——社团组建：我是主人我做主。

首先，去行政化干扰。全校3000多名学生都自主选择、积极参与到不同的社团中。这样的社团组建，打破班级、年级界限，较好地满足了学生依据自我兴趣进行选择的要求，有效地保证了社团活动的真实开展。

其次，双主体同步推进。学生的爱好不一，兴趣不同，选择自然也不同。在组建社团时，我们采取师生双主体同步推进的办法，组织了百余个学生感兴趣的社团供学生选择，既照顾了孩子们的不同爱好，又兼顾了老师的所长，实现了师生的双赢。

最后，师生多元分层并进。一、二年级暂不参加社团活动，分班开设“读写绘”活动课，三至六年级学生不再分班级、年级组建社团。如“戏娃儿社”增设了其他社所没有的岗位：采风组——为社员们介绍川剧知识、川剧剧目、川剧人物等；编剧组——进行校园剧、生活小品的创编；排练组——组织社员进行川剧剧目的排练；剧务组——负责场景、道具、服装等的准备。不同的社团，根据自身的特点设立相关岗位，负责协调、组织社团内的小团体开展活动，为其有序开展活动做好了准备。在人数相对较多的社团安排年轻教师担任辅导老师，年老的同志作为管理老师协助辅导老师工作。

学生自我历练策略——社团发展：我的能力我练就。

充分发掘学生潜能，培养孩子们的兴趣、特长，促进其自我人生求真、向善、尚美，是我们组建社团的出发点，也是尚美社团发展价值的又一目标追求。学校从四个方面来着力练就学生的能力。

第一方面，GPS定位追踪。我们用GPS理论追踪服务的方式对偏离较远的社团活动进行及时、有效的矫治。为避免“一手抓完”或“撒手不管”的现象，我们设计了《××社团电子档案册》，规定老师按照“知、行、练、访、赏”5个字的要求与学生一道进行预设，同时填好《××社活动学期计划》《社团章程》《社团辅导人员》《社团成员登记表》《社团活动预设1～5》《社团活动记录》《特色活动介绍》《社团成员心情日记》《社团活动学期总结》9项内容，规范了社团活动的有序开展。

第二方面，教师智力支持。其一，辅助社团“头目”。辅导教师对社团干部的组织、管理、协调、记录、评价等能力实施个别辅导，以便社长、组织员、文书员等小干部在社团中起好积极作用。其二，班主任协助。社团活动与平日的上课有很大区别，学生周五下午易于忙乱，班主任的提醒、协调就显得十分必要。其三，行政监管。社团活动时间，教科室、德育处、教导处及其他学校行政参与社团活动的指导、跟踪、考勤、活动记录、摄取个案影像资料、加强过程监管等。

第三方面，诊断示范并举。在 3 个校区树 15 个标杆社团，收集其成功活动设计、典型案例、故事；搭建更高的展示平台，展示活动及收获；采取个别诊断，解决辅导老师及其活动的偏离行为，引领社团朝预定目标前行。

第四方面，借助外力推动。小学生社团，需要家长、大学生、社区服务者及特长人士的智慧卷入。我们广纳贤才，广听建言，集大家的智慧和才华，为学生的潜能开发和尚美发展服务。

指标导航监管策略——社团评价：我还稚嫩需扶助。

社团评价指标，是社团活动的指南针、黏合剂，也是检测尚美社团发展价值追求的重要标尺。

过程结果并重。每周五下午的社团活动时间，教科室负责活动指导，关注与分析学生在活动过程中的不同体验和活动后的感悟以及对活动的新认识。如果教师角色定位出现异位，学生参与度不高，教科室人员将及时与辅导老师交换意见，给出合理的建议。这是确保学生参与其中、体验其中、愉悦其中、成功其中的重要方面。

多向交流互动。为激发孩子们主动参与，学校充分利用体育节、科技节、艺术节、新年音乐会、校庆画展、开学典礼等校园文化活动，为学生搭建展示平台，展现学生的多才多艺及其富有创造力的天性。

指标导航促进。根据小学生社团活动特点及尚美要求，制定四大评价指标引导、矫正社团活动中辅导老师和全体成员的行为。这四大指标，40 余个小项，既看结果，又看过程；既看个体，又看群体；既看教师，更看学生。评价要素是多元的，评价主体也是多元的，评价目标直指学生的发展。

部门联动护航策略——社团保障：我的成长需呵护。

社团活动，需要部门联动，齐抓共管，通力合作。一是班主任协助。社团活动集中在每周五下午进行，活动地点有变，活动内容、形式、要求也不像平日上课那样循规蹈矩，班主任的提醒、协调就显得十分必要。二是行政监管。学校行政是社团活动的指导者、监管者，更要参与整个活动的过程指导、矫正之中。三是后勤保障。凡社团活动开展必要的物资、设备，学校设“专款专用”，开辟“绿色通道”，给予充分保障。四是舆论保障。“同学们，又到周四中午‘我和社团有个美丽约定’时间了。今天，我们请听听来自小主持人社的新鲜事……”学校定期举办社团社刊、社团活动展板；举行社团活动成果展示；利用“家校通”平台及时反馈每周巡视结果；利用红领巾广播站报道社团活动典型案例等，用正确的舆论引导社团活动的有序推进。

对尚美社团加强监管、指导。我们根据小学生尚美社团的特点设立的四大评价指标，构成了尚美社团评价系统，意在变单一的教师评价为师生、生生互动评价；变单一的结果评价为活动中生成评价，以学生的学能发展为主；矫正社团活动中辅导老师和全体成员的行为，奖励表现优秀者，刺激、影响后进者。

首先，注重对社团的整体性考察。要想从 100 多个社团中脱颖而出，就需要成员们充分发挥“1＋1＞2”的协作精神，大家各尽所能、各展所长。同时，辅导教师也要在活动策划、幕后指导、组织实施、资料收集上进行适当、有效地指导，引导孩子们通过实践提高自身的能力和素质。

其次，重视社团干部能力全面性的考察。社团干部作为社团成员的领头羊，不仅代表了社团的公众形象，更是社员们模仿、学习的榜样。其优秀与否，直接关系到社团的整体发展。

再次，重视社团辅导教师辅导力的考察。小学生参与社团活动，最大的困难就是认知水平和实践能力有限，需要辅导教师适时、适度帮扶。但老师必须退居幕后，只能做学生能力发展的“引擎”，点拨、引发学生自己寻找、自己发现、自己总结。教师对帮扶的“度”的把握是至关重要的。

最后，重视对学生个体能力发展的考察。我们追求社团卓越的群体发展，弘扬生命的个性，最终都要落到每个社团个体的成长上来。对社团个体的考察，能更好地帮助学生在社团中磨炼自己。

这样的评价体系，从不同维度考察，促进了全校百余个社团的良性发展。

3 年的实践证明，尚美社团促进了学生多样化发展。

一是尚美社团促进了教师专业化成长。伴随 3 年尚美社团活动的深入开展，老师们在不断地学习、反省、感悟，并用行动尽力做好孩子们学习的支持者、引导者、协助者、参与者。社团活动辅导还影响着老师们的学科教学悄悄发生改变。调查显示，教师的关注点既有知识技能的掌握，也有创新意识（49.7％）、审美意识（79.3％）、竞争意识（39.2％）、自我展示能力（81.2％）等。这些关注点的多样化，反映出教师发展的多样化、层次性，这对于“尚美”教师队伍素质的提升不无裨益。

二是尚美社团提升着学校特色教育品牌。社团活动，相对于学科课程学习而言，只占校园生活的极小部分。但它带给师生美的体验、美的追求却是无限的。他们发现了学习之光，启迪了生命智慧，积极地、悄然地影响着校园生活的整体风貌。你只要上网点击“尚美教育”，我们学校必在其前列。我校的尚美社团在区、市、国家级比赛中崭露锋芒，大大提高了我校知名度。来自北京、天津、重庆、广西及川内的甘孜、阿坝、九寨沟、德阳、北川等多所兄弟学校领导、老师到校参观、学习，交流取经。省内多家电视台、报纸对我校社团活动进行过跟踪报道。仅 2012 年，就有 8 次较具规模的报道。《四川教育》用 12 页作了专题报道。学校还作为川内唯一一所小学被教育部授予“第一批全国中小学中华优秀文化艺术传承学校”。

三是尚美社团催化了“三位一体”教育合力。尚美社团破解了长期以来困扰学校教育“5＋2＝0”的尴尬局面，构建起了学校、家庭、社会“三位一体”的和谐教育网络，顺应了教育资源整合趋势，对构建社会教育诸元素与学校教育的整合方式及互动模式做出了富有创意和极具价值的探索。尚美社团就像龙卷风一样具有神奇的蝴蝶效应，改变了教师的教育理念，改变了学生的学习行为，改变了家长及社会的人才价值定位，收到了意想不到的效果。

第六章 / 提升尚美的品质

历史的车轮总是滚滚向前的，学校教育也会随着历史的发展而与时俱进。成华小学秉承“以美育人”“尚美立人”的理念，二十余年如一日，始终不渝地进行尚美研究，脚踏实地地践行尚美教育，每个阶段都取得了可喜成绩。我们始终坚信：美育先行，并以其柔性光辉润泽学子，将会开启素质教育之门，展开其纵深图景，生命潜能、生命个性及其幸福美景，开启学校特色及其个性化发展之路，学校就会生机勃勃，社会影响就会与日俱增。

一、 尚美教育如何对接高品质学校发展

2013 年，成华小学第三任校长宿强走马上任。

他到成华小学之前，曾是成华区教育局发展规划科和小教一科的科长，还兼任成华区教师进修学校副校长。但在机关做事雷厉风行、兢兢业业的“局里人”来到成华小学担任校长，不一定可以驾轻就熟，也不敢说会得心应手，因为机关与学校一线的工作之间还是存在很多不一样的地方的。同时，老师们对具有如此身份的校长既会十分尊敬，也会有不一样的想法和期待。如果自己把“完美主义”和“洁癖思想”带进工作中，非但不能让老师人人适应，反而会给工作带来诸多障碍或鸿沟。所以，宿校长决定因地制宜，步步踩实，逐步引导，稳中求胜。

那么，作为在区、市、省都有一定影响力的学校，新的管理者要干什么，要怎么干，才能“稳中求进”“稳中求胜”呢？

几年过去了，事实摆在那里了，宿校长在带领大家追求完美，追求精致，追求品质，追求尚美立人，追求学校“高品质发展”！

所谓追求完美，与他从小受到的教育有关。他出生于一个教育世家，从小受到教师妈妈的严格管教，甚至形成了“洁癖”，与他衣食住行相关的所有物件，没有哪样不是光洁鲜亮，没有哪样不是井然有序。因此，他对学校的所有办公室、教室、功能室、教学楼、活动场所，只要眼睛能看到的地方，都从严要求、从严管理、从严规范，从没有被漏掉的一事一物。他常说：“教育无小事，细节定成败。”在他的影响下，学校行政、老师也越来越关注细节，越来越靠近完美了。

说追求精致，得从精细、精致、精品三个方面来说。所谓精细，指的是别人看不到的他能看到，别人想不到的他能想到，别人做不到的他能做到。到目前为止，学校任何一个角落，就很难找一处算不上精细处理过的地方。所谓精致，指他时刻强调做教育就是做良心，做教育就是做细节，做教育就是做全方位、全维度的因材施教、因人施教、因时施教。所谓精品，指他悄悄影响着老师们不管干什么都要力争拿回第一名的信念与志向。

说追求品质，主要是想说他要求大家做任何事都要有目标明、方法实、要求细、监管严、出口优的系统规划与成品输出。不管是教育教学，还是后勤服务，抑或学校管理，每个部门几乎都是按照他的指导思想行事的。所以，成华小学的任何项目都经得起检验、评判。

说追求尚美立人，这谈的是学校的主要工作、核心工作。成华小学建校三十年来，从没间断的“以美育人”教育思想走到今天，应该说是又上了一个崭新的台阶——那就是从艺术之美走向人生之美、从小美成事走向大美立人、从“简单说教”走向“融合育人”，完善着尚美教育的当下解读与应有目标追求。

说追求高品质学校发展，是校长的眼界和格局决定了他对成华小学未来发展的目标定位，要引导学生“做真的探索者、善的实践者、美的传播者”，做中国西部城市学校的榜样学校，要成为中国尚美教育的一面亮丽旗帜，使学生在成华小学里充分感受到成长之美、生活之美、生命之美，进而成就自己的人生之美。

一个人的成长需要两双翅膀——自身的努力拼搏和他人给予的机会；一个单位的发展也需要类似这样的翅膀——单位成员的共同努力和时代赋予它的机遇。

“栽得梧桐引凤来”，由四川省教育科学研究院牵头、《教育科学论坛》杂志社具体承办的“高品质学校建设”项目近年在全国的影响力与日俱增，成华小学也被邀请上了这轮“快艇”，并有目的、有计划、有步骤、有重点、有投入、有时间节点地稳步推进着。宿校长和他带领的团队早已达成一个共同的愿景——把成华小学办成一所远近闻名、深受广大群众赞誉的高品质学校。高品质的成华小学不一定外表华丽，但一定要名师荟萃；不一定制度完美无缺，但一定以人为本；不一定成绩第一，但一定要适合学生健康成长；不一定能“补短”，但一定能“扬长”；不一定样样优秀，但一定个性突出、特色鲜明。

这样的认识鞭策我们更要修炼学校的软实力，也就是我们的教育要贴着地面前行，而不是在空中跳舞；要追问教育的本质，更要追求教育的朴实无华；要明确我们教育者的使命，明白质量比速度更重要，内涵比规模更重要，要把好的理念植根于脚下，要理解教育是慢工不是快活，是渐进不是速成，是文火慢炖不是急火爆炒，要厚积薄发而非毕其功于一役。总之，我们就是要基于人的成长，基于教育规律，基于现实需求，基于未来教育发展的认识与思考；要竭力追求教育的“完美”，竭力追求教育的“精致”，竭力追求教育的“品质”，竭力追求教育的“尚美立人”，竭力追求教育的“高品质发展”。

理想的教育或许是不存在的，教育之路有可能困难重重，所以，我们要保持教育的平常心，保持教育的理性，保持教育的耐心，保持教育的勤勉，保持教育的务实，要坚持校长不能凌驾于教师之上，教师不能凌驾于学生上，家长不能凌驾于孩子之上，主观不能凌驾于客观之上，意愿不能凌驾于规律之上，呈现出尚美教育的格局与状态，让每一名教师、每一位学生各得其所，各展风采，竞相成长。

二、 倾力提升学校品质的伟大工程

（一）在尚美课程整合中彰显美[①]

在培养适应社会需要的人才的前提下，如何延续我校尚美的办学特色，使尚美教育能不断适应时代发展要求，这一问题使我们把目光聚焦到了课程上。唯有在充分利用既有成果的基础上，梳理出“尚美教育”核心培养目标，创建一套完整的“尚美”课程体系，才可能达成我校的尚美育人目标。2013—2016 年，宿强校长强调要有整合的思想，要把过去多轮研究的成果进行梳理、提炼，发扬光大，使研究臻于完善。于是，学校开启了“基于尚美核心素养的课程整合研究”。

---

① 此研究是四川省教育科学研究所“基于尚美核心素养的课程整合研究”的阶段成果，并于 2015 年 8 月获得“四川省教育科研资助金项目二等奖”；2017 年 7 月获得成都市教育局“优秀教学成果三等奖”；2018 年 4 月获得四川省人民政府“四川省第六届普通教育优秀教学成果二等奖”。

这项研究目标明确，就是要厘清尚美素养的基本要素，把目光聚焦到尚美的课程整合研究上，从而建设具有成华小学特色的尚美整合课程体系。

于是，我们把研究目标确定为：厘清尚美核心素养的基本要素，进行尚美核心素养培育的课程整合；探索尚美核心素养培育的路径、方法、措施、管理及评价，建设具有学校特色的尚美教育课程体系；在整合国家课程、地方课程的基础上，形成独具特色的尚美核心素养培育精品课程。

这期间，学校首先是加强了理论性认识：

一是界定了尚美课程整合的相关核心概念。我们理清了尚美、课程整合、尚美课程整合的关系，明确了我们的课程整合是在“尚美”统领之下的课程目标设定、课程结构设置、课程实施与评价、课程管理与保障等要素的融合、渗透和互补。

二是梳理出了尚美课程整合的“三维”。我们围绕尚美的三个意识（价值、向往、追求）、三大能力（感知美、鉴赏美、追求美）、三维行动（形象美、语言美、行为美），开展在求真、向善的同时去尚美，以达到万物和谐，师生共美的境界追求。

三是厘清了尚美课程整合的基本思路和方法。坚定不移地实施国家课程，在国家课程实施中体现尚美教育理念；完完整整地使用地方课程，让地方课程凸显其地域特点、地方适宜性价值；认认真真开发美育校本课程，使校本课程成为国家课程、地方课程的有益补充。通过尚美课程整合，使学校的课程建设与学校文化建设、品牌建设相呼应，相契合，相协调，相促进。

经过探索，我们提炼出了尚美课程整合的策略，整体构建了我校尚美整合课程体系，开发出了学科内、跨学科、超学科三类整合课程模式，建立起了基于尚美的系列评价指标，充实了我校尚美整合课程的资源库建设。

一是提炼出尚美课程的整合策略。

凌空鸟瞰策略。“登高而招，臂非加长也，而见者远。”顶层设计统领着学校的课程整合研究，如鲲鹏展翅翱翔在苍穹之上，俯视大地上的一切，其视影远比站在大地上效果好得多。

垂直整合策略。把与本学科内相关联的或是有联系的知识进行跨单元甚至是跨学期的整合，让学生在一个教学单元内学习本学科的相关知识，对学习内容、学习方式进行整合，以让学生减少不必要的重复学习，对知识的掌握更加系统化，提升其学习质量和学习效率。

交叉整合策略。打破学科壁垒，尝试挖掘学科内容之间的共性，寻找两者之间的美育共同点，抓住原本平行的不同学科的情感态度价值观、知识技能的交叉点进行整合或融合。

立体整合策略。围绕一个共同的主题，将多个相关学科整合在一个单元里；或以学生所在的学校环境、学生生活世界为内容展开学习设计，从一个完全保持学科界限的设计，到没有任何学科界限的立体整合设计。

二是建构起“尚美整合课程”体系。

课程体系是指在一定的教育价值理念指导下，将课程的各个构成要素加以排列、组合，使各个课程要素在动态过程中统一指向课程体系目标的系统。课程体系是实现培养目标的载体，是保障和提高教育质量的关键。

首先，建立起尚美整合课程的基本框架（见图 6—1）。

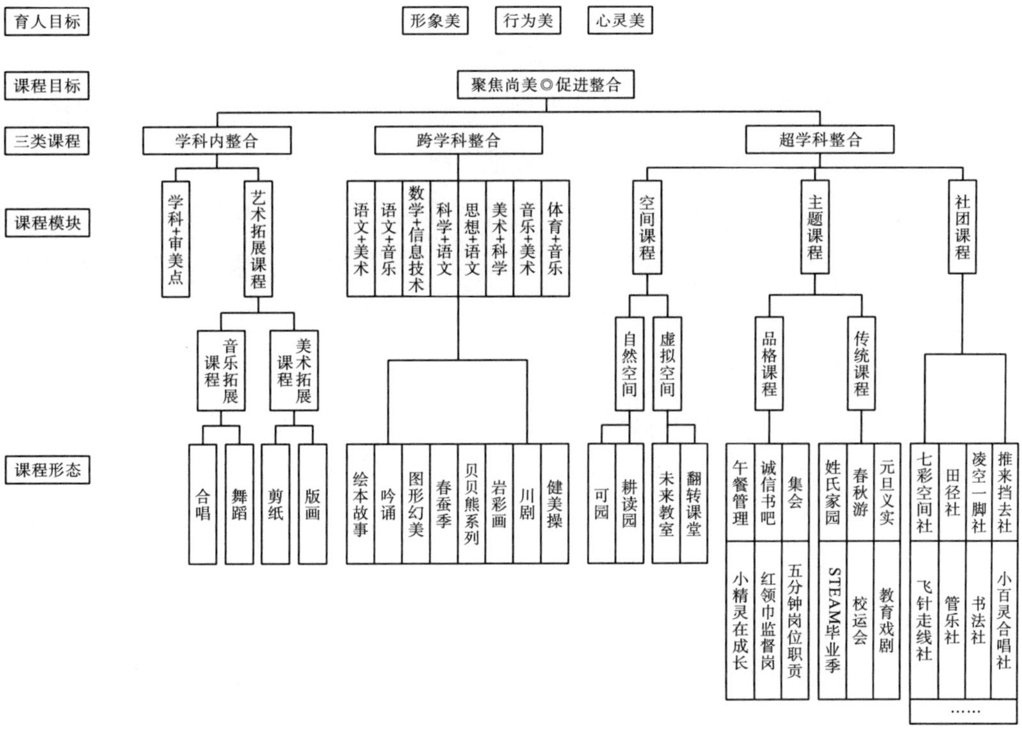

图 6—1　尚美课程整合基本框架图

其次，明确了尚美整合课程的育人目标。

我们将培育形象美、行为美、心灵美的孩子作为尚美整合课程的学校育人目标。这个目标涵盖外在和内涵、无声和有声、个体和群体的各个方面。

再次，梳理出尚美整合课程的三种类型。

我们构建起“学科内整合课程”“跨学科整合课程”“超学科整合课程”三大课程类型，并根据我校实际具化了各类型课程的相关内容（见图 6－2）。

图 6－2　三大课程的教材

最后，确定了尚美整合课程的三类课程模块。

模块一：聚焦审美视点的学科拓展课程，包含“学科＋审美点”和“艺术拓展课程”整合课程模块，设置了合唱、舞蹈、剪纸、版画等整合课程。

模块二：交叉融合的跨双学科课程，包含“语文＋美术”“语文＋音乐”“数学＋信息技术”“科学＋语文”“思想品德＋语文”“美术＋科学”“音乐＋美术”“体育＋音乐”整合课程模块，设置了绘本、吟诵、图形幻美、春蚕季、贝贝熊系列、岩彩画、川剧艺术、健美操等整合课程。

模块三：活动渗透的跨领域课程，包含“空间课程”——自然空间与虚拟空间；“主题课程”——品格课程与传统课程；“社团课程”等整合课程模块。设置了可园、耕读园、未来教室、小精灵在成长、姓氏家园、STEAM 毕业季、七彩空间社、飞针走线社等 20 多个整合课程。

三是梳理出尚美整合课程基本教学模式。

课程整合就是要通过构建适合我校师生尚美发展的校本化课程系统，将我校办学理念、育人目标与课程整合的路径、方法、内容进行点对点的相机对接，实现尚美在课程学习中的载体化、有效化、增值化。

其一，学科内的整合课程。

我们依据学科特点，挖掘国家课程、地方课程中的美育因素，探寻教学内容的内在联系，进行学科内的整合，促进学生尚美成长，在学科文化中构筑尚美。

语文之美：故事之美，语言之美，韵味之美，风骨之美等。语文教学中渗透尚美的措施——尊重个性差异，形成独特感受；捕捉具体材料，获得丰富美感；语文与生活联系，获得形象美感；渗透发展观念，获得辩证的美化。语文教师的审美素养包括语文教师的教学语言、较强的审美感知能力、深刻的鉴赏美的能力、审美想象力和审美创造力、“美读”能力、营造审美教育氛围的能力。

科学之美：其主体成分是理性美，是自然界的固有结构与人的认识、人类心灵深处的渴望在本质上的吻合，是通过科学的理想化、抽象化，以概念、定理、公式等方式显示出来的。

小学艺术学科注重培养学生的人文精神和审美能力，现多以小单元内容主题构建教学内容，但从艺术表现形式、手法的安排来看又比较分散，经常在各年段学习中都会有那么两三个课时学习。教师在一节课中要考虑认知、技能、创造和情感等目标，还要力求复习旧知、讲授新课、教师示范、启发引导、学生练习、小组评价等环节面面俱到，往往会感觉时间不够用，从而简单讲述，粗糙示范。这样的教学方式的创新和突破的空间很小，很多教学环节流于形式。例如音乐的合唱、美术的剪纸这些艺术形式的欣赏、学习都是在不同年级反复出现，因此我校音乐、美术老师重新梳理1～6年级教材，重新整理、充实、编排合唱、舞蹈、剪纸、版画课程，每期统一时段集中教学，打破原有的学期界限，进行学科内的垂直整合。

基于学科文化及其反思，本书作者针对长期以来语文教育在形式、内容和具体方法上的种种弊端，经过多年思考、反复论证、不断实践，提出了“交际语境下的语文教育”这一概念，并构建出基本理论框架，完成了专著《交际语境下的语文教育》，已由四川人民出版社正式出版发行，为广大语文教师拓展了语文教育新的视角和创新空间。

其二，跨学科的整合课程。

在学科教学基础上进行延伸、组合、开发，形成具有我校优势的跨学科整合课程，打造“学科+学科”研究亮点，从而助推学生尚美，使跨学科学习成为有持续教育恒力的尚美孕育场。我们尝试打破泾渭分明的学科间界限，统整不同学科内容，根据学生身心发展特点及学科属性、学习规律，以迁移的方法，整合为五大领域：品德与生命、语言与人文、数学与科学、体育与健康、艺术与活动。通过寻找每个领域内原有学科课程间的共通处进行统整与勾连，形成学科间的整合，为学生提供更丰富的教育情境。

小学阶段的孩子爱听故事、爱看图片，儿童绘本恰巧具有丰富的视觉性和故事性，符合他们的心理特点和审美习惯，教师通过绘本中斑斓的色彩、感人的形象、丰富的故事情节进行教学，能够更好地帮助学生进行审美体验和审美创造。学生从“读画”开始，借助“儿童绘本”图文结合的形式，在展示绘本中图片的同时，为学生讲述其中的故事，让学生在听故事的过程中逐渐学会文字语言与视觉语言的相互转换，提高学生语文阅读理解能力。

一年级品德与生活老师根据孩子兴趣开发了《贝贝熊系列》绘本课程，带领学生走进贝贝熊的生活，学习良好行为习惯的养成。精彩的故事、精美的图画让孩子非常感兴趣。

我们借助未来教室这个平台，引入“翻转课堂”的理念，将数学学科与美术相整合，形成了以“空间与图形”单元板块为内容的“图形幻美”课程。教学“轴对称图形”时，数学老师与美术老师沟通，在课前请美术老师先上一节“四方连续图案”课，通过美术课的学习及动手操作，形象感知轴对称图形的特点及美感，为数学知识的教学积累感性经验，取得了较好的教学效果；在学习这部分内容前布置孩子通过学习软件“天天练”上的微课教学先进行自主学习，并记录下自己不懂的地方，课堂上老师对教学重难点和孩子们的疑惑之处有针对性地讲解，提升教学效果。

学校艺术教育是对学生进行审美教育的主阵地。我们认为美术是流动的音乐，而音乐是流动的画面，两者紧密相连。音乐和美术的整合，通过多感官、多渠道、多视角、多元化的学习，培养学生多种能力，挖掘学生的情感潜能，帮助学生更好地理解美术作品，进而发展学生的美术联想与创造。我们在开发彝族文化课程时，把音乐教学融入其中。如在感受彝族服饰及手工艺品的独特风情时欣赏音乐《彝家娃娃真幸福》，熟悉彝族音乐的特点；同时唱一唱，了解彝族服饰中的白衣白帽、佩戴银项链的习俗。在走进大凉山的彝族火把节时，让孩子们唱唱幸福的歌，听音乐《七月的火把节》并了解阮是我国民族弹拨乐器中很有特点的乐器之一。听着音乐，孩子们欢快地模仿乐器“阮”的演奏。通过两个学科的整合，学生发现艺术是相通的，但表现方式是多元的。

三年级科学课有养蚕的实践活动，每年三、四月间三年级孩子们异常兴奋，其他年级学生也极为眼馋。养蚕过程中要填写观察记录，这对个别不爱动笔的孩子来说又成难题。科学老师求助于班主任、语文教师，以期将科学观察日志落实。科学教育要关注自然情感的培养，课程要求教师鼓励孩子投身自然，用敏锐的感官观察、发现自然界中的奥秘。养蚕活动能让学生认识生命的神奇与伟大，感受到生命在大自然中孕育与生存的艰难。可以引领学生在课外进行有目的的、系统的、持久的观察和实验，提升学生的科学探究能力，他们用观察、测量、记录等各种方法进行研究，不断发现、分析、研究、解决问题。“春蚕季”课程深受学生和家长欢迎，他们说这个课程增强了亲子沟通。

其三，超学科的整合课程。

学校将原有的尚美育人研究路径、方法、成果进行优化重组，紧密结合学校实际，合理借用家长资源、社区资源，针对某些热点问题、焦点问题进行探索、研究。围绕课程目标的形美、行美、心美三个大类，通过环境课程、主题课程、社团课程进行超出学科界限，联系学生生活、学习环境，跨越不同领域的立体的大整合，形成我校的特色课程，涵育我校学子有尚美特质的多彩童年，为他们的尚美人生奠基铺路，彰显尚美的功效。

我们构建起了全方位的空间课程，如空间课程之“自然空间”、空间课程之“虚拟空间”；我们打造综合的主题课程，如主题课程之“品格课程”、主题课程之“传统课程”；我们还重组了优质的社团课程，使我们在原有社团发展的前提下由“百团大战”逐渐向“精品社团”过渡。

四是完善了尚美整合课程的评价体系。

课程评价是课程管理非常重要的一个环节，是权衡教育目标设置与达成、提高教学质量的重要因素，也是课程改革的一个重要方面。当前，我国基础教育课程评价存在评价对象窄化、评价主体单一、评价方法单调、评价目标过于量化等问题。只有扩大评价对象，形成以教师为主的多方面参与的评价主体，运用多样化的评价方法，同时评价目标摆脱过于量化现状，才能客观科学地对我国基础教育课程进行评价。

坚持评价多元服务学生。用《尚美学堂评价表》作为评价行为路径，实施了“在1间‘未来教室’破坚冰，在56间普通教室求发展”的策略，利用“未来教室”的新经验，生成了“尚美学堂”的新主张，让每位教师去践行。我们的主张是：学生学习是课堂的核心，教师要想方设法将学生卷入学习活动中；对所教课程性质的理解程度，是影响这门学科教育的重要因素；对学生的学习、生理的了解，是影响教学关键因素；对技术交互性的使用，是拓展学习空间的抓手；对教育的理解，是创生民主和谐课堂文化的基石。

我们不仅关注学生学习发展的物理空间，也关注心理空间，各学科常态课更加注重“凸显学生主体性，培育学生现代性”。为了将在“未来教室”获得的成果发扬光大，我们研制出了《尚美学堂评价表》，以对老师进行方向引领和行为规范。从学生学习、课程性质、学生学习指导和课堂学习文化四个维度进行观察，将技术使用的交互性放置于学生学习指导维度中。其中，权重占60%的“学生学习”维度，特别关注学生学习的时间，要求为学生提供20分钟以上的自主、合作学习时间；每节课根据学科特点，学生们要有5种以上的学习方式；学生学习的参与面应达到95%以上；能看见学生的思维水平渐进提高。在“课堂学习文化”维度，我们十分关注师生地位平等、公平对待学生和开放学习环境三个指标，意在引领老师做学生学习的组织者、参与者。这些指标，都指向了“新空间”，指向了“学习者”，突出了主体性。

组织老师参与试卷命题，意在促进老师改变传统的“教教材”“教课文”之做法，坚决树立新课程意识，强化整合理念，落实尚美核心素养与课程整合的对接，实践为学生的终身发展服务的思想。

建立《学生尚美发展评价指标》三级指标，以变革评价方式，改革评价方法。评价主体既包括学生本人，也包括同学、老师、家长，他们从不同视角进行全方位、立体化的评价。以必修课+选修课的等级考核制代替先前的分数制；废除“一考定终身”的做法，加强过程评价，关注学习活动中的情感、态度、价值观；以学生本人纵向发展情况作为“定性评价”的依据，将班级横向“定量评价”模糊化，促进学生的自我成长。

三年扎扎实实的课程整合研究与实践，使我们收获多多。

一是促进了学生多样化发展。

首先，学生不再当听众了，而是成了课堂学习的主人。

一方面，课程整合促进学生实现个性化学习。在尚美整合课堂里，学生的表现是：“我要学”，学习是自己的事，“我要对自己的学习负责”；“我能学”，对学习充满信心，饱含热情，不仅关注老师对自己的“授予”，更关注自我发展目标、阶段学习规划和任务、课堂学习方式、自主学习经验集成，掌握基本的学习方法，形成基本的学习能力；“我会学”，善于从老师的指点、引导中获取学习的方式、技巧、能力，做到自我管理、自我调控、自我矫正、自我评价相结合，促进着个性化、可持续发展。

再一方面，课程整合促进学生实现深度学习。学生不再是“逆来顺受”，被动接受式地学习，而是有自己的独立思考、独立见解、独立表达，思维的深度和质量明显改变。

又一方面，课程整合促进学生实现探究性学习。“未来教室”的强大的信息功能，能拓宽师生的视野，也能破解学生能力的培养、学习效率的提高、学习负担的减轻、学习兴趣的提升等制约教育发展的难题。

最后，课程整合促进学生实现情境性学习。有数据显示，学生参与超学科整合的情况是：27.44%的学生参加过自然空间的课程，31.46%的学生参加过品格课程，37.25%的学生参加过传统课程，23.68%的学生参加过社团课程。可见，学校开展超学科课程涉及了学校的自然和虚拟学习空间，让学校乃至学习有关的一砖一瓦、一草一木都渗透进了学生的学习过程中，他们在生活和活动中展开了丰富多彩的体验式学习。

学生不再唯分数论了。具体表现在：他们有了一双发现美的眼睛。在四年的研究中，我校各学科教师不断深挖教材，开发课程资源，着力培养和提高学生感受美的能力。例如在语文教学中通过“引导朗读领悟意境美，巧用插图感受形象美，品尝词句鉴赏文字美，利用板书展示结构美，启发想象体味整体美”等方式来不断渗透美，培养学生发现美的能力。学校的艺术教育，如剪纸艺术、版画、撕贴画、管乐、合唱、舞蹈、足球等二十多种特色项目，也在发展学生个体的审美感受力，使之更加敏感、细腻，更加丰富。

他们有了一双创造美的巧手。我校的走廊、楼道的书画装饰，分主题的布局，均由各年级学生负责。700余幅作品全部来源于我校师生，每个孩子的作品都有机会展示。学校水族馆、耕读园、校服等的设计与最终确定都是由学生自己投票决定的。

他们有了一个身心美的形象。学生用《尚美发展评价指标》来约束自己的行为，努力做到“诚于中而形于外，慧于心而秀于言”，把内在的道德品质和外在的行为美有机地统一起来，带给自己和别人和谐之美，展现自己活泼率真的本色，充分展示自己蓬勃向上的活力和行为美的阳光形象。

几年来学生在各级各类活动中成绩斐然。我校的管乐、游泳、美术在四川省、成都市团体比赛、展演中多次荣获一等奖；学生个人在科技、艺术、体育、书法等项目比赛中获奖更是多达千余人次。

二是转变着教师的教育行为。

一方面，教师的课程意识明显增强。

老师们逐渐树立课程意识，不单是教者，还成为编者，创设更加鲜活生动、更加符合学生实际情况的问题情境，去组织教学。有的语文老师将吟诵引入课堂；有的美术老师将民间剪纸艺术纳入小学美术课中；有的音乐老师将川剧唱腔、锣鼓带到音乐课中等等。《交际语境下的语文教育》梳理出了“五步阅读教学法”和“四步作文教学法”的基本思路，主要表现在明确了三个关系：教材思路≠教学思路；教材内容≠教学内容；活用教材≠更换内容。

老师们能创造性地活用教材。“耕读园”可以说是我校一道独特、亮丽的风景——每到周末或节假日，家长在向学校申请后，三三两两地领着孩子、拿着劳动工具、带着自己喜欢的农作物种子或幼苗来到学校特意打造出来的耕读园中，与孩子一起动手松土、锄草、播种、施肥、插竿、打围等，在劳动中体验，在劳动中感悟，在劳动中收获，在劳动中畅想，真不愧“既耕亦已种，时还读我书”“耕为本务，读可荣身”矣！德育系列活动，也不得不说是我们的课程整合之实践的产物，最典型的要数文明就餐了，这一德育课程强化了学生的自我管理，收效甚好。此系列课程确立着学生尚美发展目标和人生价值追求，是基于尚美的课程整合的有效证明。

另一方面，老师们的关注点发生着变化。

关注“真正的学习是如何发生的”。在全校组织学习佐藤学的《课程整合——课堂教学新变局》《静悄悄的革命》《人是如何学习的》等书后，我们老师的意识、观念、行为都在发生着变化。《尚美观课记录》也在不断调整，通过评价指标的变化促使课堂上教师的发现、观察和倾听比重在增加，动态生成的教学机制在不断呈现，教师在把握课堂教学基本脉络的基础上更多关注学生学习的元认知能力及良好的学习品质的养成。

关注与学生一起建立新的课堂关系。整合课程的介入使教师的综合素养受到挑战，学生学习的无边界决定了教师必须调动所有的知识储备来随时观照学生的突发奇想，这需要教师提升专业素养，更新教育观念，建立与学生共同学习成长的课堂新关系。为了让学生学会选择、学会合作、学会分享等，我校教师建立了以学生的学为中心的教学新秩序。

第三方面，教师教学策略在悄悄变化。

“知识传授式学习”转向“任务驱动式学习”。我们的老师为了做好学生学习的促进者，便精心预设学习目标，以任务驱动学生的课堂学习。过去，有相当一部分孩子是背着书包来，带着耳朵听，全靠课堂习得，回家做巩固作业，课前几乎很少有利于课堂学习的实质性预习内容。在“任务前置”后，老师按照一定思路把下一节课即将学习的任务梳理成条款式的学习任务，学生回家后必须提前完成相关任务，否则，课堂上就难以跟上节奏，更谈不上获得自己想要的发展。

"墨守成规式学习"转向"自我需求式学习"。老师们在备课环节，更多的是丰富关于教学内容的信息、资源、对文本的解读、学习目标的准确制定等，这才能服务于学生。

"单生问答"转向"多向交流"。新空间让老师不再这样"自作聪明"，而是以"装傻""偷懒""欲擒故纵"等方式引导学生进行自主学习。学生的主体地位得到了保证，他们也变得少了些依赖，多了些自觉。

第四，加快了教师专业成长的步伐。

教师专业成长的变化：不做"推动者"，要做"研究者"，随时关注课堂生成的新话题，并投入精力进行小专题研究，教师在学生现代学习的推动下改变着自身的专业成长。不做"跟风者"，要做"弄潮儿"。不做"自我感觉良好者"，要做"与时俱进'全天候'者"。2013 年至今成华小学有 26 人次国家级赛课获奖，省市区级赛课获奖 48 人次；由四川人民出版社出版专著 1 本，并荣获四川省第十七次优秀教育科研成果一等奖；在《人民教育》《教育科学论坛》《江西教育》《学校品牌管理》等核心刊物上发表 14 篇文章；在各级各类论文评选活动中获奖多达 700 余人次。

第五，促进了家长参与孩子成长的管理。

我们的尚美课程整合包括家校教育内容、教育方式、教育着力点的整合，课程整合能较好地将家长与学校置于同等重要的教育地位，因此学校打开了校园这无形的高墙，利用家长学校、学校网站、微信公众号、班级家长 QQ 群……这些功能各有侧重又相互关照的渠道，把教育理念、方法以及各种信息便捷地海量地带给学校、教师、家长、学生，实现着学校、班级、课堂、网络的立体化教育。这样的教育氛围，把家长的教育积极性调动起来了，把家长的教育潜能激发起来了，把家长的教育资源利用起来了。所以，我们的教育活动能得到家长们的全力相助，真正获得家校共促的可喜局面。

（二）在尚美课程优化中沉淀美

我校经过前期几轮课题研究，尤其是经过"基于尚美的课程整合研究"，促进尚美课程打破学科界限，形成学科整合融通的尚美课程结构体系和课程形态，促进了师生科学、人文、审美素养优质发展，形成了学校尚美教育特色，并在省内外产生了影响力。为了更好地落实立德树人根本任务和"五育"并举教育方针，发展学生核心素养，全面提升育人质量，适时融入现代技术，我们全面总结、深刻反思尚美课程实践研究成果与效果，深知需要进一步以学校文化核心主题和 STEAM 理念为引领，建构彰显学校文化特质、融通学科与生活实践、全面系统的尚美教育课程体系，从根本上解决为学生全面发展、健康成长奠基的学校教育根本问题。

2016—2019 年，我们组织开展了“STEAM 理念下的尚美课程优化与实践研究”。本研究基于 STEAM 的主题式跨学科课程整合理念，在以“美”融汇统整多维学生发展核心素养，以“美”为学生核心素养的具体拓展与外显的课程统整思想引领下，以尚美素养培育为目标，建构系统、整体的课程体系，探索能充分发挥学生主体性、情感性和创造性的课程活动模式。

其核心目标是：基于学生“尚美素养”的发展需求和素质教育落地的诉求，结合 STEAM 教育理念，不断优化学校已建构的“基础课程＋主题课程＋空间课程”三维尚美课程体系，充分挖掘蕴藏其中的尚美元素，建构更具科学性、育人性的整全课程体系，丰富来源于多主体、多时空的课程资源，探索能帮助学生体验、感悟、创造的创美学习模式，进而帮助学生“尚美素养”的养成。

具体目标为：基于 STEAM 理念跨学科统整的学校尚美课程体系优化；基于 STEAM 理念的四中心教学活动方法开发；基于 STEAM 理念的尚美课程教学模式建构；基于 STEAM 理念的多主体、多空间尚美课程资源建设；基于尚美课程实施的师生“尚美素养”提升。

围绕研究目标，我们确定其具体研究内容是：STEAM 理念引领下的尚美课程要素培育和结构建设；STEAM 理念引领下尚美课程的开发路径；STEAM 理念引领下的尚美课程实施路径；尚美课程多元化、全过程评价体系探索。

研究思路如图 6—3 所示：

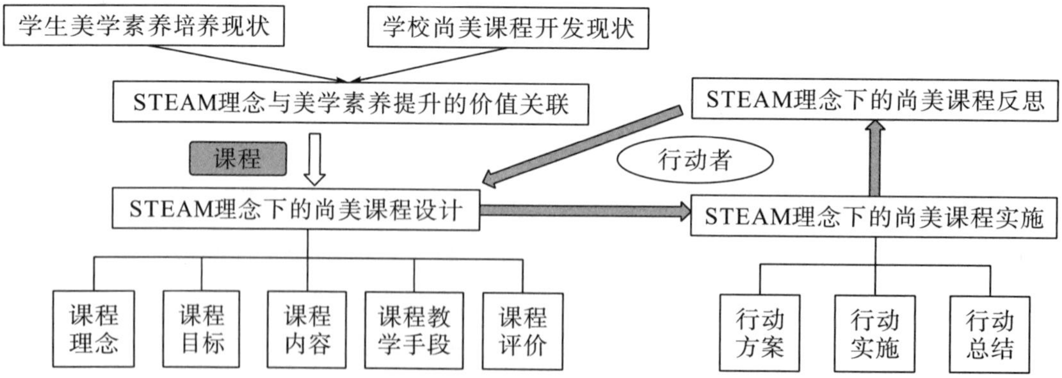

图 6—3 研究思路

在“美浸生活，美润人生”的办学理念指引下，我们紧紧围绕“尚美”核心概念，以培育“做真善美的探索者、实践者、传播者”为课程目标，统整国家、地方、校本三级课程，形成“尚美课程”框架，构建起“尚美学科课程群”“尚美活动课程群”两大课程群。前者主要包含国家课程和地方课程，通过学科教学及延伸、学科内容重构、教学流程再造等方式优化实施；后者以校本课程为主，采用学科间与跨学科整合方式，以综合活动的形式开展，并在课程建构实施中，建立运行多元化、全过程评价体系。

三年的实践研究与探索，我们付出很多，但收获更多。

一是在认识成果方面，收获多多。

首先，形成了STEAM理念引领下的尚美课程“育人新观念”。其一，只有基于国家课程，结合本校美育文化积淀，建构具有整合融通性的尚美课程体系，才能有效培养学生核心素养。其二，只有结合实际问题的学科素养培养，才能充分发展学生实践创新及问题解决能力。

其次，实现了STEAM理念引领下的尚美课程“内涵再厘清”。在STEAM理念引领下，在学校尚美课程体系的建构践行过程中，我们厘清了尚美课程的思想、定位、特征。

尚美课程的思想：以立德树人、“五育”并举为根本任务，以社会主义核心价值观为引领，以提高学生核心素养为目标，弘扬中华美育精神，实现“以美育人、以美化人”。尚美课程始终以国家教育方针、政策为指引，统整学校课程中的尚美要素，指向尚美课程的目标达成，着力提升师生核心素养、综合素养、实践创新能力、问题解决能力，并陶冶情操、滋润心灵。

尚美课程的定位：尚美课程是学校美育和培养师生综合素养与能力的主要载体和重要渠道。以STEAM教育理念和美育理念为引领，学校全面挖掘国家课程和地方课程的美育元素和STEAM的创新元素，结合本校资源优势，开设具有学校特色的校本课程，构建尚美课程体系。

尚美课程的特征：统整性（学科内统整、学科间统整以及课内外统整）、趣味性（以学生兴趣为基点，培育和统整课程）、体验性（在观察中体验美，在做中创造美）、情境性（挖掘生活中美的元素，开发生活情境课程，让学生在情境中发现美、感受美、创造美）、合作性（基于小组合作认识美、探讨美、创造美）、探究性（基于个体探究与小组合作探讨美、创造美）、技术增强型（课程内容与时俱进，发展学生科学思维，培育科学精神和创新精神）。

再次，明确了STEAM理念引领课程的尚美课程“六化原则”。学校遵循STEAM

理念引领的学校尚美课程原则，以保证课程建设的科学性与系统性。

课程内容多元化。尚美课程涵盖学科课程、拓展课程、探究课程等领域，内容触及学生学科学习、课内外活动与生活等广阔领域，有助于拓展学生的认知、开阔学生的视野、发展学生的能力、丰厚学生的情感、发展学生的个性。

课程内容本土化。无论是 STEAM 教育还是尚美课程的构建，仅仅利用学校课程资源是不够的。我校充分发掘、整合所在区域的优质资源，包括川剧、川菜、防震减灾馆、杜甫草堂、武侯祠等文化资源，为学校尚美课程建构提供了丰富的素材，形成丰富的课程内容和多样化的课程形态。

课程内容生活化。贴近学生实际的生活化、情境化尚美课程，能引起学生的共鸣与兴趣，利于开展教学，这也符合 STEAM 理念的要求。加强学科与生活之间的联系，使尚美素养生长拥有了丰厚的生活源泉和深厚的实践土壤。

课程设计生本化。学生的思维发展水平存在差异性、阶段性和不平衡性。为保证 STEAM 理念的尚美课程惠及每个学生，课程研发应该因材施教、因时立教。即使同主题的课程，在不同的年龄阶段，挖掘的尚美要素深度和广度也有差别，并呈梯度。在具体实施开展过程中，由于班情、学情、学习特点等主客观因素的不同，课程应尽量照顾学生的发展需要，留下一定的动态性调整空间。

课程形式多样化。尚美课程应反映不同学生个人的个性发展的选择与诉求，以人为本、尊重差异，肯定个体的独特价值，调动每个学生的积极性。丰富的课程内容也要求课程形式多样化，因此，我们应积极探索多种教学途径，组织丰富多彩的教学活动，充分开发和利用课程教育资源。如根据人文美、科学美、艺术美等不同内容的美，课程组织形式也尽量不同，如通过研学旅行课程，让学生通过实地考察感悟美，通过动手发挥创造才能。

课程评价过程化。通过强化过程性评价，促进学生将尚美课程中的感受与体悟，内化为尚美素养，并在活动中表现出来。过程性课程评价应注重增值性评价、终结性评价、展示性评价等多种评价形式融合运用。

二是在操作成果方面，收获多多。

我们建构了结构优化的尚美课程体系。在前期尚美课程实践中，我校“儿童生活美育与和谐发展研究”“学科教学审美化”“美育校本课程的开发”“学生尚美社团建设”等已取得一定成效，总体上按照“基础课程—主题课程—空间课程”三级管理模式建构运行的尚美课程，其课程逻辑还不够清晰，活动比较分散，我们在 STEAM 教育理念引领下，进一步整合尚美教育资源，优化尚美课程体系。

如图 6—4 所示，在“美浸生活，美润人生”办学理念指引下，我们紧紧围绕“尚美”核心，以培育“做真的探索者、善的实践者、美的传播者”为课程目标来统整国家、地方、校本三级课程。在 STEAM 理念引领下，优化“尚美课程”基本框架，构建起“学科课程群”“活动课程群”两大课程类型，达到强化学生尚美意识、培育尚美能力、彰显尚美行动的目的。在两大课程群下又有尚美课程的具体分类。

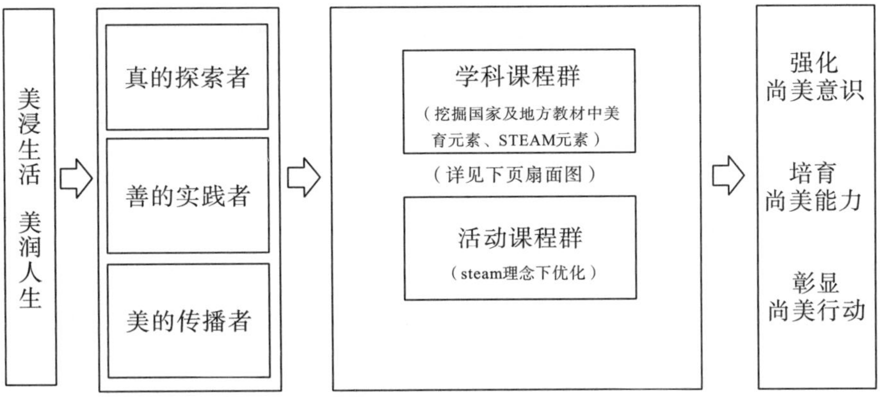

图 6—4　成华小学尚美课程结构图（2020 年第一次修改）

如图 6—5 所示，尚美课程群设置采用扇形模式，通过“尚美”五大学科课程群及“尚美”六个系列活动课程，延伸出不同课程形态。在 STEAM 理念引领下进行课程资源开发，以解决实际问题和培育学生核心素养为指向。围绕尚美课程构建学科与活动课程群形式，是对三级管理课程模式的优化发展；采用扇形图式有利于紧扣尚美中心，不断挖掘美的元素和拓展相关课程。

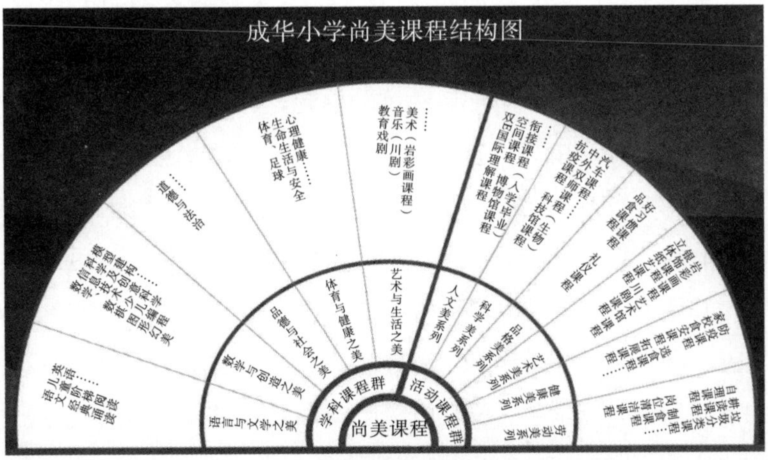

图 6—5　尚美课程群结构图

我们探寻出拓展优化的尚美课程路径。积极探索开发 STEAM 理念引领下的具有学校、本土特色的尚美课程内容，体现人文美、科学美、品格美、艺术美、健康美和劳动美的融合，我们建立了尚美课程四条优化实施路径。

首先，做好科学的引进与借鉴。学校大胆尝试 STEAM 案例的引进与实施，引进了《汽车》STEAM 经典项目案例，通过详细分析，积累经验，指导学生从确立核心概念、提出问题、确立主要的实践活动、明确学习成果及展示方式、进行反思与评价等方面，经历了完整的 STEAM 教育过程。

传统课堂大多采用分科教学，教师以本学科为中心，学生学到的是缺乏内在联系的局部、片面的知识，联想空间受到限制，并减少了本可以通过联想，扩大知识的运用范围和实践的机会。在 STEAM 理念引领下，我校组建了汽车课程实验小组，遵循小学生认知规律，与国家科学课、艺术课、语文课、数学课、综合实践等多学科课程有机结合，展开跨学科整合的“汽车课程”探索，指导学生在学习基础知识、参加基础训练、掌握基本操作的同时，培养跨界融合的意识和能力。整个汽车课程不再是单纯的知识传授，而是学生作为主体全程参与。

目前，学校汽车课程板块有六大单元：汽车文化、车体设计、车漆喷绘、环境保护、汽车制造、自动控制，共 17 个课时，在每个年级分别开展。在课程实施中，我们在不同年级实施相应的板块教学并覆盖不同学科：

一年级开展汽车文化课程，2 课时，包含语文，音乐，美术，科学学科。

二年级含一年级内容，增加车体设计单元，3 课时，增加数学学科。

三年级含一、二年级内容，增加车漆喷绘单元，2 课时。

四年级含一至三年级内容，增加环境保护单元，2 课时，增加生命生态安全学科。

五年级含一至四年级内容，增加汽车制造单元，3 课时，增加信息技术学科。

六年级含一至五年级内容，增加自动控制单元，4 课时，覆盖 7 个学科。

有关汽车课程的同一个单元，在不同年级都可以开展，但教学设定是不同的。以“汽车喷绘”单元为例，三年级学生只是简单按照自己的设计图案，用在课堂上学到的点喷技巧来体验喷漆，感受油漆对汽车模型的保护与美观效果。然后根据自己的喜好，随意设计图案，并用颜料画的方法来装饰小车模型。而六年级开展喷绘单元，目标设定难度明显加大。因为学生在数学课已经掌握了图形的面积计算方法，并学习了估算不规则图形的表面积，因而学生在学习汽车喷绘时，不能只是简单地完成喷漆，还需要遵循交通法规：机动车喷涂、粘贴标识或者车身广告，不得超过车身表面积的

30%，计算出不规则的汽车模型表面积 30%的大小，在能使用贴纸的范围内设计出装饰图案。

其次，做好拓展与提炼。我们结合学科或活动课程，融入式实施尚美课程。在现行学科课程中渗透 STEAM 理念，根据学情和现行英语、科学、信息技术、劳动与技术、艺术等学科教学内容，以学科渗透为基础进行拓展延伸，开发基于任务驱动式、问题引领式、项目板块式的 STEAM 教育项目主题活动课程，实现主题式课程整合与综合运用，着力营造受教育者主动参与的开放性课程环境，以课程组合的多样性来适应学生个性化发展的多元性。

我们认识到，PBL 理念下主题式活动是提升英语学科素养的有效方式，主题式单元整合教学是解决英语教学问题的优化路径，于是在英语教学中开展了多学科融合的主题式活动，学生在学习建构和创作过程中，将英语和美术、英语和音乐、英语和信息技术等学科融合，综合整体地发现问题、分析问题和解决问题，发展综合素养。

比如六年级一个团队选择的主题是 My Memory of Primary School（对小学生活的回忆），他们集思广益，对英语、信息技术和音乐学科进行整合，充分利用在信息技术课堂学习的拍摄微视频技术，选择音乐课学习的一首歌曲进行配乐，进行了团队创作。

基于项目式学习与 STEAM 教育的结合，我们提出了 STEAM 理念下的项目学习，即“PBL－STEAM”。学习者围绕一个具体项目，以团队的形式，综合运用科学、数学、技术工程、人文艺术等学科综合知识，解决真实问题，自主亲历体验、探索创新、内化吸收的过程，培养问题解决能力和创新能力，获得终身学习力和情感价值。

又如在音乐学科中以优秀文化传承为教育导向，需要采用参与式、开放式、自主式的教育方式。在 STEAM 理念引领下，我们借助川剧社团活动进行品格教育，学生围绕一个真实的问题情境，尝试不同的想法，在探索发现中培养综合思维，提升解决实际问题的能力。

川剧社团对学生的品格教育不能局限于社团学生的个人成长，应该面向全校学生。如何让学生在表演中产生共鸣、得到启发？老师们观察学生的日常行为，从学生身边事入手创作剧本，川剧校园剧《我们在一起》就是围绕社会热点校园欺凌编写的。校园欺凌一直是各级教育部门关注的重点，如何解决，如何防患于未然，一直是老师们思考的问题。最终我们将问题变成了剧本主题，结合学校美育编创了一段故事，用川剧形式表演，其内容为：一位调皮捣蛋、班级小霸王，在老师、同学、社会人士的感召下慢慢产生变化，最终明白如何与爱相伴、与美相随。故事中也能看到包容、友善、理解的中华民族传统美德，帮助学生树立正确的价值观。

再次，做好交叉与融合。我们用综合实践活动课程，给学生增加了体验、操作、探究的机会，让他们在综合应用各学科知识基础上，分析和解决现实问题，培养创新精神和实践能力，增强社会责任感。在育人理念及活动流程上，综合实践活动与STEAM的诸多共通之处，如以儿童发展为中心，注重学生实践能力和创新思维培养，有开放性，评价方式多样化等。因此，需要将STEAM教育项目化实施与综合实践活动主题化推进有机融合，实现共建、互通、共融。

在STEAM理念引领下，在新冠肺炎疫情期间，我校组织开展了各项综合实践活动课程。如在科学教育中，教师通过云教研、云备课，给孩子们带来了特别的科学公开课，并根据不同主题内容和各年级孩子的学习特点，准备了不同的有趣的小任务“我是防疫小博士”“我是抗疫小博士”“枪响之后没有赢家”“当病毒遇上科学”，孩子们在特别的科学公开课学习中，以力所能及的方式和祖国共防疫，培养科学方法，形成科学素养。在美术和语文学科中，老师们指导学生开展抗疫主题绘画、海报、《防疫小手册》等绘本创作活动。孩子们通过折、剪、贴、画等实践活动，培养了动手能力、美术表现能力，在观察发现有趣的综合材料过程中，学会举一反三，丰富并创造新的作品。

我们在学习、借鉴中创新与创造。我们依托科技竞赛活动锻炼学生创新能力，以头脑风暴等形式，引导学生基于现实生活中需要解决的真实问题，对一些现象或用品进行观察、调查，分析其中存在的问题和不足，在此基础上开展研究与设计活动，形成物化产品或可行性设计方案，经历较为完整的观察与思考、设计与实践、提升与反思的过程。这一建设路径需要科学、信息技术等学科老师重点指导，其他学科教师协助指导。

我校学生在亚卓教育老师带领下，借助信息化教学线上线下结合方式，利用生活中随手可得的吸管、注射器、泡沫板等材料和科学课堂上学到的知识，按照工程设计思维，发挥想象力，与项目组成员分工合作，设计制作了一个个形态各异的“小火箭”。课堂上，孩子们一改过去“老师讲、学生听”的传统教学模式，人人充分参与、表达，通过讨论交流、动手设计制作，像小工程师一样不断地测试优化，成功经受了将“火箭”发射到“月球”的学习体验挑战。下课前，孩子们带着作品兴奋地与现场观摩老师分享交流，现场每个人都充分感受到了STEAM课堂的魅力。

在“小学生科学创新实践主题活动——纸桥设计与制作比赛”活动中，我校师生用纸造桥，还原生活中随处可见的钢筋水泥桥、石桥、铁桥等模型。历时月余的纸桥制作和承重活动从规则学习开始，科学组老师精研比赛规则，利用课堂讲解规则、分析材料特性、设计制作技巧，学生组队利用课余时间研讨方案，设计制作。比赛过程中，各小组分工明确，操作有序，团结协作，利用简单的材料创造了形态各异的桥。在比赛过程中，同学们发扬了团结协作精神，遇到困难不骄不躁，体验到了创作的乐趣，培养了创新精神和实践能力。

在 STEAM 理念引领下，依托科技竞赛可以很好地提高创新实践能力和动手思考能力，激发学生发展潜力和创造力。学生在创新比赛过程中收获的不仅是创新成果，更是一种创新精神和创新思维。

三是在拓展优化尚美课程评价方面，收获多多。

我们建构起 STEAM 理念引领下的尚美课程评价体系涵盖课程评价、课堂评价、学生发展评价三个维度。

首先，优化课程评价，构建尚美课程评价指标。

我们认为，尚美活动课程评价应该遵循下面的几项原则：

发展性。学校课程开设的根本目的是发展学生核心素养和综合素养，学校所有课程必须明确围绕促进学生素养发展的目标。

拓展性。尚美课程是国家课程的拓展，要与学科教学密切相关且补充拓展学科课程，不能成为学科课堂的变相增加。

科学性。尚美课程开发必须符合科学性原则，体现科学化特点与规律，体现科技发展的时代特征与趋势，体现文化性、社会性。

适用性。尚美课程开发必须与学生身心特点相适应，与学生兴趣爱好相一致，尽量选择学生感兴趣的内容。

广泛性。尚美课程是国家课程、地方课程的校本补充，内容与形式更广泛灵活。

动态性。尚美课程是动态发展的，要结合学校发展及学生需求不断增删、调整。

尚美课程评价内容由四部分组成：课程目标与计划评价；课程开设准备与投入评价；课程实施过程评价；课程实施效果评价。分别在课程质量四个控制点进行，对课程实施全程进行质量管理和质量保障。

尚美课程目标与课程计划评价指标，指向课程开设的思想与理念。

尚美课程准备与投入评价指标，是为课程开设服务的，这是开课的必备条件。

尚美课程实施过程评价，集中在教师“教”和学生的“学”两个方面。

尚美课程实施效果的评价，指向课程目标的达成度。

其次，优化课堂评价，更新尚美学堂观课指标。

在 STEAM 理念引领下，结合学校前期研究成果，我们不断更新课堂评价指标，从学生学习、课程性质、学习指导、课堂氛围入手，以课堂教学为主阵地，评价尚美学科课程及尚美活动课程的实施，以优质高效发展学生核心素养和综合素养。

我们利用《成华小学尚美学堂观课指标》对观课者进行引导和规范，建构了《成华小学 14 种课堂教学行为评价指标》《成华小学课堂“四状态”“二十六细则”》（参见第三章第三节的第三部分），以促进课堂提质增效。

再次，优化评价方式，完善学生尚美发展指标。

2019 年，学校修订了《学生尚美发展评价三级指标》，进一步变革评价方式，改革评价方法。一级指标五项包含“品德发展、学业发展、身心发展、兴趣特长、尚美素养”，下设十四个二级指标，再具体细化为三十个三级指标。（详见第三章第九节第二部分“尚美学生评价指标”）

为了让孩子们看得懂、能理解、可应用，我们将“尚美发展指标”提炼为“尚美少年十二条”，转化指标表达，促进生命自省。

成华小学尚美少年十二条

1. 要在意自己的形象
2. 尽量不给别人添麻烦
3. 努力发现别人的好
4. 爱阅读，乐思考
5. 爱劳动，勤实践
6. 对人对事不随意
7. 做事要有条理
8. 遇到问题要主动想办法解决
9. 对所有人都要有礼貌
10. 勇敢地承认自己的过错
11. 认真倾听，大方表达
12. 有自己喜欢的艺术和体育项目

一方面，优化评价内容，开展差异化评价。学校结合《成华小学学生尚美发展评价指标》，在学生道德品质、公民素养、学习能力、交流与合作、运动与健康、审美与表现六个方面开展差异评价，根据班级管理和学科特点，建立《成华小学学生“尚美发展”评价三级指标》《成华小学学生“尚美发展”评级指标》《“尚美少年”美好契约十二条评价指标》等，关注学生的努力程度和进步幅度，关注学生长期的发展潜质，关注学生核心素养的逐步养成。

另一方面，拓宽评价渠道，丰富评价手段。学校利用微信、班级 QQ 群、论坛和电话、短信等展开学生发展评价，组织教师将学生日常生活和学习图片、文字等，通过网页和手机 APP 推送，学生本人、同学、老师、家长可以多视角、多维度展开评价，并及时得到教师回复，形成全方位、立体化的评价渠道。

再一方面，实施多元评价，完善评价指标。学校以“评价多元多维，注重生命成长”理念引领，变革“一张试卷定乾坤”的单一评价方式，发动全学科教师开展整合评价：2018 年实施“综合素质测评暨嘉年华闯关活动”；2019 年对接国家“一带一路”战略目标，实施“美食闯天下多元评价活动”。各年级学生要想顺利通过各个“关卡”，需综合运用科学、语文、数学、英语、音乐、体育、美术、生命安全等学科知识，通过小组合作探究，经历分析并解决问题的真实过程，培养创造性解决问题的综合能力，发展核心素养。

一分耕耘，一分收获。我们这个阶段的研究取得了较为可喜的效果，主要表现在：

一是学生核心素养得到发展。通过 STEAM 理念引领下的学科课程群和活动课程群建设实践研究，学生沉浸在丰富多元的教学活动中，生命个性得以充分展现，核心素养得到显著提升。

从审美情趣看：学生通过对纸浮雕、岩彩画、创意美术、创意川剧等课程学习，获得了相应的艺术知识、技能与方法，具备了发现、感知、欣赏、评价美的意识和基本能力，培养了审美价值取向，懂得珍惜美好事物。与此同时，发展了艺术表达和创意表现的兴趣和意识，生成和发展了创美能力，能在生活中拓展和升华美，提升生活品质。学生作品受邀到凉山州、苏州、北京、中国台湾等地区以及美国等国家参展；学生绘制的脸谱作品被奥地利政府代表团成员收藏；纸浮雕、剪纸、烙铁画作品装点着校园的每一个角落，获得来访领导、嘉宾的一致好评；学生自创自编自演的川剧作品《我们在一起》参加“全国展演”获一等奖，并受邀到英国展演；近三年学生在艺术方面获奖 900 人次。

从人文底蕴看：学生在学习、理解、运用人文知识技能等方面，表现了正向情感态度和价值取向；积累、学习了大量古今中外人文领域基本知识和成果；懂得以人为本，尊重、维护人的尊严和价值；关切人的生存、发展和幸福。仅 2019 年，我校学生参加“成华小学诗词大会”获奖 300 人次，参加“成都市诗词大会”获奖 26 人；2020 年，学生参加“四川省青少年国学大会”获奖 6 人，2 人获“中国青少年国学大会”亚军。

从科学精神看：学生能运用科学思维方式认识事物、解决问题、规范行为；能提出问题、形成假设，并通过科学方法检验求证、得出结论。疫情期间，我校学生的科学精神得到充分展示：有的自制口罩并拍摄视频分享经验；有的自制负压鱼缸，并在网络上与同学交流；有的梳理病毒传播途径，制作成 PPT。三年来，1132 名学生参加“成都市中小学模型传统校积分赛”并获奖。

从社会责任看：学生诚信友善，自尊自律，诚实守信；文明礼貌，宽和待人；孝亲敬长，有感恩之心；积极参与社会活动，热心公益和志愿服务；尊崇法治，敬畏法律；明辨是非，具有规则与法治意识；懂得热爱并尊重自然，懂得保护环境，节约资源。2019 年，我校四年级学生罗昊轩在玩耍时发现邻居家失火而家中无人，他立刻和爸爸一起向 119 报警并疏散了邻居，保护了社区的人身、财产安全。疫情期间，我校有 48 名学生主动参加社会各项公益活动，所有学生都能主动遵守国家的要求居家抗疫，并在此期间认真学习、合理运动、健康生活，表现了很强的社会责任感。三年来，我校有 620 人次参加社会校内外各项公益活动及志愿服务活动，学生的社会责任感持续发展。

从国家认同看：学生热爱祖国，热爱中国共产党；理解、接受并自觉践行社会主义核心价值观；了解中华文明形成的历史进程，热爱中华优秀文明成果，能自觉弘扬中华优秀传统文化和社会主义先进文化。3 年来，我们的学生参加成都市或成华区学校的“读经典诵经典写经典演经典”大赛，获奖 460 余人次。疫情期间，学生自主开展了很多读经典、诵经典的活动，还有很多学生在人人通、微信、QQ 等平台发布了为国家加油的图片、视频，表现了强烈的爱国情感。

从国际理解看：学生初具全球视野，具有开放心态；初步了解世界不同文化，理解、尊重和包容文化的多样性和差异性；积极参与多元文化交流。3 年来，我校六个年级 10000 余人次参加了国际理解课程的学习；164 人参与中日人文交流，62 人参与中加交流，143 人参与中韩交流，128 人参与中奥交流。

从身心健康看：学生能理解生命意义和人生价值；初步具有安全意识与自我保护能力；掌握适合自身的运动方法和技能，养成了健康的行为习惯和生活方式；能调节和管理自己的情绪，有积极的心理品质；积极交往，有效互动，建立和维持良好的人际关系。疫情期间，部分学生虽有焦虑恐惧，但都能通过正向思维和健康的生活方式调整心态，表现了积极向上的精神状态。很多走进成华小学校园的领导和来宾，都表达过一个感受——成华小学的校园，明明已使用了数年，但每个角落都干干净净，明亮温馨，细节处处都维护到位，体现着人性化，看起来精致漂亮；课间休息时，上千名学生到处活跃地玩耍着，言谈举止大方有礼……

从学会学习看：学生乐学善学，有积极的学习态度和浓厚的学习兴趣；有较好的学习习惯；能自主学习，注重合作；能根据不同情境和自身实际，选择合理有效的学习策略和方法等；有信息意识，主动适应“互联网+”等社会信息化趋势。最近 3 年来，成华小学的学生在成华区调研检测中的成绩由略低于示范校平均成绩跃升到高于示范校平均成绩。尤其是英语学科，由原来的低于示范校 5.5 分跃升至高于示范校 1.31 分，实现了跨越式发展。

从实践创新看：学生具有积极的劳动态度，能参加各种形式的家务劳动、公益活动和社会实践；具有好奇心和想象力，能提出新观点、新方法；善于发现和提出问题，有解决问题的兴趣和热情；具备初步的创客意识，能将创新理念生活化、实践化。3 年来，学生参加成都市科创比赛获奖 230 人次，成华区科创比赛获奖 420 人次；学生参加“第十七届全国中小学信息基础创新与实践大赛”决赛获全国二等奖 2 人，参加“成都市第十五届青少年机器人竞赛—AI 对抗赛”获奖 1 人，参加成都市“青少年科技创新大赛活动团体青少年科技创新成果项目”获一等奖。

二是学校课程不断优化。我校在 STEAM 理念引领下整合尚美教育资源，优化建构尚美课程体系，增强学校教育资源的相互联系，形成教育合力。学校通过优化尚美课程，组建课程群（科学及创意科学、岩彩画课程、衔接课程“入学/毕业”、汽车课程、立体纸艺课程、制食课程……），促进了学校特色教育发展。近两年，学校特色课程获得了各级各界充分肯定：川剧课程成果获“全国第六届中小学生艺术展演活动”最佳表演奖及四川省特等奖，合唱课程成果获全国“九州奖”，岩彩画课程成果获全国一等奖，教育戏剧课程成果获“四川省中小学生艺术展演活动”特等奖，“食育”课程成果获四川省二等奖，英语 PBL 项目课程获成都市一等奖，数字化美术课程获成都市一等奖。

三是教师素养获得发展。课题研究是为问题解决进行的一系列理论与实践活动，在此过程中，不仅要重视问题的解决，而且通过问题解决来提升研究者的实践品质。近年来，成华小学教师积极投身课题研究，通过更新课程观、重建课程群，以多元方式开展教学实践研究，积累了丰富成果，发展了教育素养和能力。

科研热情高涨：从“STEAM 理念引领的尚美课程建构与实践研究”到各级名师课题，我校教师主动申报课题，目前有 2 个省级名师课题、1 个市级中外人文交流专项课题、2 个市级青年教师专项课题、5 个区级名师课题在研。三年来，老师们参与小专题研究达 283 人次。

教学成绩显著：2017—2020 年，教师出版专著 11 本，参与省市区赛课获奖 278 人次，论文获奖 360 篇，课题研究获奖次，论文获奖 200 篇，发表 56 篇。教师参加“一师一优课”晒课活动获部级、省级优课各 1 节，市级一等奖 6 节。

名优教师数量增加：在课题深入研究过程中，老师们快速成长。仅 2020 年，我校就有 12 名教师获得了区级荣誉称号，其中 1 人荣获成华区区级表彰；3 人荣获成华区优秀德育工作者称号；5 人获评成华区优秀班主任；2 人获评成华区优秀青年教师；1 人获评成华区最美教师；1 人获评成华区教坛新秀；还有两人分别获评成都市优秀德育工作者和成都市教坛新秀。同时学校也在开展校级学科带头人、“尚美明师”的评选，越来越多的年轻老师也在课题研究的过程中快速成长。

名优教师影响力提升：2018—2020 年，我校有名优教师 56 人次到大邑、丹巴、凉山州、宁夏、上海、北京等地交流经验，在省市区开展专题讲座 124 人次，到全省各地送课 26 次，其他省份送课 4 次。学校教师与 50 余所学校的教师建立了师徒结对联系，影响辐射 227 人次。中央电视台《走近科学》进行教师专访 1 次，四川电视台进行教师专访 2 次。

四是学校影响不断扩大。3 年来，学校 3 次接受教育部主题调研，召开 2 次现场会议，获得高度评价。教育部副部长田学军称赞道：“成华小学的孩子长大后可能就是艺术大师。”教育部副部长万丽君对学校的居家保学工作给予高度肯定：“成华小学要主动分享全阶段全学员复课经验，努力成为全国中小学新冠疫情防控的样板、示范的典型。”西南大学教授、博导、教育部西南基础教育课程研究中心主任宋乃庆到校指导后称赞：“成华小学的尚美课程成果很好，独具特色，学生获得了极大发展。”

近年来，学校品牌效应持续增强，被评为“四川省智慧教育示范学校”“成都市美育实践基地校”“成都市科技活动基点学校”“成都市未来学校”“成都市教育国际化窗口示范校建设单位”，学校荣获“教育教学工作突出贡献奖”、四川省第 14 届校园影视教育成果展示一等奖和最高成就奖——“春蚕奖”提名；管理经验在“2019 年度基础教育学区化/集团化办学城市论坛”“中国教育学会教育质量综合评价改革研讨会”“高质量学校发展之路蓉城教谈专题研讨会”“成都市优秀教育科研成果推广会”“成都市教育年会”分享；学校食育课程实践成果在《师陶学刊》杂志发表；编著有《美时美刻——校刊创刊号》《美时美刻——抗疫特刊》《美时美刻——国际化特刊》。

2019 年 5 月，四川省“STEAM 教育（小学科学）实验教学改革试点”项目启动仪式暨第一次师资培训会在成华小学举办，来自四川省 21 个地市州近 300 位教育主管部门负责人、小学校长、一线教师共同参与了此次活动，与会领导、专家、教师对成华小学在 STEAM 教学改革方面取得的成绩给予了高度评价。2020 年 6 月，“四川省 STEAM 试点项目学校工作推进讨论会”在成华小学举行，与会专家、教师对学校 STEAM 引领下的课程推进给予了充分肯定。

3 年来，来自奥地利、加拿大、韩国、斯里兰卡的 50 余个政府、教育考察团来校考察、交流，每年有 1000 余人次来自全国各地的专家、教师到校考察、学习、交流。2020 年 9 月，成都市《中小学国际理解教育学本》（小学）教学观摩暨专题研讨会在成华小学举行，与会专家对学校国际理解课程给予充分肯定。

3 年来，学校获得了媒体的大量关注，加拿大驻华使馆官方网站专门转发报道我校学生“国际理解课程”作品分享，获“学习强国”“今日头条”“网易新闻”“新华网”等全国级媒体平台宣传 40 次，获四川教育新闻网、四川电视台等省级媒体平台宣传 20 次，“无线成都”“成都儿童团”等市级媒体平台宣传 16 篇（次）。

附录　成华小学三任校长个人简介

胡天彦　成华小学首任校长、党委书记，先后主持了“以艺术为突破口，深化美育，促进学生全面发展”“儿童生活美育与和谐发展研究”“小学学科教学审美化对师生素质发展影响的研究”“美育校本课程的开发”四项研究，均圆满结题。1985 年和 1986 年被评为“金牛区先进工作者”，1991 年 7 月被评为“金牛区教委系统优秀党务工作者”，1992 年 7 月被评为“成华区优秀共产党员”。详细履历如下：

1970 年 11 月至 1980 年 8 月，任教于四川安县秀水中学；

1980 年 9 月至 1988 年 8 月，任教于成都市金牛区龙潭中心校；

1988 年 9 月至 1991 年 9 月，任教于成都市抚琴台小学；

1991 年 10 月至 2003 年 6 月，任成都市成华小学校校长兼党委书记。

曾蓉　四川省特级教师、成都市特级校长，成华小学第二任校长，市区两级校长工作室领衔人；西南大学心理学部硕士研究生指导教师、成都大学师范学院教师培训专家，多次承担中国教育学会、四川省教育厅、四川师范大学、四川省教育科学研究院、成都市教育局、成都市教育科学研究院、成华区教育局、成华区教育科学研究院等多级专题讲座及主题发言；主持的“教师尚美文化建设的实践与研究”获四川省人民政府“第四届普教教育教学成果二等奖”，“小学生尚美社团的构建策略及发展价值研究”获四川省人民政府“第三届四川省优秀教学成果三等奖”，“美育校本课程的开发与研究”获四川省教育厅“四川省第二届基础教育课程改革优秀成果一等奖”。2009年其专著《教师尚美文化的理论与实践》由科学出版社出版，《寻找新课程生长点：美育教育》于2007年6月在《时代教育》发表，《治校新视角：优秀管理团队的建设》于2011年5月在《教育科学论坛》发表，2014年9月全国中文核心期刊《中小学管理》“封面人物”栏目发表对其的专访《让学生拥有终身发展的护照》。主持承担了“校本美育课程开发与研究”课题结题工作，主持了“教师尚美文化的实践与研究”“小学生尚美社团的构建策略及发展价值研究”两项课题研究工作，分别获得省政府教学成果二等奖和三等奖。详细履历如下：

1987年8月至1991年7月，任成都市东府街小学教师；

1991年7月至1999年7月，任成都市八里庄小学教师；

1999年7月至2000年7月，任成都市成华区保和乡五桂桥小学挂职锻炼教师；

2000年7月至2001年8月，任成都市水碾河小学教师、校长助理；

2001年8月至2002年8月，任成都市水碾河小学副校长、语文教师；

2002年8月至2003年8月，任成都市双林实验小学校长；

2003年8月至2010年7月，任成都市成华小学校长；

2010年7月至2013年8月，任成都市成华小学校长，兼成都市石室小学校长；

2013年8月至今，任成都市石室小学校长、党委书记。

宿强　中小学高级教师、成都市学科带头人，成华小学第三任校长、成华小学党委书记、成华区名校长工作室领衔人，兼任中国教育学会中小学整体改革专业委员会理事、全国名师工作室联盟常务理事、四川省陶研会小学教育专业委员会副秘书长、四川省中小学教育督导评估专家、四川省教育学会理事、成都市新优质学校评估专家、成都市教育学会常务理事、成都市教育局教师和校长培训评审专家库成员、成都市成华区人民政府责任督学、教育人工智能研究学校联盟理事委员会理事等职。

先后获得“四川省中小学德育先进工作者”“成都市五一劳动奖章”“成都市课程改革先进个人”“成都市优秀青年教师”；全国语文赛课一等奖获得者；2项主研课题

获四川省人民政府教学成果二等奖，3 项研究成果获成都市教育科研成果一等奖；在成华小学主持了“基于尚美核心素养的课程整合研究”“STEAM 理念下的尚美课程优化与实践研究”两项课题研究，一项获得四川省人民政府教学成果二等奖，一项正在申奖过程中，且有望冲刺国家教学成果奖。

出版专著《交际语境下的语文教育》，十余篇论文在国家级刊物发表。曾受教育局委托，出任重庆市南岸区现代学校治理现场评估组组长、成都市新优质学校评审委员。在全国中小学整体改革委员会第十六届年会上，作为国内唯一一位基础教育专家代表在“2015 年度亚洲教育论坛”做专题发言；做客“四川电视台起立敬礼——校长课”“成都人民广播电台教育直播间”“成华区一缕阳光家庭教育公益大讲堂”“麓湖 · DFC 国际创新教育沙龙”分享教育理念，具备丰富的小学教育管理经验，是一位极具教育情怀和理想、深受师生和家长喜爱的专家型校长。

他上任后，成华小学陆续获得“全国十三五教改示范基地校”“全国学生营养与健康示范校”“全国首批品格教育联盟校”“成都市依法治校示范学校”“成都市教育国际化窗口示范学校建设单位”“成都市环境友好型学校”；成为“成都市主城区最具人气小学”“颜值成都最美校园”之一；“未来学校”研究成果获得专家点评“接近完美”。详细履历如下：

1991 年 7 月至 2000 年 7 月，任成都市双林小学校教师、班主任、教导处副主任；

2000 年 8 月至 2003 年 7 月，任成都市成华实验小学校校长助理，分管德育、科研；

2003 年 8 月至 2006 年 7 月，任成华区教师进修学校校长助理，分管德育、师培；

2006 年 8 月至 2008 年 8 月，任成华区教师进修学校副校长，分管德育、科研、教研；

2008 年 9 月至 2013 年 7 月，任成华区教育局教育一科兼发展规划科科长；

2012 年 9 月至 2013 年 7 月，兼任成都列五书池学校党支部书记，主持学校全面工作；

2013 年 8 月至今，任成都市成华小学校校长（2015 年 9 月至 2016 年 7 月，支教成都市华林小学，2016 年 9 月至 2019 年 7 月兼任大邑县董场镇龙凤小学校校长）。

第三篇

品质历练：尚美教育的行动篇章

《增广贤文》中说："近水知鱼性，近山识鸟音。"陶行知有句名言："行是知之始，知是行之成。"约翰·菲希特说："行动，只有行动，才能决定价值。"是啊，"操千曲尔后晓声，观千剑尔后识器"。民谚说："空谈，水之泡沫；实行，金之点滴。""喊破嗓子，不如甩开膀子。"教育追求指教育人内心深处对教育必须达到的教育目标的强烈期待，包括清晰明确的目标、具体的实施计划、为之付出的行动等。尚美教育的追求就是我们成华小学教育人对教育必须达到拥有尚美特质、符合尚美要求、践行尚美举动的教育与目标。

第七章 / 把尚美种进心田

成华小学新华校区教学楼有一副对联："爱之又爱乐学为要，美不自美因人而彰。"成华小学三十年如一日的"以美育人"实践，走出了不平凡的教育轨迹。这个教育轨迹正好与党中央、国务院今天强化美育工作，凸显立德树人，追求"五育"并举，促进学生全面发展相契合。

一、一个核心：以美立人

教育的出发点和归宿都必须指向人，指向活生生的有思想的、敢于思考的人。人，不仅具有自然生理属性，也具有社会精神属性。我们培养"人"，主要指的是在社会精神属性方面对其进行浸润、陶冶、训练、优化。尚美教育的核心就是"以美立人"，让学生在成华小学六年里打好尚美发展的底色，烙下尚美成长的印迹，让其尚美人生发出闪耀的光芒。

学校作为培养"人"的主阵地，要有具备"德才兼备、以德为先"的高水平师资和管理队伍，形成以德修身、以德服众、以德领才、以德润才、德才兼备的用人导向，用"德"字来培养教师和学生，依"德"字来评价教师和学生，凭"德"字来任用教师和学生干部，以"德"字来监督教师和学生。

成华小学全体教师、员工在尚美教育中立德树人，就是围绕"以美立人"这个核心，把教育目标落细、落小、落实，让学生心中有爱、眼中有美，始终与爱相伴、与美相随，将来走出成华小学大门、走向社会，也能够切实把学校对他们的尚美教育初衷融入自己的人生，带向家庭和社会，使他们所到之处皆有尚美之印迹。

尚美立人，既是成华小学教育的出发点，也是成华小学教育的归宿，同时，还具有检验标尺的作用。我们的"以美立人"整体设计如图 7—1 所示。

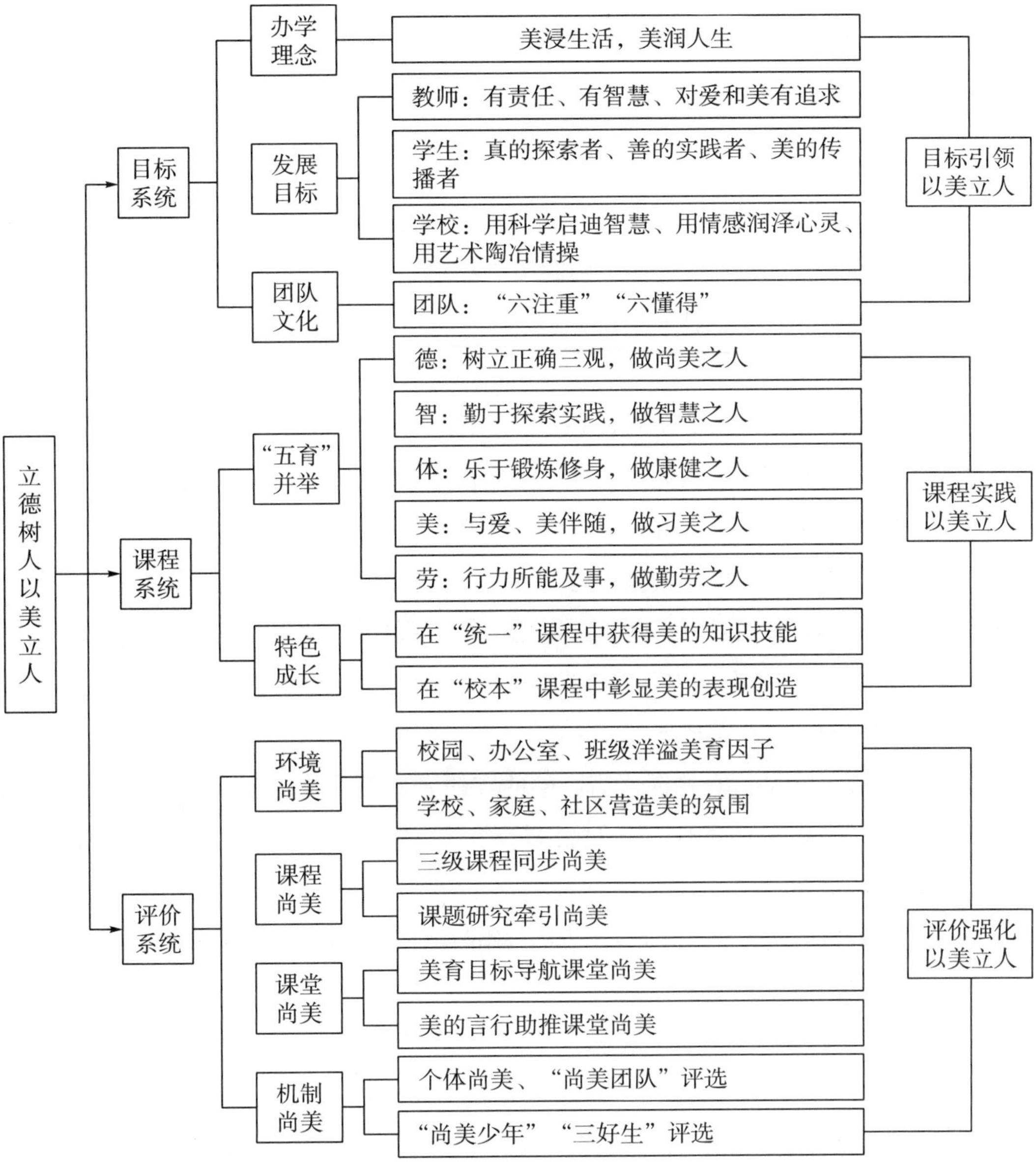

图 7−1　"以美立人"整体设计

二、 三大系统

我们以"目标系统""课程系统""评价系统"支撑"尚美立人"的教育主张，这三大系统分别从"目标引领""课程实践""评价强化"等方面，促进"立德树人，尚美立人"的目标达成。

（一）目标系统

1. 办学理念

理念决定意识，意识影响行动。成华小学一以贯之的团队育人理念是“美浸生活，美润人生”，这种团队理念对团队的发展起着至关重要的制约、引领、矫正作用。每一位成华教师都在自己的岗位工作中，每时每刻都用“美浸生活，美润人生”要求自己，也用这个理念教育学生、成就学生。

2. 发展目标

目标指对活动预期结果的主观设想，具有维系组织各个方面关系、构成系统组织方向核心的作用。我们尚美教育的目标，包括教师、学生和学校三个层次。

我校教师的发展目标是：有责任、有智慧，对爱和美有追求。“有责任”强调教师有担当，把尚美当成自己理想的教育追求，这是对教育的“道”的追求；“有智慧”强调的是“术”的问题——求真、向善，遵循教育客观规律，探索教育教学的技术问题和艺术问题；“对爱和美有追求”更为强调教师要落实学校的办学理念、教育主张、教育要求，做到“爱相伴，美相随”。

学生的发展目标是：真的探索者、善的实践者、美的传播者。做人、做事以真、善、美为基本原则和行为准则，并且付诸行动，探索、实践、传播，实现自己的童年时代“爱相伴，美相随”。

学校的发展目标是：用科学启迪智慧，用情感润泽心灵，用艺术陶冶情操。

3. 团队文化

俗话说，“一根筷子容易断，十根筷子难折弯”“众人划桨开大船”。团队文化是指团队成员在相互合作过程中，为实现各自的人生价值，并为完成团队共同目标而形成的一种潜意识文化。其主要包含价值观、最高目标、行为准则、管理制度、道德风尚等内容，能最大限度地统一成员意志，规范成员行为，凝聚成员力量，为团队总目标服务。

多年来，成华小学围绕尚美教育追求，逐渐形成了“六懂得”“六注重”的团队文化，形成了具有成华小学特色的《工作目标》《工作作风》《工作戒律》《工作程序》等具体工作要求。

六注重：注重个人形象，注重学习和思考，注重个人价值的提升，注重沟通和协作，注重发展的机会，注重整个行业的发展趋势。

六懂得：懂得追求目标，懂得按程序办事，懂得讲求效率，懂得多角度分析问题，懂得用数据和逻辑说话，懂得尊重别人的时间和隐私。

工作目标：引导教师自觉钻研，促进专业发展；指导学生自主学习，促进健康成长；领导学校内涵建设，促进品质提升。

工作作风：目标明确，过程严密，雷厉风行，团结协作。

工作戒律：三忌——忌心浮气躁，忌理论浮夸，忌实践浮浅；三不——计划不作秀，过程不作戏，总结不做假。

工作程序：目标引导，过程实施，评价反思。

（二）课程系统

课程系统必然涉及国家课程方案、课程标准和三级课程体系等内容，这些都是国家硬性规定，学校不能偏离，更不能更改。我们的课程理念是国家课程校本化实施，地方课程个性化实施，校本课程特色化实施，坚决把各级课程用好、用够、用足。这里谈的课程系统指的是我校利用各级课程实施立德树人、以美立人的思路和主张。

1. “五育”并举

党的教育方针是党在一定历史时期提出的有关教育事业的总方向和总指针，是教育改革发展的指导思想、价值取向和根本要求，是教育基本政策的总概括，是指导整个教育事业发展的战略原则和行动纲领。党的十九大明确提出：“加快推进教育现代化、建设教育强国、办好人民满意的教育，努力培养担当民族复兴大任的时代新人，培养德智体美劳全面发展的社会主义建设者和接班人。”所以，我们必须把立德树人作为教育的重中之重，把“五育”并举作为教育工作的具体抓手，树立正确的三观，把学生培养成尚美之人（德）；具备勤于探索实践的理念，把学生培养成智慧之人（智）；确立乐于锻炼修身的思想，把学生培养成康健之人（体）；形成与爱、美相伴的育人风气，把学生培养成习美之人（美）；营造力所能及的事都由自己完成的氛围，把学生培养成勤劳之人（劳），实现学生的“五育”并举、全面发展、尚美成长。

“五育”并举主要靠课堂教学来实施，也可以说课堂是实施以美育人的主阵地，抓住了课堂这个主阵地，就等于抓住了以美育人的“七寸”。成华小学的课堂教学，除了按照国家、教育部、各级业务主管部门的明确要求行事，还增加美育目标导向功能，意在使师生携手与美同行。换一句话说，我们首先在做立德树人的工作，并在立德树人工作中增加了成华小学的特色因素——尚美立人；其次是做好学科知识、能力、技巧、方法、思维等方面的学习；再次是让各种学科课堂形成一个有机整体，实现“五育”并举的育人要求；最后还要突出成华小学的尚美特质，为把学生培育成尚美的人而全心全意、尽心竭力。

2. 特色成长

成华小学的“以美育人”“以美立人”是区别于其他学校文化的明显标识。如果学生在成华小学六年学习中，能习得美的知识技能，获得美的成长；有美的表现创造，能实现尚美发展，成为我们追求的具备成华小学以美立人标志的学生，他们也可以说获得了特色成长。要实现学生的特色成长，我们主要在“统一”课程中促进学生获得美的知识技能，在“校本”课程中彰显学生美的表现创造。所谓“统一”课程指的是国家课程和地方课程，这是学校必须严格按科目、课时、目标、要求等不折不扣地落实的。只是我们需要将国家课程校本化实施、地方课程个性化实施。而“校本”课程指的是学校依据尚美理念开发、整合、优化的学校课程。对学校课程要做到特色化实施，以实现三类课程的相辅相成、相得益彰，依赖“五育”并举加特色发展的模式，共同为立德树人、“五育”并举、尚美发展作出各自的贡献。

（三）评价系统

没有评价的教育是不完整的教育，没有教育的评价是不科学的评价。我们学校的评价主要从环境、课程、课堂和机制是否尚美四个大的方面着手，力图做到评价的多维度、多视角、全面性。

1. 环境尚美

“近朱者赤，近墨者黑”“狼群里的孩子只会学狼嚎”，这是环境育人重要性的体现。为了随时随地影响孩子，我们学校的校园、办公室、班级无不洋溢着美育因子，氤氲着美的气息。中国美育学会赞誉成华小学是“以美育人的摇篮”，教育部领导肯定成华小学是“全国最美小学”之一，便是对我校美的育人环境、美的育人氛围、美的育人团队、美的育人文化的高度认可。

2. 课程尚美

广义的课程是指学校为实现培养目标而选择的教育内容及其进程的总和，它包括学校所教的各门学科和有目的、有计划的教育活动。课程应涵盖学校教育教学活动的方方面面，甚至包括孩子在家庭、社区受到的教育或影响。为了追求课程对学生的巨大影响力，近年来我们通过整合课程、优化课程等方式，并以课题研究作为牵引，促进三级课程同步尚美推进，以达成学校以美育人、尚美立人的办学主张。

3. **课堂尚美**

课堂是立德树人、以美立人的主阵地，也是师生开展教育教学活动时间最长、碰撞机会最多、交流频率最高、涉及内容最广的场地和空间，因此，我们除了要求教师做到在“进入教室形象、讲台形象、上课形象、教学结束形象、教师服饰礼仪形象、整体台感形象”六个方面表现尚美外，还要在教学目标审美化、教学内容审美化、教学组织形式（方式）审美化、教学环境审美化、教学评价审美化、学生学习审美化和教师教学行为审美化等七个方面时时、处处体现尚美要求，还要在“学生学习”中重点体现“充分感受美”“积极参与美”“乐于表达美”，在“课程性质”中重点体现“学科特质美”“价值追求美”，在“学生学习指导”中体现“导学设计美”“课堂实施美”“资源利用美”，在“课堂学习文化”中体现“问题思考美”“民主氛围美”和“创新行动美”。

4. **机制尚美**

机制是在正视事物各个部分存在的前提下，协调各个部分之间关系，以更好地发挥作用的具体运行方式。机制的建立，一靠体制，二靠制度。所谓体制，主要指的是组织职能和岗位责权的调整与配置；所谓制度，广义上讲包括国家和地方的法律、法规以及组织内部的各项规定。也可以说，通过与之相应的体制和制度的建立，机制在实践中才能得到体现。我们为了从机制角度保障学校方方面面工作的尚美要求，形成了《成华小学教师继续教育管理制度》《成华小学校尚美教育首席教师评选方案》《成华小学校级学科带头人评选条件》《成华小学最有影响力班主任评选标准》《成华小学智慧教育优秀教研组和优秀个人评比制度》等系列制度，尤其是一年一度个体尚美评选和“尚美团队”评选、“尚美少年”“三好生”评选等重头戏，更是把大家牢牢凝聚在“尚美”主张中。

以上“三大系统”直指以美立人，目标系统引领以美立人，课程系统实践以美立人，评价系统强化以美立人，最终形成一个闭环，循环推进，螺旋上升。

三、“三高”追求

2021 年 1 月，四川省委教育工委副书记，省教育厅党组成员、副厅长崔昌宏在荥经县调研教育工作时强调，新时代教育改革的目的在于“办好每一所学校，教好每一个学生”，使学生从“有学上”到“上好学”，其关键在于“立德树人，‘五育’并举”。四川省教科院党总支书记、院长刘涛指出，高品质学校是针对教育改革现实问题提出的，是四川建设高质量教育体系的代表性举措。高品质学校是能坚持党的教育方针，遵循教育规律，营造最适合师生教育情境和发展需要，实现学生全面而有个性发展的学校。建设高品质学校，要做到“顶天立地、符合规律、文化浸润、全面发展”，一定要有人性、有温度、有故事、有美感。高品质学校主张高品位、高质量，要聚焦创新、合作，着力培养学生健康的身、聪明的脑、温暖的心，夯实学生的现代精神，从而引领社会加速现代化的进程。这便是成华小学提出“三高”要求的时代背景。

（一）高品位

一个人的看人标准、处事作风、行为准则、观念信仰或者偏好，反映和决定了他的品位与精神层次。品位高的人，他的生活优雅、精致、有情趣、有格调、有追求、有意义；反之，则完全相反。如何才能做到高品位呢？

一是要加强自身修养。《荀子》中说：“天有常道矣，地有常数矣，君子有常体矣。”意思是说天地运行、人的发展各自有其不以个人意愿为转移的客观规律。“人之常体，自强不息，厚德载物”讲的是人之常态，要有立场，有原则，有担当，负得起责任，挑得起担子，经受得起挫折，消受得起成功，做一个稳重健朗的行者。这是加强修养的至高境界。作为尚美教师，要提高自己的品位，要提高自己的修养。一是品格的修养，二是文化艺术的修养。《礼记》云：“物格而后知至，知至而后意诚，意诚而后心正，心正而后身修，身修而后家齐，家齐而后国治，国治而后天下平。”《道德经》讲：“圣人无常心，以百姓心为心。”“为学日益，为道日损。”“不出户，知天下；不窥牖，见天道。”“祸莫大于不知足；咎莫大于欲得。”“大直若屈，大巧若拙，大辩若讷。”“知足不辱，知止不殆。”“天下之至柔，驰骋天下之至坚。”修身养性，其实就是对自己的思维、观念、情操、言行等的塑造，或者简单地说是对心的雕琢，追求心的境界。它是个很漫长的过程，需要长时间的沉淀。“宁静致远”就是修身养性的一种极佳状态，指的是保持平稳静谧的心态，不为杂念所左右，静思反省，才能树立和实现远大的目标。

教师的修养主要指要加强自身的品格、学识、艺术的修养，涵育正确的学生观、质量观、育人观，要做对教育有责任、有智慧，对爱和美有追求的人，做有格局的人。有人靠天分逆袭，有人靠身份逆袭，如果你什么都没有，也许只有靠格局了。一个人的格局主要由三个方面决定：经历过哪些事，读过哪些书，结识过哪些人。成华小学的教师需建立三重境界——始境：形胜；又境：气胜；至境：格胜。改变格局，最有效的一个方式是阅读。一个人看有质地的书多了，表面上看不出什么痕迹，但你稍一接触，就会感受到在他们的一举一动中都潜寓着智慧、光华、神韵和气魄。这或许就是我们成华小学所追求的教师的较高层次的修养。

一个人品格高尚、正直、正义、宽容、有爱心、有责任感、进取、勤奋、豁达……那么，这个人的品位自然是高的。当你潜心于提高文化艺术方面的修养时，你就会慢慢摒弃一些低俗的习惯和爱好。你可能会放弃又浪费时间又伤害身体的麻将，而选择打球、游泳等有益于身心的活动；你可能会将夜生活由原来的去夜店狂唱狂跳改为去参加音乐会、看电影、参加文化沙龙，或在家里看书。每一种文化、每一种艺术都充满内涵，充满乐趣，它往往让人越学越喜欢，越钻研越着迷。同时，它与日常生活是密切相关、相互通融的。

你在文化艺术方面的修养提高了，就会自然而然地在日常生活中表现出来，以至于对生活、对工作、对环境、对人生的态度也会改变。你会懂得欣赏生活中点点滴滴的美，会感受生活中丝丝缕缕的快乐。你的眼光、你的品位就变得高雅、独特了。

二是要保持高尚人格。有人概括了人的十种高尚的特质：睿智的人看得远，故不争；豁达的人想得开，故不斗；得道的人晓天意，故不急；厚德的人重谦和，故不躁；明理的人放得下，故不痴；自信的人肯努力，故不误；重义的人交天下，故不孤；浓情的人淡名利，故不独；宁静的人行深远，故不折；知足的人是常乐，故不老。我们姑且不去谈里面是否有消极因素，但至少能从中给我们以多想他人，少想自己的启迪；多想自己如何对得起别人，少想别人是不是对得起自己。《孟子》中说："爱人者，人恒爱之；敬人者，人恒敬之。"黎巴嫩著名诗人纪伯伦曾说："一个伟大的人有两颗心：一颗心流血，一颗心宽容。"高尚的人一定是反思自己做得怎样，不去考虑别人会对他怎样。

尚美教师要自觉塑造责任人格。责任人格的核心是忠诚使命、爱岗敬业、履职尽责。表现在思想上，就是要树立远大理想，从铸牢师魂、保持清廉、服从党的指挥的高度来塑造和培养自己的思想品质；表现在工作上，就是对所从事的教育事业始终保持一种强烈的责任感，努力提高胜任岗位要求的专业技术能力和立德树人能力，以强烈的事业心、责任感做好每项本职工作。要自觉塑造求实人格。求实人格的核心是讲究实际、踏实干事、不求浮华。表现在为人上，就是真诚待人、实实在在；表现在做事上，就是说实话、办实事、求实效。要自觉塑造奉献人格。奉献人格的核心是讲付出而不讲索取，讲贡献而不计名利。表现在人生观上，就是以无私奉献为人生最大快乐；表现在价值观上，就是为推动事业进步而付出最高价值。

三是要充满审美情趣。席勒说："若要把感性的人变为理性的人，唯一的路径是先使他成为审美的人。"审美活动中对审美所产生的主观倾向，是人的审美意识的组成部分。

《义务教育语文课程标准》指出："语文课程还应通过优秀文化的熏陶感染，提高现实的思想道德修养和审美情趣，使他们逐步形成良好的个性和健全的人格，促进德、智、体、美的和谐发展。"

什么是审美情趣呢？美学认为，审美情趣又称审美趣味，是以个人爱好的方式表现出来的审美倾向性。审美情趣来源于人的审美理想，审美情趣决定着人的审美标准，因为审美情趣对人的审美观有如此重要的影响，所以思想家和教育家都把培养健康高尚的审美情趣作为美育的重要任务之一。培养良好的健康的审美情趣，对于青少年的成长和社会主义精神文明建设有重大的意义。

怎样才能培养良好的审美情趣呢？

第一，要有高雅健康的审美情趣。

第二，能理解美，懂得去欣赏美。美学家克罗齐说："只有对于用艺术家的眼光去观察自然的人，自然才表现为美，自然的美才是人发现出来的。"

第三，具备美学方面的知识。在艺术领域，无论是造型艺术，还是声乐艺术、表演艺术，都有着多姿多彩的美，但是理解、欣赏、领会艺术的美，需要培养、指导，需要一定的艺术修养和文化知识。

第四，要注重灵魂之美。契诃夫曾说过："人应当一切都美：脸啦，服装啦，灵魂啦。"在这些美中，最重要的是灵魂之美、思想之美。一个丑陋的灵魂，不可能有什么高雅健康的审美情趣，所以，培养学生高雅健康的审美情趣、良好的审美情绪，能提高人的素养，最起码能让人有一种责任感，提高道德意识。

加强了自身修养，保持了高尚人格，充满了审美情趣，这便是我们认为的有高品位的人了。

（二）高品质

高品质学校建设不是标高示范，不是给名校和优生贴金，是新时代教育事业对优质均衡和充分的民生事业的新指向。

我们理解的高品质学校至少应该具备这几个特征：

一是突出办学的价值提升——能体现以人为本的基本主张，把立德树人放在首位，人人都是学习的主人，能适应不同学生的发展需求。

二是突出办学的结构开放——从环境、管理、课程、教学、德育、后勤均敢于接纳符合时代要求的新理念、新方法，实现开门办学，敢于向外向内全天候、无条件开放。

三是突出办学的宽度厚度——能关注教育教学的多元、多层、多型，促进融合式、包容性思想在学校方方面面都有体现。

四是突出办学的过程“内”化——特别强调学校的内动力、内生力、内定力对学校办学理念的持续、稳步、强力推进，形成“潮流式”的学校文化与行动彰显。

成华小学建校三十年来，一直坚持以美育人、尚美立人，就是在追求学校的高品质发展。

（三）高质量

无论教育理念有多么先进，教育追求有多么崇高，都不可回避教育质量这个根本问题。换言之，教育质量是可以反过来检验教育理念是否正确、教育方法是否科学的一把标尺。高品质学校建设当然需要高质量作为“压舱石”和“检验剂”，没有高质量谈不上高品质，且这个高质量应该是增值的、绿色的，是可以复制和推广的。

第一，教师高质量发展，就是要实现增值发展。

教师增值发展，就是教师在尚美理念下的高品质教师形象会比原来有明显的价值增加。教师的形象，一是指外显的，如他的外貌、穿着、打扮、精神面貌等；二是指内隐的，如他的思想、思维、观念、理念、追求等；三是内隐通过外显呈现出来的，如他的言谈举止、风度气质、境界神韵、教育教学行为、教育教学方法、教育教学技巧等。尚美就要使教师这几个方面的形象产生增值，并作用于学生身上，使学生受到的教育也产生增值。这样，我们就可以说我们的教师有高品质发展的特质，也产生了增值效应。

很多人都认为成华小学的老师是“美”的，他们所带来的教育教学过程、结果，也显示出“美”的气息，他们的学生总显示出一种稳健和自信。这就是成华小学教师尚美发展带来的增值效果。

第二，学生高质量成长，就是要体现绿色增长。

教师的形象美必须作用于学生的健康成长、快速成长、优质成长，才能产生教育的价值，起到让学生成长增值的效果。成华小学培养出来的学生，外表要美，心灵要美，行动要美，活动要美，学习更要美。成华小学追求的学生高质量成长体现在学业上，它应该与众不同。它不是靠“题海战术”“加班加点”“死整蛮干”“透支学生潜力”得来的，而是绿色增长、可持续发展，使学生、家长和社会都十分期待。

高品位、高品质、高质量是我们以美立人的试金石，也是成华小学尚美教育区别于他校教育的显著特征和本质所在。

四、 建设尚美的学校制度文化

学校文化有物质文化、制度文化、行为文化、精神文化四个相互渗透的内容，其中物质文化和制度文化是建设的基础，行为文化和精神文化是发展的根本。

学校制度文化主要指学校中特有的规章制度、管理条例、学生守则、领导体制、检查评比标准，以及各种社团和文化组织机构及其职能范围等，它是一所学校教育教学工作得以顺利进行的条件和保证。

成华小学的尚美制度文化，包括严格执行党的教育方针、教育法规、教师道德和各级各部门关于教育的政策、规定、纪律、要求等，也包括学校自己制定的教育制度、校本文化、校规、公约、守则、纪律等。学校的教育教学管理制度就有《教学工作总要求》《班级管理条例》《音乐、美术教师职责》《教师爱生公约》《教师文明礼貌规范》等。另外还包括具体细分项的相关制度、纪律、要求。如针对学业质量绿色增长一项，学校就建立了《成华小学学业质量保障制度》。其中就“教学管理类”“教师专业化发展类”“团队教研水平类”“学生学习习惯及兴趣培养类”进行了新增和修订、完善了《成华小学尚美学堂评价表》《成华小学课堂教学“五法”》《成华小学教师观课“五要”》《成华小学学业质量分析制度》《成华小学学业质量预警制度》等 24 项规章制度，在很大程度上规范、影响着所有教师的教育教学行为，促进着师生的尚美发展。

最值得一提的是，二十年前我们出台的《成华小学忌事 10 则》和《成华小学应语忌语 40 条》的详细规定，到今天也还不落伍，且很有使用价值。

在《成华小学忌事 10 则》中，我们对教师提出不能“通过学生或家长为自己谋取私利”，“歧视、讽刺、斥责、体罚和赶学生出教室”；不能“衣衫不洁，举止粗俗，出言不逊”，“不学无术，信口开河，妄加猜度，自以为是”；不能“敷衍，三心二意”，“只抓智育不顾其他”，“只抓尖子，放弃多数”；不能“只教知识，不教方法，让学生被动学习”，“千篇一律，因循守旧，‘满堂灌’‘满堂问’”；不能“夸夸其谈，文人相轻，拨弄是非”等。这些要求可谓大处着眼，小处着手，易记、易懂、易行。

在《成华小学应语忌语40条》中，我们详细梳理、罗列了老师们不经意间就容易出现的有违师德的语言40条，要求教师说对学生有期待、有鼓励、有教育的话，绝对不能伤害学生的人格、自尊、自信。比如：

不能说“你怎么又迟到了，下次决不允许，快进去”之类的话，要说：“今天迟到有什么原因吗？能把你的原因告诉老师吗？”

不能说“不要乱想了，应该这样做！笨得不得了”之类的话，要说：“老师是这样想的，你们看看，这样想怎么样？大家商量商量。”

不能说“哭，就晓得哭，死不动脑筋，再读一下”之类的话，要说：“别难过了，来，和老师一起再来读一读，想一想，把难关攻克下来。”

不能说“你难道就没有优点吗”之类的话，要说：“你身上的闪光点，能让我们大家的眼睛亮起来吗？”

不能说“你们真无能，又输了”之类的话，要说：“这次没有成功，下次同学们再努力，一定能成功。”

不能说“你出的什么主意，自以为是”之类的话，要说：“你的办法真好，你真聪明！”

不能说“所有同学都做好了，只有你最笨，又不动脑筋，怎么跳得起来嘛”之类的话，要说：“没做好不要紧，老师相信，只要你平时勤练习、勤动脑，就一定会成功的。”

不能说“这么小就骗人”之类的话，要说：“谁都可能做错事，包括老师自己，我相信你能做一个诚实的孩子。”

不能说“你的问题怎么那么多哦？烦得很”之类的话，要说：“你特别好问，又爱动脑筋，希望你能够去借些书看，从书上可以知道答案和更多的知识。”

不能说“谁拿的，交出来”之类的话，要说：“是谁看见了小朋友的东西，可以悄悄地还给他，也可以放在老师桌上。”

不能说“为什么不发言，都哑巴啦”之类的话，要说：“大胆说出你的想法，错了没关系，老师会帮助你的。”

不能说“变能干了，会看小说了，就你这样还梦想当作家”之类的话，要说：“如果你上课能专心听讲，掌握好语文基础知识，我相信你一定会成为作家。”

不能说“再站不好队，就站出来，不然就不要回家”之类的话，要说：“现在有一个孩子没站好，老师用眼睛提醒他，相信他马上就会站好。”

不能说“这道题你改了几遍了，怎么还是错的，真笨”之类的话，要说：“来，我们一起看看这道题错在什么地方。”

不能说“只会踢足球，头脑简单，四肢发达”之类的话，要说：“你在足球场上表现得多出色，希望在学习的这块足球场上也同样表现得出色。”

一条条“忌语”“应语”如同一面面警钟时刻警醒着每一位教师，尤其是那些较难控制情绪的脾气暴躁的教师。因为学校已给老师们画出了师德的红线，明确了底线。制度文化有了温度，尚美育人就在这样的无声无息中，慢慢改变、优化着老师们，慢慢浸润、滋养着孩子们。

制度文化不能离开高效的管理与治理。我们学校的《管理团队公约》总共不足百字：“工作目标”只有“引导教师自觉钻研，促进专业发展；指导学生自主学习，促进健康成长；领导学校内涵发展，促进品质提升”42个字；“工作作风”只有“目标明确，过程严密，雷厉风行，团结协作”16个字；“工作戒律”被概括为“三忌”，只有“忌心浮气躁、忌理论浮夸、忌实践浮浅”15个字；“工作程序”只有“目标引导，过程实施，评价反思”12个字。虽然文字不多，但却清楚明了，便于管理者识记和运用。

《管理团队公约》相对简略，《成华小学行政团队沟通表达的历练》和《成华小学行政团队沟通表达7条技巧》对管理团队的要求则非常细致。

《成华小学行政团队沟通表达的历练》明确从“工作形势要求”“工作特色要求”和“工作方式要求”三方面做出规定，并硬性提出了“强化意识”“强化学习”“强化练习”的要求，目的是避免为自己的表达过失“找借口”“找台阶”，在表达之前必须强化正确表达的意识；从增加相关书籍阅读量、留心观察别人的表达方式两方面进行“表达”的学习；自己私下可以多揣摩、练习，在工作中有意识地利用一切机会将“所学”转换为“所用”，练习自己的“表达”。

《成华小学行政团队沟通表达7条技巧》提出了“汇报工作先说结果”“请示工作先说方案”“总结工作说清流程”“布置工作先说标准”“关心老师询问困难”“交接工作必讲做法”“回忆工作说出感受”七大技巧，这些不管是对管理经验丰富的老同志，还是对新到岗的年轻人，都是必须谨记、严格执行的。这七大技巧，能改变人的惰性、随性、盲目性，代之以逐渐养成知规范、用规范、守规范的尚美言行举止，使学校团队越来越步调一致、风清气正、行稳致远。

为了让学校管理更加高效，学校各部门还梳理出了学生、家长和教师的办事指南等一目了然的“流程图”，连会议室使用也有“流程图”。看似简单，却清楚、醒目，管理的精细就落到了实处。

我校是成华区“航空母舰校”之一，学校对各方面工作的管理严格实行分级、分类、分项目的归口管理和部门协调管理相结合的方式。具体地说，校长是法人代表，也是学校的总负责人，主要从宏观角度对各方面工作进行规划、部署、统筹、协调、监督；各位校级干部均牵头多个项目，分管学校各方面的工作，使校区间分工又协作；各校区的执行校长则是校区的总负责人，具体执行总校的办学旨意、阶段重点工作及校区总调度、总协调、总考核；学校下设的党办、校办、宣传办、对外办、教师发展中心、信息技术中心、后勤服务中心是监管各个校区的行政部门，同时受校区执行校长的管理、调配；校区单设的德育处、教导处，既相对独立，又在分管校长的统一指挥下开展工作。

以教育教学管理制度的完善与创新为例，我们除了全面修订《成华小学教育教学管理制度》外，还形成了《成华小学学业质量保障制度汇编》。制度汇编中，我们分类分项进行了系统梳理与重新建构。比如，在“教学管理类”新增和修订完善了《成华小学教学常规》《成华小学尚美学堂评价表》《成华小学学业质量分析制度》《成华小学行政听课会诊制度》《成华小学巡课制度》《成华小学候课制度》《成华小学学业质量预警制度》《成华小学全科听课制度》《成华小学班级任课教师调配制度》等；在“教师专业化发展类”新增和修订完善了《成华小学驱动非主动参与学生的课堂教学策略》《成华小学尚美教师专业自主发展目标》《成华小学最具影响力班主任和学科教师评选方案》《成华小学“一人一标”学业质量考核管理制度》《成华小学一年级教师培训课程》《成华小学新进教师成长课程》《成华小学毕业班教师培训课程》；在“团队教研水平类”新增和修订完善了《成华小学课堂教学“五法”》《成华小学教师观课“五要”》《成华小学教研组“三轮流”团队建设与考评制度》《成华小学毕业班后期工作管理制度》；在“学生学习习惯及兴趣培养类”新增和修订完善了《成华小学学生尚美发展评价三级指标》《成华小学课堂常规训练课程》《成华小学班级晨读自主管理制度》《成华小学班级候课自主管理制度》等。这系统化的管理制度，很好地规范了管理者和老师们的行为，有利于大家尚美发展。

没有制度化的人文关怀是无章可循的，没有人文关怀的制度化是冰冷无情的。我们追求的尚美教育，在管理层面也应该是有温度、有宽度、有厚度、有高度的。作为学校的主人翁——教师必须树立终身学习意识，做个真正的学习者。所以，我们在各个部门、各个层面、各个方面都有相应的系列制度建设。

《成华小学教师继续教育管理制度》便是我校无数个制度建设中的一个例子。这个《制度》是为适应基础教育改革发展和全面推进素质教育的需要，为全面提高我校教师的综合素质，造就一支师德高尚、理念先进、业务精湛、创新能力强的教师队伍，结合实际而制定的，且会根据时代发展的需要，做到与时俱进，及时修订、完善、补充。比如，在“管理目标”中，就适时增加了“掌握现代信息化的教育技术，实现‘互联网＋’教师教育新模式”“建立健全本校的校本研修制度，使校本教研、校本科研、校本培训、校本资源与开发各项工作科学化、规范化、系列化”；在“具体内容”中，分“全员培训”“骨干教师（名师）培训”“新任教师培训”“多媒体培训”等六项内容，并严格规定了参培最低学时和跟岗学习基本要求；在“继续教育管理措施”中，尤其强调了“组织管理”“经费保障”，特别对“培训形式”做出了细致要求：“集中培训、自学、实践反思和网络培训有机结合；聘请外援来校做讲座与校内资源形成互补，既给校内优秀教师搭建展示才华的舞台，又向高校、院所借智借力，提升校本培训的档次与质量”“将实行教学过程中的业务学习与寒暑假的集中学习、自我‘充电’相结合”等。《制度》还增设了“继续教育学习要求”和“奖惩措施”，明确提出了“继续教育作为教师职务评聘、晋级、评优的必备条件；在教师年度考核中，教师的继续教育将实行一票否决制；把继续教育验证工作作为有力杠杆，推动继续教育方式和管理机制的改进，使教师继续教育证书和学历证书一样重要，起到规范和管理非学历教育的目的；教师在继续教育的学习中取得的各项成绩，如论文发表或获奖、著书立说等，年终进行奖励”等实质性要求，使校本培训不至于走过场、形式化，追求真实、真效。

正因为成华小学特别注重校本研修工作，所以在成华区连续两届校本研修工作评选活动中，都取得了非常可喜的成绩：2019 年的《立足校本，资源共享，助推教师专业成长——成华小学 2018－2019 学年度校本研修计划》《校本研修出真招，教师成长显实效——成华小学 2018－2019 学年度校本研修总结》《成华小学硬笔书法班研修方案（含案例）》和 2020 年的《寻根症结，破解瓶颈，助推“四师”发展——成华小学 2019－2020 学年度校本研修计划》《着眼真实，立足扎实，叩问落实——成华小学 2019－2020 学年度校本研修总结》《成华小学“食育”课程研发校本研修活动（案例）》全部获得最佳奖项，且排名位居前列。

第八章 / 培育尚美生长的课程土壤

要促进学生发展，教师需要借助一个中介，那就是课程。课程是育人的主渠道。课程育人功能，就是课程对学生身心发展所起的作用。

学校课程是为学习者发展而创设的教育环境和学习活动。教育环境提供了发展的可能性，教学活动将学生发展的可能性转化为学生发展的现实性。

教师如何用课程育人呢？首先，要以自己的修养和行为育人。教师是学生面前的最重要的教育环境，教师的劳动具有劳动主体和劳动工具的同一性，简要地说，就是教师既是教学活动的操控者，又作为教育的工具影响、教育学生，这就是以身立教、以身示范。教师本身就是课程，教师的修养、教师的心情、教师的站位、教师的言谈举止，教师身上的一切无不对学生产生着影响，这就是教师修养比较重要的课程意义和价值。其次，教师要选择组织和创造有利于学生发展的教育环境，让学生能接触到、能置身于最有利于他们成长的人际关系、教学内容和时空条件中，这就是环境育人。最后，教师要组织引导和促使学生参与学习活动，这样的活动要尽可能有意义、有趣味、有参与可能性和有发展价值，在活动中育人，在活动中发展。

尚美课程对教师提出了更高的要求，即尚美课程既要具有课程的基本属性，还要具有尚美育人的功能，如课程设置、课程实施、课程评价中，要富有激发学生尚美的情境、环境和尚美的意识、方法、能力等。成华小学在课程建设中，明确提出“语文：课程＋活动”“数学：课程＋生活”“音乐：课程＋特色”“美术：课程＋特色”“体育：课程＋项目”“劳动：课程＋实践”“科研：课题＋成果”“教研：校本＋研修”，从大的方向上解决课程育人的问题。

一、 面对尚美课程开发与实施的真问题

前面我们谈到了成华小学的课程实施分为三条线：国家课程校本化实施、地方课程个性化实施、校本课程特色化实施。我们也把国家课程和地方课程统称为“统一课程”，只有校本课程才是学校独立开发的集中体现办学理念、办学思想的特色课程。所以，这里我们就不再讲“统一课程”的实施了，单讲校本课程的开发与实施。

教育者都知道开发具有自己特色的校本课程本属于自己工作的应有之义，理当努力而为之，但是，囿于开发的条件，如师资水平、认识程度、队伍建设等客观情况的影响，以及教师平日常规工作的烦琐、薪资水平吸引力不够等现实问题的制约，要组织一班理想的校本课程建设队伍真的不容易。技术性的瓶颈也是阻碍开展这项工作的“真老虎”，如果不能有效攻破这些难关，建设校本课程的工作将寸步难行，对此，我们深有感触。比如，当今理念很多，专家很多，各级的要求也很多，学校选择什么样的角度，以谁的理论作支撑，建构一套怎样的校本课程体系，等等，都犹如一道道隘口，必须事先有深入调研，全盘考虑，统筹协调，才能攻克。我们组织的“美育校本课程的开发”“尚美课程整合”“尚美课程优化”三步走战略，就是我校走出的步履艰难、跨越近十年却收获甚微的“局部校本课程建设”实例。尽管这些探索在一定时期内已经取得了不错的成绩，但放在改革大潮中来审视，我们觉得还是在“顾虑”中蹒跚前进的，远不如重庆谢家湾小学那种全盘建构的声势，也没有那样的影响力。不过，我们心里还是坦然的、踏实的、不后悔的，因为我们始终认为，不能拿学生做试验品：如果成功，学生就受益；一旦失败，学生就遭殃。学生遭殃是我们所不愿意看到的，更是不能接受的，也是我们求稳的重要原因。

当我们把校本课程开发出来之后，怎样让所有教师基本认可，怎样让他们带着正确的理解去付诸实施，又是一道新的难关。因此，我们通过各种形式、利用各种渠道、组织各种研讨，竭力把课程开发的理论依据、基本框架、资料来源，课程编写者的认识情况、撰写过程、协作程度等逐一向老师们作交流，使他们认识到学校做这件事的初衷、缘由、追求和期待，并允许、鼓励校本课程开课教师有不同的认知程度、操作差异、个性特点，建立起使用校本课程开发资料的效果评估、家长学生认可情况、尚美理念达成度检测等指标，敦促老师们在使用中尽量体现课程开发者的主张和意图，避免走弯路、走错路。

比如“尚美整合课程”，我们围绕尚美育人愿景，循着学生、教师、学校三大发展目标，在传承过去美育研究成果的基础上，以“基于尚美核心素养的整合课程研究”为抓手，力图通过整合课程对学校的发展进行顶层设计，将国家课程、地方课程校本化实施，整合、开发具有学校特色的尚美课程，全面落实学校的办学理念和育人目标。

基于这样的考虑，依据尚美的核心素养——审美感受力、审美鉴赏力、审美创造力，我们设计出尚美核心素养的整合课程框架图（见图 8－1），努力开发自然美，弘扬心灵美，实践行为美，培养内在美，修饰外在美，体现创造美。

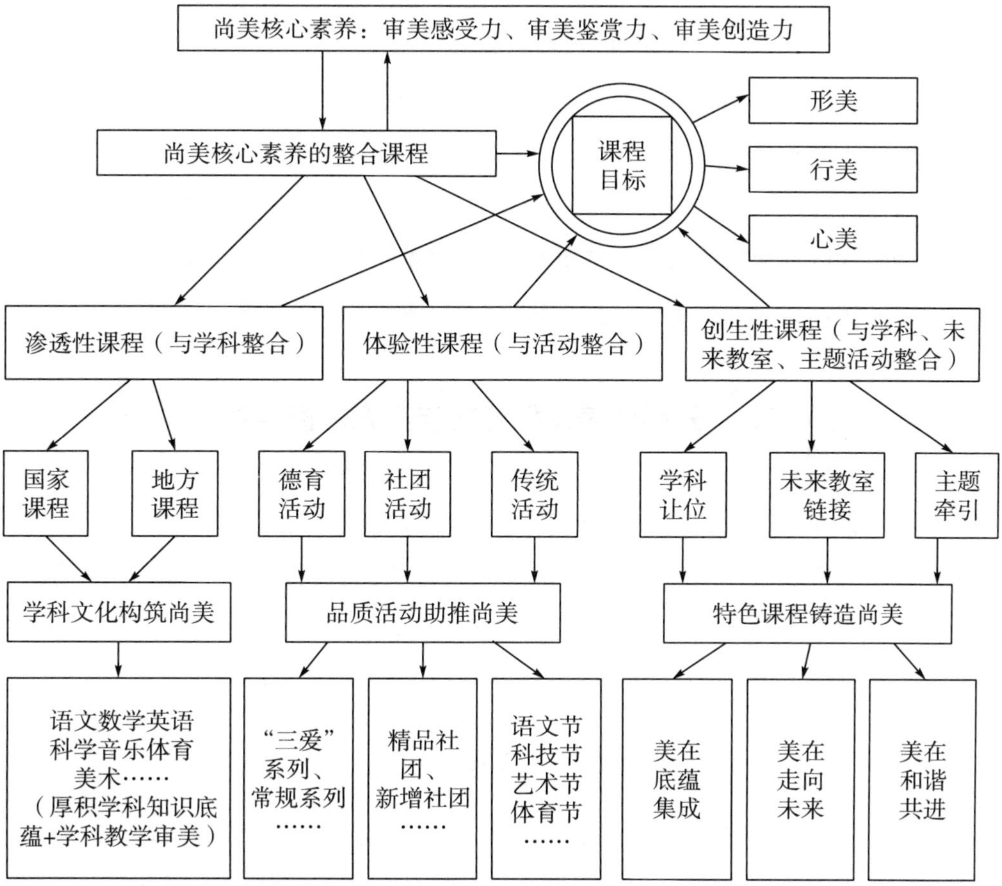

图 8－1　尚美核心素养的整合课程框架图

渗透性课程：在学科学习中，坚持“三主”（学为主体，疑为主导，练为主线），落实好“双基”训练，实现“腹有诗书气自华”的内功修炼；将“学科教学审美化”研究成果落实到教学中，依据学科特点，挖掘国家课程、地方课程中的美育因素，在教学目标中明示，在教学活动中渗透，促进学生成长。

体验性课程：将学校原有的尚美育人研究的路径、方法、成果进行优化、重组，使德育活动、社团活动、传统活动彰显我校的尚美育人特色。

创生性课程：在“学科让位”“未来教室链接”“主题牵引”三个板块，研发尚美育人系列特色课程，催生我校学生涵育尚美特质的多彩童年，实现形美（形象、形体、精神面貌）、行美（语言、动作、习惯、班风校风）、心美（心理健康、心态阳光、身心和谐、志向宏大、敢于创造），为学生的尚美人生奠定坚实基础。

成败自有评说，但我们坚持注意课程开发与实施的相应规范，不至于陷入好高骛远、眼高手低的困境。因为有了很多思想上的碰撞、认识上的交锋、操作上的探讨，我们按“试点—实践—推广”的基本路径推进，所以一步一步走得较为踏实、沉稳、铿锵有力。到今天，我们可以比较自豪地说：“成华小学开发、实施的系列校本课程，是真实有效的，是凸显尚美的，是助推五育并举、全面发展的。”

我们还坚定地认为，在课程开发与实施过程中，教师必须成为真正的学习者，要坚定不移地树立终身学习的意识，持有开放学习的胸怀，形成主动学习的能力，掌握高效学习的方法，做课程改革的“弄潮儿”，永立潮头，绝不退缩。

二、 开启尚美课程开发与实施之育英路

活动课程是课程的重要组成部分。除了定期或不定期举行的艺术节、阅读节、英语节、体育节等传统活动，成华小学还超越传统意义上的活动课程，开发与实施了更能体现成华小学尚美教育主张的尚美课程。多年实践证明，我们谋划的学校尚美课程是可行的、有效的，可以推广，更能使学生在美的氛围中得到浸润。

（一）在“食育”课程中领悟劳动之美①

我校位于天府之国成都。成都号称美食之都，有得天独厚的天府饮食文化。为更好地弘扬尚美教育，德育处以就餐习惯等为抓手，开展“食育”课程建设。

课程目标预设：通过课程的实施，学生了解与饮食有关的传统文化以及相关礼仪，学习送餐、分餐、收餐的基本技能，从“帮厨劳动”体验和实践中感受劳动者的美，体会劳动的不易，树立正确的劳动价值观；在“就餐”过程中，做到“静候、有序、

① 此小节根据宿强、廖佳秋所写案例改编。

无语、光盘、洁美”，既引导教师做好对学生的示范、影响作用，又着重引导孩子个体、群体关注健康之美，展现行为之美，散发品德之美，使学生“以景悟美、以礼习美、以劳育美”，从欣赏生活之美走向传播文化之美，从个体尚美延伸到影响家庭齐美、社会共美。

课程形式预设：我们通过讲解形式，让教师、志愿者、从业者以及学生代表讲解课程内容的知识要点；通过分享形式，让学生、家长表达和分享自己的观点、感悟和反思；通过探究形式，让学生通过自主查阅和探究的方式学习本土以及世界的饮食文化和礼仪等知识，同时认识农作物，了解农作物的相关知识；通过体验形式，让学生参与劳动，掌握劳动必备技能，体会劳动的艰辛，树立正确的劳动价值观。

课程分类概述：“食育”课程由三部分组成，即食与健康、食与文化、食与关系。通过课程的实施与推进，学生在食中悟道，在道中求美。

食与健康，主要是让学生了解食品安全和营养相关的知识，培养他们选择食物的能力，养成健康的饮食习惯。我校教师结合学生的学科教材以及春秋游等社会实践活动，引导学生正确选择食物并关注食物的营养搭配；学生通过创编情景小短剧来宣讲正确选择食物的重要性。

食与文化，主要是让学生知道与饮食有关的知识、文化以及相关的良好行为习惯。大队委进班讲解学校文明就餐公约；学生自主学习中华饮食文化及礼仪；积极主动参与光盘行动。

食与关系，主要是让学生明白饮食与人和自然之间的关系，学生通过自主管理午餐和后厨帮厨活动去感受劳动者的辛劳，去体会日益严峻的生态问题，从而懂得感恩，学会环保的生活理念。

我们通过专题讲座、观摩研讨、沙龙分享，使老师们在探究中行动，在行动中总结，在总结中提升，在提升中优化，构建起了“尚美少年食育课程”，并通过一个主题、两个导向、三项体验，收获了四项成果。

一个主题：带动少先队员传承、弘扬地方饮食文化。

根据中共中央办公厅、国务院办公厅《关于全面加强和改进学校美育工作的意见》提出的学校美育要“根植中华优秀传统文化深厚土壤”的指导思想，我们将历史悠久、具有浓郁的地方特色的天府美食作为“尚美少年食育课程”内容，以此来体现“传承中华优秀文化（地方饮食文化）”的主题。这样做，一是能拓展学校的美育空间，能因校制宜地整合校内外美育资源，促进学校与家庭、学校与社会的互动互联；二是具有美育综合实践特性，课程导师带着师生“观菜式、认原料、辨调料、识菜品”，完成“捣糯米、磨豆浆、品成果”等任务，获得美食的色香味等五官美感，情绪上获得新奇感、愉悦感、成就感，体验到生活之美。

两个导向：激发少先队员懂家乡，爱生活、树自信。

习总书记强调：“文化自信是更基础、更广泛、更深厚的自信。”“尚美少年食育课程”经由系统构建，确定了尚美的目标，采取丰富的形式，引导亲历的体验，运用多元的评价，坚守着“两个导向”。其一，美是一种坚定不移的家国信仰。“食育课程”就是要指引少先队员从小懂家乡，并影响家人，影响身边更多的人。其二，美是一种油然而生的文化自信。我们以地方饮食文化的自豪感为基础，在师生群体中引燃更基础、更广泛、更深厚的地方文化自信，让少先队员增强对家乡文化的自信，从而更加热爱生活。

三项体验：带领少先队员以景悟美、以礼习美、以劳育美。

“尚美少年食育课程”实施渠道包括学科课堂渗透、校内外社会实践，实施人员包括学校教师、后勤员工、学生家长，实施对象包括全校少先队员；开设了“选食课程”“品食课程”“制食课程”，让少先队员亲历“以景悟美、以礼习美、以劳育美”三项美的体验。

“选食课程”浸润生活之美、科学之美、健康之美。

老师们结合教材，通过学科整合，在课堂上营造场景。科学老师带领孩子们探究食物的营养成分、营养的均衡搭配；观察、比较、探究食物由生到熟直至霉变的过程；研究食物包装袋上的信息。安全老师和孩子们一起交流“预防食物中毒”话题。语文老师组织孩子们制作“营养饮食报”。课堂场景让少先队员掌握方法，知道哪些是健康的食物。

在秋季校外社会实践之前，学校德育处创设生活情景，通过《我该怎么选》视频微课触动孩子们思考判断“食物二选一，我该选哪个”；再发放“自带午餐建议书”，倡导学生交流健康食物的标准；最后让孩子们在家和父母一起准备食物，自带健康午餐。

“品食课程”培养遵纪之美、守礼之美、环境之美。

学校收集少先队员对文明就餐的理解，再结合大多数同学的意见和建议，提炼出符合成华小学校情的文明就餐流程，师生共同创编了《成华小学文明就餐公约》。由大队委对就餐流程和公约进行分班讲解，保证每一个同学都了解，在了解的基础上自愿遵守。

自带餐盒。从 2018 年春季起，我们就要求全体师生自带餐盒，以此减去收发公共餐具这个环节，降低共同使用餐具的交叉感染风险。同学们的餐前准备变得更加有条不紊、井然有序。孩子们拿着洁净的餐具盛上美食，也显得情绪舒缓、心情放松，不再拥挤打闹。老师们笑称：“这真是美食养胃，美行促礼。”

自助午餐。在五六年级，学校推行“选修课程—自助午餐”。参与班级需要设立三名少先队员担任管理员，组织全班同学有序地排队取餐、安静文明地就餐。午餐妥妥地变成了一堂富有生活气息的美行养成课。

成都自古是“美食之都”，2010 年被联合国教科文组织评为“世界美食之都”。师生们从这种富有地域性、包容性、开放性的美食文化中挖掘出了一些别有意趣的场景——逛小吃街、尝三大炮、吃串串香、买蛋烘糕……采用剪纸＋木雕的表现形式，创作了 56 米“成都美食文化墙”。徜徉在“美食文化墙”边，仿佛能用眼睛“品味”鲜香醇浓的川菜，和热情闲适的成都人一起度过美好时光……此外，热心的师生还在餐厅墙面绘制了充满童趣的就餐故事，营造了有趣、有爱、有美的餐厅。有的画面时刻提醒师生规范自己的就餐行为；有的展现了成都经典美食，让人食欲大增。

“制食课程”渗透珍惜之美、创造之美、文化之美。

学校在母亲节设置保留项目——“我为妈妈做道菜”，自愿报名参加的少先队员们在活动中摘、洗、切、揉、煎、炒、蒸、炸，像模像样。别看只是一道菜，制作起来却并不容易，队员们带着珍惜之心和创造之心做出一道道菜来，深深体会了父母下厨的辛劳艰苦，激发起孝敬、感恩的情怀，树立起家庭责任感，弘扬了中华传统孝敬父母的美德。

帮厨劳动是我校食育课程的必修课之一，也是学校“以劳育美”的重要实践活动。五六年级的少先队员要轮流通过和食堂的叔叔阿姨一起送餐、分餐和收餐的劳动活动，了解叔叔阿姨们平常工作的辛劳和不易，从而更加珍惜粮食，更加珍惜和尊重叔叔阿姨们的劳动成果，对为大家服务的可爱的人们怀有一颗感恩的心，也让少先队员通过劳动，服务于他人，激发起对劳动的热爱和敬重。

学校将食育课程和各学科融合，持续在元旦“嘉年华”活动中进行多元评价闯关活动。美术题目：利用彩泥设计、制作美食；语文题目：介绍食物背景故事和创意；科学题目：介绍如何营养均衡地选择食物；数学题目：计算食物重量和卡路里；体育题目：介绍摄入食物需要怎样运动才能消耗相应能量；音乐题目：依据音乐旋律创编美食主题歌曲……这样的闯关评价集趣味性和教育性于一体，效果好，深受少先队员喜爱。

2020 年，我们的食育课程延伸到居家学习中。学校通过成华区智慧云人人通平台，在班级界面发起“今天我当家”家庭食育课程“习惯打卡”，少先队员们在家里参与三餐的制作，拍照上传班级“习惯打卡”专区。在学校公共界面中，“活动广场”开设了分享展示，让各年级少先队员都能在这里分享和交流，提高了家庭食育课程的参与度。在此过程中，我们刻意弱化活动的目的性，淡化功利性，强调自律性，激发少先队员对爱和美的追求，让少先队员在食中悟道，在道中求美。

四项成果：展示“食育课程”育人功能。

一是养成了个体的美行。学生在帮厨的过程中体验到了劳动者的辛劳，深刻理解了粒粒皆辛苦的道理，面对为他们服务的食堂师傅更加谦逊有礼，得到了食堂工人的赞赏。在家庭里，越来越多的少先队员能主动参与到家务劳动中，更懂得孝顺，更懂得感恩，更懂得对家庭付出，成为更美的自己。

二是展现了节约的美德。通过食育课程的开展，学生在午餐时挑食的现象大有改观，很多队员能从卫生、营养、健康的角度看待餐食。午餐中产生的餐厨垃圾数量明显减少，有的班不产生或很少产生餐厨垃圾，学生用自己的实际行动展现着节约的美德、环保的理念。

三是造就了有序的美班。通过食育课程的开展，少先队员能按文明就餐公约有序文明就餐，各班级秩序井然，午餐时整个校园安静有序，就餐后各班级自觉清洁教室。越来越多的班级能进行自主管理，形成班级就餐“文明生态圈”。

四是促进了办学的美名。一方面，我们的“食育课程”经验做法在《品格教育周刊》《中国德育》上刊登，迎来了全国各地 20 余所兄弟学校的参观和学习，包括国际友人来校考察、访问。另一方面，通过“食育课程”，学生从接纳本地美食开始了解中华民族的饮食文化，从喜欢一种美味变为欣赏美食的创造过程，师生的视野从家乡扩展向世界，在树立民族自信、传承饮食文化的过程中，从一个个“普通吃货”成长为“民族文化传承者”，并努力将中华优秀文化传播到世界各地，成为“传播中华优秀文化小使者”。2019 年，“遇见最美天府 · 中加教育文化交流活动”在成华小学举行，四百多名少先队员自愿报名，通过层层甄选，20 位“文化小使者”登上了国际交流舞台，向来自加拿大渥太华的教育专家用最美好的童音传播起了地方美食文化和中华民族优秀艺术文化。

“食育课程”陪伴我校师生走过一段美好的校园时光。在“食光”中，学校立德树人，师生获得成长。未来的“食光”中，我们期望更多的师生能在一日三餐的真实生活中感受生活的美好，感受到中华文化的博大，彼此影响，彼此濡染，朝着更美好的方向循环递进，遇见更美的自己。

（二）在“5 分钟岗位清洁”课程中体验劳动之美

2020 年 3 月 20 日，中共中央、国务院发布《关于全面加强新时代大中小学劳动教育的意见》，其中提出：“把劳动教育纳入人才培养全过程，贯通大中小学各学段，贯穿家庭、学校、社会各方面，与德育、智育、体育、美育相融合。”“小学低年级要注重围绕劳动意识的启蒙，让学生学习日常生活自理，感知劳动乐趣，知道人人都要劳动。小学中高年级要注重围绕卫生、劳动习惯养成，让学生做好个人清洁卫生，主动分担家务，适当参加校内外公益劳动，学会与他人合作劳动，体会到劳动光荣。”成华小学早在 2013 年就提出并开始实施“5 分钟岗位清洁”制度，后来逐渐以课程的形式固定下来，意在培养学生的劳动意识，从身边力所能及的班务清洁和个人卫生方面去锻炼他们的基本劳动能力。

我们知道，“播种行为，收获习惯；播种习惯，收获性格；播种性格，收获命运”。我们也知道，班级是学校教学的基本单位，是进行教育活动的基本组成部分。学生作为班级的主人，需要主动参与到班级管理中去，才能够在实践活动中创造性地完善自我，优化班级。我们就是要培养学生的良好习惯。

我们的愿景：学校设置“5 分钟岗位清洁”制度，旨在让每个学生承担一个清洁岗位任务，培养他们的责任心、主人翁意识，增强班级凝聚力，实现“我为人人，人人为我”的目标。我们期待，在完成清洁的同时，也减少班级管理和学校管理中的安全隐患，不留任何学生在教室单独做清洁，使全体学生同时放学，老师随班级队伍一起出校门。

我们的主要措施有：

首先是学校提出总体方案，班主任进行个性化实施。他们根据班级实际情况制定相应的岗位，落实岗位，固定人员，制定出各班的岗位清洁表，任课教师根据班主任制定的表格进行岗位的安排。

我们把“5 分钟岗位清洁”按照“岗位（在哪里）”“岗位责任人（学生）”“标准（做成什么样）”“要求（怎么做）”“备注（要注意些什么）”等，分别对应前门正面、前门背面、后门正面、后门背面、前黑板上方、前黑板、前黑板槽、前墙裙砖、教室前方张贴物、讲桌、视频展台（多媒体）、电视机、后黑板上方和教室前地面（扫、拖）、教室后地面（扫、拖）、室内左侧过道地面（扫、拖）、室内右侧过道地面（扫、拖）、阳台地面、阳台栏杆、洗手池、植物、门窗管理等 33 个责任项目用表格填写好后，置于教室门外的“班牌栏”内，以便学生、教师、行政等随时查阅、对照、检查。如此细致的分工、要求和责任，让学生知道要做什么、要怎么做、要做成什么样，久而久之，习惯成自然，很好地避免了对学生的空洞说教、泛泛而谈，产生了比预想更好的绝佳效果。

其次是做到时间保证。岗位清洁分三个时段——早上、午间和下午放学。早上和午间以维护为主，重点是放在下午放学前的五分钟清扫、整理。学校在放学前五分钟设置铃声作为提示。

最后是德育处及时反馈。德育处每天利用 QQ 群、“家校通”平台公布每班的岗位清洁情况，好的和不足的都逐一罗列，提醒所有人都不放松。

我们持之以恒的行动有：

一是做好强化训练。学校提供短视频，让各班组织认真观看。然后，利用下课后的时间，组织全班同学起立、收拾书包，收拾完毕将书包放在桌面上。如果学生未按要求收拾好书包，必须以小组为单位进行反复训练，直到按规范完成为止。

二是坚持每人“三无”。要求每个同学清理自己的桌面、抽屉和地面，做到自己座位的“三无”，即桌面、抽屉和地面清洁无垃圾。

三是做到清洁无死角。各班要做好教室其余各个部位的岗位清洁。每个同学一个岗位，按照各个岗位的清洁要求进行清洁；教师站在教室的前方观察学生做清洁的情况，发现问题及时解决。

四是坚持“静校”制度。清洁结束后，各班到教室外排队，不留一名学生，全班集体排队放学，保障学生安全。

“5 分钟岗位清洁”带给我们的惊喜有：

“‘5 分钟岗位清洁’流程”培养了学生的好习惯，很好地解决了班级清洁卫生“打扫好、管护差，上课好、下课差，个体好、集体差”的现象，还较好地改变了部分学生拖沓、懒散、有意逗留等习惯，各班基本能做到步调一致。

“统一要求”避免了安全隐患。统一要求，统一行动，统一规范，杜绝了学生滞留在校的安全隐患。

“循环往复”培养了学生的良好品格，树立了学生的主人翁意识，人人都参与到班级日常管理中，真正成为集体的一员，赋予了学生责任感。天长日久，学生的行为习惯便成了自觉、自律，尚美好品格于无声处渐渐形成。

在“5分钟岗位清洁”课程引领中，教师人人成为德育工作者。看似简单的“5分钟岗位清洁”这样的小行动，却强化了每个教师的育人意识。老师们都能积极参与到班级管理中，“人人都是德育工作者”的理念得到了强化和落实。

（三）在“耕读园”课程中享受劳动之美

成华小学锦绣校区校园一角有一处小天地，既可以耕种，体验劳动的快乐，又能学到农耕文化知识，这就是我们的“耕读园”，取自“耕为本务，读可荣身”之意。“耕”指种田，“读”指读书。古人农忙时耕田种地，丰五谷，养家糊口，以立性命。在高楼林立、土地稀缺的城市，我们在校园内开辟这么一块让同学们能够体验农耕文化的地方，也是希望同学们将劳动与读书相结合，在实践中去领悟生活的真谛。同学们可以和同伴、老师、家长一起体验耕地、播种、管理、施肥、收获的全过程，通过自己的劳动，从平凡的土地收获鲜花、蔬菜、水果；体验劳动的快乐，见证土地的神奇。这里也是我们红领巾的科技种植园。

学校制定了《成华小学“耕读园·亲子园”实践基地使用细则》，明确开放时间为：周六、周日上午9：00—11：00，下午4：00—6：00；周二、周四下午6：30—7：30。还有清楚、具体的“开放须知”：一是换取耕读券的学生和家长自愿参与耕种活动，在校耕种时注意安全，学生的安全由陪同的家长负责。二是凭耕读券在门卫室换取出入牌，离开时将出入牌归还到门卫室，取走耕读券。三是因耕读园划分了区域，每次亲子活动时只能在自己的区域里进行耕种，完成活动后不可在校园其他区域逗留。四是首次进入耕读园种植时，请带上自制的插牌（插牌上标明班级、学生姓名、种植地名、所种农作物名称），并将插牌插在土里。五是亲子园地只能种菜，需自备种子和工具。也可以借用保安室的小工具，请轻拿轻放，注意安全；使用后请将工具清理干净并放回原位，以便下一个家庭使用。六是请自觉维护校园内的清洁卫生，校内禁止吸烟。七是对每次耕种做好记录，并将耕种时的劳动照片发到德育处邮箱。最后还规定了耕读券使用期限，提醒学生“自己所种农作物收获以后耕读券自动失效，种植地自动归还学校”。

做教育就是做细节，做教育就需要做精致。一个小小的“耕读园”，在学校老师、同学、家长的支持、合作下，让人耳目一新，教育意义重大。

我们的“耕读园·亲子园”开放后的情况如何呢？它的开启，是否能达到让学生在“耕读园”中享受劳动之美呢？下面的报道或许可见一斑：

春种苗儿，夏收瓜儿。在成华小学校园一角，一块块菜地里郁郁葱葱，一片青翠，学校绿色种植课程正在进行，五年级学生在菜园里采摘着青椒等蔬菜，学生们欢乐的笑声里是满满的幸福收获。德育处张老师说：“孩子们会记录下植物的气温、土壤、湿度等环境因素，相互比较谁种的植物长得比较好，这成了学生们课间的一项娱乐活动。”

为培养学生全方面发展，成华小学在校园一角专门开辟了一块特色田地，命名为“耕读园”。在“耕读园”中可选择种植玉米、茄子、辣椒等多种植物，方便同学在耕作中了解植物，认识自然。所谓“世间好事忠和孝，天下良图读与耕”，学生们可以在“耕读园”种植、培育、收获，体验劳动的快乐，同时又能学到课本外的文化知识。德育课程的开发将各项规范融入学生的点滴行为中，良好的品行在此孕育，实现了学生言行美的统一。

（选自《我的校园我做主——探寻成华小学特色教育》，《华西商报》2017 年 12 月 3 日）

（四）在“诚信书吧”课程中涵育品格之美

孟子有言：“诚者，天之道也；思诚者，人之道也。”诚信是人的立身之本，没有诚信的人难以获得成功。基于这样的思考，更为了立德树人的目标，我们特别强调学生一定要诚信。我们在每个校区都建立了“诚信书吧”，供孩子们休息时间借阅、浏览。我们的“诚信书吧”从制度制定到行为规范，都是由德育处引领，学生代表参与管理，逐步走向无人管理境界，学生在“诚信书吧”涵育了自己的品格之美。

“诚信图书角”借阅须知：排队借阅，每次一本；在校阅读，放学归还；爱护环境，不留垃圾。

我们对《“诚信图书角”借阅须知》的解读是：学生可以利用课间休息时间到诚信图书角去借阅图书，每次只取一本图书。如遇人多，应排队依次取阅。他们可以在图书角的坐凳上阅读，也可以将图书带回教室阅读。但是须在放学前将图书角的图书归还，并按原位摆放整齐。爱护图书角的环境卫生，离开时收拾自己的座位，将杂物带走。

我们的愿景：小小书吧在学生心中种下一颗“诚信”和“有序”的种子，让学生从小做一个诚信之人。

我们的措施：在学校一楼、二楼开放区域设置“诚信书吧”，放置各种类型的书籍，供孩子们休息时前来借阅。《“诚信图书角”借阅须知》告诉孩子们，借阅图书无须登记，只需按规定在学校里阅读，放学前自觉归还即可。图书管理员的职责就是将学生未能摆放整齐的图书进行归整。

取得的效果：通过近两年的训练，全校同学基本能按要求做到爱护图书，诚信借阅。“诚信书吧”也成为学生下课文明休息的好去处，并在校园内营造出读书的好氛围。

（五）在“岩彩画”课程中感受色彩之美

创新不是某个人、某个行业、某个学科特有的天赋能力！我们学校美术组教师在使用人民美术出版社出版的美术教材的同时，大胆探索，什么素描导航、剪纸操练、蜡染传承、麻线彝情、雕刻艺术、漆画新秀、布艺作品、工笔细描，都是他们每个阶段的重点突破，后来研究起岩彩画了——这确实是个新生事物，也有太多的值得深钻的学问，但这些无法阻止几位美术老师探索的步履，因为岩彩画的色彩实在是太诱人了。于是，他们分目标、分阶段、分任务、分课时做出了细致而认真的探索。

他们把这项探索与实践分为 18 个课时，计划在每天放学后的“430 活动”中逐一完成，每周 1 个课时。课程亮点鲜明，那就是第一次将岩彩画带入到小学生美术课堂中，并选择适合小学生的题材进行创作。整个课程围绕岩彩画技法、技巧由浅入深地组织学生进行学习，培养学生学习岩彩画的浓厚兴趣。

因为学生是第一次认识岩彩画，所以，必须知道什么是岩彩画，还要了解其历史和起源，欣赏岩彩画美术作品，感受岩彩画独特的美感；再学习如何画岩彩画，在完成岩彩画创作过程中丰富学生的科学素养和创新能力，激发学生的探究兴趣，培养相互协作的能力，并获得关于岩彩画的美术素养。

比如，第一课“初识岩彩（一）”，美术老师把学习目标定在主要欣赏岩彩画画家作品，感受岩彩画带给我们独特的美感，了解岩彩画特性，激发学习岩彩画的兴趣上。

第二课“初识岩彩画（二）”，主要让学生认识岩彩画材料，特别利用科学课，借助科学老师的帮助，引导学生认识岩彩画的主要材料——各种天然矿物色。知道这些材料是人工矿物色，即合成矿物色是将天然的水晶或方解石磨碎并把粗细颗粒分开后，加入耐光性强的染料做成。

第三课“岩彩渊源”，重点了解岩彩画历史和起源，拓宽学生视野。知道岩彩画是人类的宝贵艺术遗产，最初可以追溯到旧石器时代，拉斯科岩洞壁画、阿尔塔米拉洞窟壁画，以及新石器时代中国的摩崖壁画就开始使用色彩鲜明经久的天然矿物色和粗犷的线条来制作壁画。随着历史的演进，岩彩画有了长足的发展。

第四课“玩转岩彩（一）”，主要让学生学习了解岩彩画作画的具体步骤和方法，明白作画的整个过程，同时尝试选石、磨石、筛石、淘洗、去除铁质，激发学习岩彩画的兴趣。在这节课中，学生参与尝试体验。第一步是选石，第二步是磨石，第三步是筛石，通过淘洗，去除铁质，留下画画需要的岩彩画颜料。

第五课“玩转岩彩（一）”，准备麻纸、画板、喷壶、糨糊、刷子、胶矾水、蛤粉等材料，学习岩彩画作画第一个基本步骤——裱版。

第六课“玩转岩彩（二）”，用淡墨、适合做肌底的矿物质粉末或者白沙、刷子等，学习岩彩画作画第二个基本步骤——做肌底。

第七课“玩转岩彩（三）”需要 8 课时，使用铅笔、白纸、复写纸、毛笔、丙粉、天然矿物质颜料等材料，学习岩彩画作画第三个基本步骤——画线稿、拓稿。根据学生年龄特点，选择适合的内容尝试表现。

孩子们在学习岩彩画活动中，充分欣赏到了岩彩画带给他们的色彩盛宴，感受到了岩彩画所带来的色彩之美，发自内心地喜欢上了岩彩画这一特殊美术技法。

（六）在“川剧脸谱”课程中传承艺术之美

川剧，是中国汉族戏曲剧种之一，流行于四川东中部、重庆、贵州、云南等地区。川剧脸谱，是川剧表演艺术中重要的组成部分，是历代川剧艺人共同创造并传承下来的艺术瑰宝。川剧具有巴蜀文化、艺术、历史、民俗等方面的研究和认知价值，在中国戏曲史及巴蜀文化发展史上具有十分独特的地位，2006 年被纳入非物质文化遗产名单。我们编写、开设这个课程就是要培养学生热爱民族传统文化的情感及对美术学习活动的兴趣，让孩子们了解川剧，了解川剧脸谱，了解川剧历史，了解川剧文化，欣赏川剧经典剧目，学习川剧脸谱知识和人物造型、线条、色彩特点及表现方法。新华校区美术组教师组织学生用美术的方式和眼光认识、感受川剧的内在魅力，培养学生健康的审美情感、乐观向上的生活态度，引导学生热爱家乡的地方文化，感受川剧艺术之美，传承川剧艺术之美。

我们的具体做法是：

了解脸谱。通过“看一看”“画一画”“想一想”系列活动，让学生观看川剧变脸的视频，激发学生对脸谱的兴趣；查阅川剧的有关历史资料，了解什么是川剧脸谱，了解川剧舞台人物大体分为小生、旦角、净角（花脸）、生角和丑角五个行当，简称生、旦、净、末、丑。如果我们从脸谱艺术的角度审视，更使人产生兴趣的就是五颜六色的花脸，花脸也是川剧脸谱的代表。同时思考在美术中，如何表现川剧脸谱的造型、线条、图案、色彩等。比如表现川剧脸谱的特点需要注意其造型的对称、均衡和不对称，线条的流畅，图案的伸缩、变形，色彩的鲜艳等。

了解脸谱的秘密。欣赏戏歌《说唱脸谱》，观看《说唱脸谱》的视频，随后再深入研究川剧脸谱中更多的秘密，如川剧脸谱的色调、川剧脸谱的图案等。

说唱脸谱。先学习演唱《说唱脸谱》，再画脸谱。让学生选一个自己喜欢的脸谱（建议第一次尝试选择对称的脸谱），以它为参考，设计一个线描川剧图案，最后上色完成绘画。

认识变脸。这个环节是学生最感兴趣的，也是川剧的绝活。我们让学生玩变脸游戏，通过播放《变脸》的音乐，教师拿出各种脸谱在脸上变换，激发学生对变脸的兴趣。再让学生去发现老师提供的一组川剧脸谱是在什么材料上创作的，从而知道要准备一个纸质脸壳面具（纸盘）、铅笔、橡皮、白纸、颜料、水粉笔等材料，接着在白纸上设计草图，随后用颜料涂色，完成脸谱绘制。

走进川剧丑角。组织学生欣赏我校“细娃儿社团”优秀获奖作品《蓉城小幺妹》视频，欣赏川剧人物，知道在众多的川剧节目里，不仅有天真烂漫的丫头、妩媚俊秀的小姐、风流儒雅的秀才、大义凛然的志士、八面威风的将军、无私断案的好官，也有幽默风趣的艄公、能言善辩的乞儿、不学无术的混混、贪赃枉法的庸官……从脸谱艺术的角度审视，尤其使人产生兴趣的除了五颜六色的花脸外就是笑料百出的小丑了。再看一看川剧中的丑角人物，明白他们的鼻梁上有一块白色“豆腐干”，这块白色“豆腐干”就是川剧丑行区别于花脸和其他行当的最直观最明显的标志。两眉之下，至两眼窝之间用白粉勾成“豆腐干”形状。有方形和长方形两种。此脸谱多用于势利小人、纨绔子弟、师爷、刀笔吏、奸商之类角色。再欣赏川剧中最著名的一出丑角剧目《滚灯》，把小丑的特点熟记于心，然后抽时间尝试画一画这些小丑形象。

联系生活与脸谱。想一想，川剧脸谱的图案夸张、艳丽，具有强烈视觉冲击力，它只能作脸谱吗？由此可引发学生多维思考，培养学生的想象力和创造力。比如，将川剧脸谱与各种装饰结合起来，与我们的生活结合起来，与我们的服饰、打扮、生活用品结合起来，实现川剧艺术的推广。

这样，学生就不仅仅是在单一地学习川剧脸谱了，而是实现了传承艺术文化与提高生活品位的有机融合，也就是提升了学生尚美成长的可能性。

美妙的川剧欣赏之旅

平凡的一天，却有不平凡的事发生。秋日的午后，阳光如水波般浸润着大地，任由灿烂的阳光洒在身上，有种说不出的暖意。

红领巾广播站传来“请表演过《我从古蜀来》的同学到德育处集合”的指令，于是，我和几个表演过的同学来到了德育处。这时，大队部李老师说：“今天下午第二节课去阶梯教室，我们要学习一些关于川剧的知识。”请好假后，我便和同学一起前往。

刚到阶梯教室，便见椅子上坐满了人，可谓是人山人海。老师把我们安排好后，课程便开始了。只见一名温文尔雅的中年男子走了进来，他微笑着向全场致敬，随后开始了自我介绍：“大家好，我是来自成都川剧院的一名老师，大家可以叫我熊老师。今天就由我来给大家讲讲川剧的知识。”顿时，掌声像暴风雨般响了起来。

老师环顾四周，微笑着讲起了关于川剧的知识：“在川剧之中，有六个身法，它们分别是手、眼、腰、腿、脚、步。”说罢，还俏皮地眨了眨眼，原本就幽默的语气再配上这动作，逗得大家哈哈大笑。等全场安静下来后，老师又列举了几个著名的片段，给我们示范了这些身法，同学们看得津津有味。就在此时，老师突然说：“下面——请我们川剧院的老师给大家表演一场有趣的川剧吧!”我猛地坐直了身子，全场寂然了一会儿，随后爆发出一阵雷鸣般的掌声，犹如波涛汹涌的大海。此时此刻，我的心脏像一壶刚烧开的沸水一样，激动得似要溢出来。

在掌声之中，一男一女从门后走了出来。只见男子脸上涂满了白颜料，看上去有些滑稽可笑，此时男子的耳朵正被一个画着浓妆、头戴配饰的女子揪着，连拉带扯地走上了舞台。男子一边龇牙咧嘴，一边大喊着：“哎呀！你轻点儿嘛!”女子将揪着男子耳朵的手向前一掷，喝声道：“你昨天是不是又打麻将去了?”就这样，这个表演正式拉开了帷幕，随着故事情节的发展，我们的心情也跟着跌宕起伏。

接着，川剧院的老师又给我们表演了一出唯美的舞蹈秀。舞者随着音乐的韵律摆出优美的舞姿，好像要与背景的山川河流融为一体般，我们看得如痴如醉，表演结束了还言犹未尽。

这时，老师走了上来冲着我们神秘一笑，说道："接下来，请大家欣赏——变脸！"话音刚落，只听音乐响起，一位身穿戏服、戴着面具、手拿折扇的男子缓缓地走了上来，只见他一转头，"哗"的一声，手中折扇在面具前划过，一张新面孔映入眼帘，关云长、孙悟空、蜘蛛侠……一个个面孔接连出现，我们看得目不转睛，拍手叫好。

快乐的时光总是短暂的，一转眼就到了下课的时间，我们依依不舍地离开了阶梯教室。川剧文化可谓是博大精深，今天的川剧之旅只是让我们了解了它的冰山一角，此时此刻的我已经在期盼下一次"旅行"了。

（六年级七班学生　魏子谦）

听川剧讲座有感

川剧，是四川文化的一大特色。成都，是戏剧之乡。早在唐代就有"蜀戏冠天下"的说法。

今天，我们学校举行了一次川剧讲座，邀请了川剧院的熊老师为同学们讲解川剧相关知识。我作为学校川剧社的一员，也聆听了这次讲座。熊老师先为大家讲解了川剧的四功五法。四功五法是戏曲界经常说的一种术语。四功，就是唱、念、做、打的四项基本功，是戏曲舞台上一刻也离不开的表演手段。五法，一般是指手、眼、身、法、步。

接下来，熊老师带领川剧院的学生们为我们表演了最能体现川剧特色的三个精彩节目。他们的精湛演技和幽默风趣剧情，博得了老师和同学们雷鸣般的掌声。

第一个节目是顶灯。顶灯是四川家喻户晓的地方传统优秀剧目，也深受全国乃至全世界观众的喜爱。这个故事中，皮金是一个既爱打麻将又十分怕老婆的"炽耳朵"，每次打完麻将输钱回家，都要被老婆教训。以前是罚跪，后来老婆觉得不新鲜，便让皮金将油灯点燃顶在头上，在板凳上下做很多翻滚技巧，还不许油灯倒灭，还要让油灯顶在头顶上用嘴吹灭，但这些均未难住皮金，整个表演始终贯穿着川剧中的绝活。

第二个节目是水袖舞。水袖来自于戏曲、舞蹈中，是中国戏曲舞台表演的特技之一。水袖的基本动作有甩、掸、拨、勾、挑、抖、打、扬、撑、冲 10 种。表演的小姐姐也把这些基本功展现得淋漓尽致。

第三个节目是变脸。川剧变脸是川剧艺术中塑造人物的一种特技，是指示剧中人物内心思想的一种浪漫主义手法。台上表演的演员有着各种各样的脸谱：有蜘蛛侠的，有孙悟空的，有大熊猫的，还有黑白相对的。这些脸谱都让我们忍俊不禁。

川剧，我们四川的地方文化，我们要让川剧艺术得到继承和发扬！

（六年级七班学生 吴欣怡）

（七）在“未来教室”课程中展望学习之美

随着社会现代化、全球一体化步伐的加快，随着未来课堂、智慧教室、主动学习空间、技术增强的学习空间、“翻转课堂”等新理念的引入，学校美育如何与时俱进，如何培养面向未来的社会人，现代信息技术如何更有利于学生的现代性发展呢？我们成立了“未来学校”研究、实施团队，以适应当今教育的需要。

随着一间由可重组协作式课桌、移动和分界教室内多重多向活动墙构成的智能教室的建成，我们开启了“未来学校”新的征程。我们一直在思考：面对大数据时代的到来，面对现代信息技术日新月异的迅猛发展，面对“慕课”“翻转课堂”的冲击，我们应怎样既面向未来，又顾及儿童的特性，做到尊重儿童、敬畏儿童，相信儿童有无限的可能性？我们的理解是：“未来学校”应该是“以‘人本’为核心，依托现代信息技术手段，充分整合多元教育资源，构建绿色教育生态圈，努力培养自我认同、懂尊重、善合作、会学习，具有探索精神、创新意识的现代公民”。因此，结合人本教育理论、意义构建学习理论、合作学习等现代学习理论，学校提出了“5 I－Class”未来班级试点项目认识框架。“5 I－Class”模型（见图 8－2）同样也适用于“5 I－School”整个学校发展的构建。

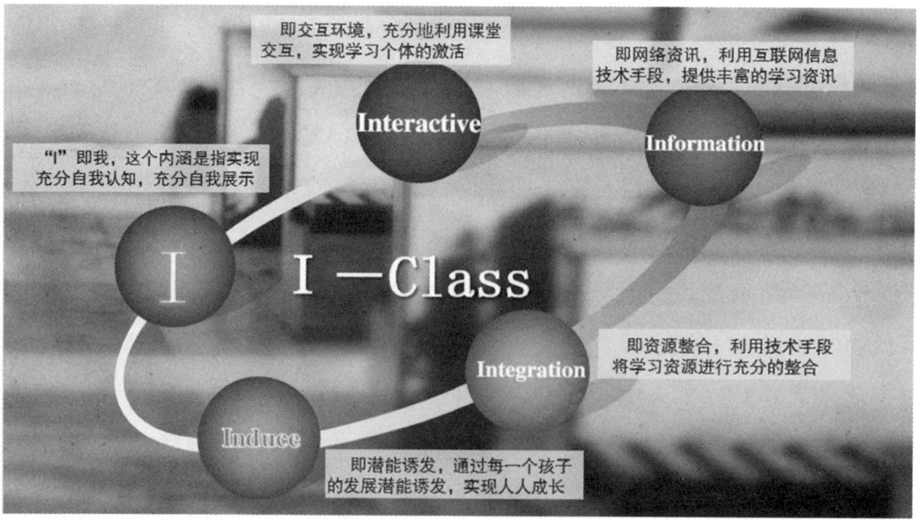

图 8－2 5 I－Class 模型

"五I"：第一个I即"我"，指充分认知自我，充分展示自我；第二个I，Interactive，即交互环境，充分利用课堂交互，激活学习个体的；第三个I，Information，即网络资讯，利用互联网信息技术手段，提供丰富的学习资讯；第四个I，Integration，即资源整合，利用技术手段将学习资源进行充分的整合；第五个I，Induce，即潜能诱发，通过每一个孩子的发展潜能诱发，实现人人成长。

为了学生的现代发展，教师的教育思想、育人理念必须得变，必须快速地变，必须有效地变。科学、合理、有效地借助现代教育技术，重构新空间，转变教与学的方式，服务学习者，是历史的必然，也是适应当今教育发展的必然选择。

我们的主张：关注现代性，凸显主体性。

所谓学习空间是指学生学习的全部空间，是让位于学的空间，是老师把原来占得太多的空间还原成学生自主学习的空间，是引领孩子能够主动学起来的空间。它涉及学生学习的物理空间和心理空间两大方面。其物理空间主要包括学习环境、学习资源、学习时间；其心理空间又涵盖学生学习的心理安全、学习方式、思维水平等。关注了学生学习的物理空间和心理空间，就是在关注学生的现代性，凸显学生的主体性。

关注学习的物理空间，就是要我们坚守学生立场，其学习环境具有开放性、多样性；学习资源具有丰富性，可选择性；学习时间具备充分性、保证性。

关注学习的心理空间，首先要保证学生学习的心理安全，能够在认同、接纳、被尊重的前提下进行学习活动；要关注学生的学习方式，注意差异性发展和个性化选择；要关注学生的思维水平，不仅关注学生个体的思维空间，更关注学生高层次思维能力的培养。

重构学习空间是基于学生的，是成全学生的，要凸显学生的主体性，达到为学习者提供个性化服务的目的，最终实现培育人的现代性。

我们的做法："未来教室"试点，引发新经验。

国家的现代化，首先是教育的现代化；教育的现代化，首先是培育人的现代性。为此，我们以"未来教室"为抓手，通过"未来教室"实践研究，引发新经验；再以尚美学堂为载体，将"未来教室"的新经验加以实践，在尚美学堂中产生我们的新主张；然后以整合课程为凭借，架构起服务学习者的新路径；同时伴以校园环境建设，使新空间完全服务于学习者，并且涵育出学校的新文化。

我校从最初仅有一间"未来教室"发展到现在有两间"未来教室体验中心"、两个"未来年级"，就是充分发挥"未来教室体验中心"的作用，将其理念延伸、扩展，让每一位教师的每一节课都能形成开放的学习空间，让每一间教室都能为儿童的真实学习需求服务，这也是我们建设“未来学校”的追求。

通过聘请专家针对指导、查阅文献自主学习、组建机构团队研修、实践操练反思总结，我们逐渐明白了“未来学校”之不可替代的价值在于通过技术来增强学习者的思维能力，实现学生的个性化、探究性、情境性及深度的学习。“未来学校”带给我们的新经验是人机需要无缝链接，时空需要有序转换，思行需要并驾齐驱。

一是“人一机”无缝链接。设备再先进，那也属于设备本身。只有将先进设备用于有价值的实践，设备才能发挥它的最大作用。“未来学校”不仅在于它设备具先进性，更在于它着眼于学生未来发展的特性。因此，用“未来学校”理念作引领，将“未来学校”与现代教师的教及现代学生的学进行无缝链接，其设备才能发挥它真正意义上的现代作用。我们的做法是学生、教师轮流转，先进设备不空闲。我校除了重点安排改革意识浓、接受能力强、信息技术知识扎实的教师作排头兵，率先进入“未来教室体验中心”实践、探索外，每学期还重点安排一个年级的学生分班、分时间，师生全员进入“未来教室体验中心”学习、操练，做到：每节课前任课教师有精心思考、准备；课中有行政跟进，“未来学校”核心成员深度卷入，软件开发公司跟随，同时实行全程录像；课后有任课教师、核心成员、行政共同参与的研讨、交流。这样做，不是为了监督任课教师，而是促进所有进入“中心”上课的教师在每一次上课后都有一定的收获，尤其是强化教学理念的转变与更新，教学方式的抉择与扬弃，教学效果的监控与甄别。人机无缝衔接，是保障在现有条件并不那么充分的情况下，实现其效益最大化的优选考虑。

二是“时一空”有序转换。“未来教室体验中心”的设备固然很好，但其总量十分有限。同一时间能进入“未来教室体验中心”学习的学生只能有一个班，其他 50 多个班级还在普通教室中学习。同时，“未来教室体验中心”的教育现代化设备十分富足，除了对学生学习的正面影响外，也还有光照太强、辐射较大、课前准备必须充分、课上节奏很快等因素，不一定适合让所有学生每节课都处在其中。只有将“未来学校”强调的对未来世界的渴求、对美好事物的追寻、对学习方式的变革等理念，转化为教育的根本追求，才是我们的良好期待。因此，我们要求每位教师每节课都要用“服务学习者”的理念实施自己的教学行为。同时，我们还建立了 QQ 群、微博、微信公众号、家校通平台、网站等，促进学生学习的网络化、立体化、全方位，也促进学校管理现代化、教学交流多样化、家校沟通及时化，以承载“服务学习者”的时空要求。

三是“思一行”并驾齐驱。威武赫兹里说：“伟大的思想只有付诸行动才能成为壮举。”歌德也说过：“最可怕的莫过于无知而行动。”教育者有什么样的价值追求，并付诸具体的行动，我们的学生就可能被培养成为什么样的未来社会人。因此，我们不仅主动了解“慕课”，了解“翻转课堂”，了解“未来学校”，还投入大量时间、精力、人员、物质，以保证通过“未来学校”试点项目在我校实现教育理念的巨大转变，实现课堂教学效率的提升。我们在全校各学科教师中发起了“驱动‘非主动参与学生’的教学策略”专项研究，使教师们认识到课堂教学需要解决“短板”问题，并找到了驱动非主动参与学生的策略。考虑到“未来学校”新课堂的教学变革，我们还投放了“前置学习”方面的策略研究，以及“合作学习中学生深度参与的策略研究”等，均收到极佳效果。

如果说“未来教室”给教师带来了现代教育技术视角冲击的话，那么，“未来教室”的教学理念更是像飓风一样清扫着老师们过去骨子里传统的教学思想、方法，使他们进一步意识到“服务学习者”不是一句空话，“重构新空间”也不只是在“未来教室”中才能得以实现。

我们的收获：学生在心中，教育在手中。

通过探索与实践，“未来学校”建设带来了教师育人理念、教育追求、教学行为的变化，带来了学生主体人格、知识建构、学习方式的变化，带来了学校育人目标、关注重点、外在影响的变化。

首先，教师及其教育行为发生着变化。

一是关注点的变化。

教师们更加注重思考“新技术如何用在刀刃上”。“未来学校”与传统课堂相比，教师们更加关注如何真正运用新技术的优势提升学生学习力，新技术更多运用在自主探究和体验实践中，也更多注重技术之外人与人的情感交往和互动沟通，学科味明显大于技术味。

教师们更加关注“真正的学习是如何发生的”。课堂上教师的发现、观察和倾听比重在增加，动态生成的教学机制在不断呈现，教师在把握课堂教学基本脉络的基础上更多关注学生学习的元认知能力及良好的学习品质的养成。

教师们更加关注与学生一起建立新的教学秩序。现代教育技术的介入改变着教学流程，改变着教与学的关系，也改变着习以为常的“听课模式”。为让学生学会选择、学会合作、学会分享等，大家开始建立以学生的学为中心的教学新秩序。

教师们更加关注与学生一起建立新的课堂关系。现代教育技术使教师的综合素养受到挑战，学生学习的无边界决定了教师必须调动所有的知识储备来随时“观照”学生的突发奇想，这需要教师提升专业素养，更新教育观念，建立与学生共同学习成长的课堂新关系。

二是教学策略的变化。

教师们由“知识传授式学习”转向“任务驱动式学习”。在学习新空间中，教师不再有传统教学的优势，教师的话语权及主导权受到严峻挑战，教师的“一言堂”“传授式”不再受学生欢迎，学生的主体地位及“主角”特色明显增强。我们的教师为了做好学生学习的促进者，便精心预设学习目标，以任务驱动学生的课堂学习。

学生由“课堂获取式学习”转向“任务前置式学习”。过去，有相当一部分孩子是背着书包来，带着耳朵听，全靠课堂习得，回家做巩固作业，课前几乎很少有利于课堂学习的实质性预习内容。在“任务前置”后，教师按照一定思路把下一节课即将学习的任务梳理成条款式的学习任务，学生回家后必须提前完成相关任务，否则，课堂上就难以跟上节奏，更谈不上获得自己想要的发展。

学生由“墨守成规式学习”转向“自我需求式学习”。我们强调教师备课时针对学情精心预设，但反对课堂上按图索骥。因为只有根据学生每节课学习中的需求去实施教学，学生才可能获得有价值的发展。于是，我们的教师在备课环节，更多倾注于丰富关于教学内容的信息、资源、对文本的解读、学习目标的准确制定等方面，以服务于学生的自我发展需求。

师生由“单生问答”转向“多向交流”。传统课堂，教师设计问题，学生作答，少数成了“主角”，多数是“配角”，不少学生不是看客，就是被动地接收，还有一些游离者，这是不争的事实。新空间强调学生课前的前置学习、自主学习；课中的小组讨论、全班交流、师生和生生互动，都是在已有背景知识前提下进行的，避免了信息的单向传递，实现着人人卷入、多向互动、深度学习。

教师由“你问，我啥都懂”转向“你能自己弄懂的”。教师最易犯的毛病就是好为人师，在学生面前“啥都懂”。今天，新空间让教师不再这样自作聪明，而是以“装傻”“偷懒”“欲擒故纵”等方式引导学生进行自主学习。学生的主体地位得到了保证，他们也变得少了些依赖，多了些自觉。

三是教师专业成长的变化。

不再做“观望者”，要做“挑战者”。在“学习新空间”中，如果再因循守旧，不思进取，凭借几年、几十年的老经验，是难以应对学生的挑战的。因此，要做“改革者”的呼声一浪高过一浪，教师在学生现代学习的推动下改变着自身的专业成长。

不再做“推却者”，要做“研究者”。相信很多学校都有这样的现象，许多教师认为教书育人是自己分内的事，但提到教育科研，他们就会处于应付状态。“学习新空间”不接受这样的教师，如果不去探索，不去研究，不能高学生一筹，可能会在课堂上出现尴尬甚至下不了台。随时关注课堂生成的新话题，并投入精力进行小专题研究，才能保住自己的“师者”地位，才能受到学生钦佩。

不再做“跟风者”，要做“弄潮儿”。年轻教师资历浅，经验不如老教师，他们在新空间中可以快速抢占“山头”，成为教坛新秀；成熟教师在年轻教师追赶下不得不打破封闭挑战自我，去做改革大潮中的弄潮儿，因为他们不愿丢失突破自己发展瓶颈的好机会。

不再做“自我感觉良好者”，要做“与时俱进‘全天候’者”。按经验做事是传统教育的通病，教师任教某个学科、某个学段的时间久了，他们便自我感觉良好了，甚至觉得自己已是“专家型”了。但是，新空间却让教师明白了教书的时间越长，自己可能越不适应现代的教育。于是，他们不自觉地要求自我改变，不仅要做到对所教学科、年段更为熟悉，而且要关注相关学科、相关年段，要关注学科以外的更多知识、信息、技能，以真正的博学多才来实现自我专业发展的“全天候”。

其次，学生及其学习方式发生变化。

一是“未来学校”促进着学生实现个性化学习。尊重学生个性发展和成长的个性化学习是现代教育发展的理想。在“未来学校”里，教师从知识传授者变为依据学生个人特质而进行知识提供及辅助的角色，学生也由被动接受知识转为以主动、积极的态度来进行自主性学习，重新建构自己的学习目标、模式与方法。在这样的课堂里，学生的表现是：“我要学”，学习是自己的事，“我要对自己的学习负责”；“我能学”，对学习充满信心，饱含热情，不仅关注教师对自己的传授，更关注自我发展目标、阶段学习规划和任务、课堂学习方式、自主学习经验集成，掌握基本的学习方法，形成基本的学习能力；“我会学”，善于从教师的指点、引导中获取学习的方式、技巧、能力，做到自我管理、自我调控、自我矫正、自我评价相结合，促进着个性化、可持续发展。

二是“未来学校”促进学生实现深度学习。“未来学校”的核心价值不是获取信息，而是通过主动的认知、加工将信息转化为知识。它革新了学习者作为接受者的角色，使学生成为知识的生产者、创造者和发送者，方便学生进行深入的思考。也为学生多角度、全方位学习、思考提供支架，促进学生的深度学习。

三是“未来学校”促进学生实现探究性学习。获取知识的渠道多种多样，仅仅依靠书本的学习是远远不够的。“未来学校”不仅能够变“天涯”为“咫尺”，变抽象为具象，变呆板为生动，还能够很好地支持学生去探索和发现，使学生通过各种情境感知能力，将学习活动向课堂外延伸。其强大的信息功能，还能拓宽师生的视野，也能促进学生能力的培养、学习效率的提高、学习负担的减轻、学习兴趣的提升等。

四是“未来学校”促进学生实现情境性学习。学习受具体的情境特征影响，情境不同，所产生的学习也不同。只有当学习被镶嵌在运用该知识的情境中时，有意义的学习才可能发生。“未来学校”可以感知到真实环境的信息，将关注的焦点由学习者本身转至整个学习情境，可以协助并支持学习者达成学习目标，提高学习者的学习效果。

总之，以学习者为核心，体现了学习主体的主动性、能动性，学生的能量得到充分发挥，实现着课堂教学效率的增值发展。

（八）在“中外人文交流”课程中理解文化差异之美

教育对外开放是国家对外开放战略的有机组成部分，教育国际化是教育现代化的重要内容。近年来，成华小学立足实际，坚持“走出去，引进来”双轮驱动，积极探索教育国际化的实施路径，加强国际交流，扩大合作广度。

一是触摸窗外风景，探寻教育本真。为深入学习、研究国（境）外先进的教育教学理念，学校教师 30 余人次先后分赴韩国、日本、新加坡、美国、英国、加拿大等国家以及中国香港和台湾地区考察学习，对教育国际化有了更深层的认识，教师们每一次出访都有明确的目的性，访问时有更加理性的思考——走进学校，我们的教师会与国外教育同行交流学校课程设置、教师队伍培养、学生多元评价等内容；走进教室，与任课教师交流学生活动的巧妙设计，探讨班级文化建设如何为学生成长赋能；走进家庭和社区，与家长们共同探讨孩子规则意识的培养策略，探索社区资源的开发与利用等。这些直入教育核心的问题，立足学生发展，回归教育本质，有效承载起教育者在国际化交流中的责任与使命。

二是在来访中探寻教育本真，共享美好未来。学校以开放的姿态办学，邀请韩国、加拿大友好学校来访。近年多次接待来自奥地利、斯里兰卡、韩国、加拿大等不同国家的教育官员和师生来学校交流访问。我们根据学校的不同特点，有重点地进行多形式的交流，如韩国友好学校师生来访，我们通过学生文艺会演和传统文化课程体验的方式，对学生艺术素养的培养进行了互动交流；加拿大渥太华诺克戴尔友好学校来访，我们开展了中外人文交流体验和交流。这些立足教育本质的国际交流与合作，增进了彼此间对文化和教育的理解。

三是践行窗外理念，实现教育引领。当我们把国际交流的眼光移往追寻教育本质，在中西文化的对比中找到教育发展的方向后，我们立刻将学习到的经验付诸实践：一是学校管理国际化，开展未来学校建设和智慧校园建设，全面提升学校管理水平；二是教师队伍国际化，鼓励教师赴国（境）外参加讲学、游学、培训等，提高教师的国际化专业素养；三是教育内容国际化，加快成华小学中外人文交流课程建设，构建成华小学中外人文交流课程体系和国外小学生来华人文交流课程体系。植根于博大精深的中华优秀传统文化和天府文化，围绕立德树人的根本任务，我们致力于培养学生的全球意识、多元文化的理解力，培养学生的好奇心、想象力、批判性思维能力、沟通能力与合作能力，培养学生的规则意识。

高瞻远瞩的国际化教育理念，行之有效的国际化教育行动，使我校师生的国际视野和多元文化意识逐步形成。立于优质、均衡的高处，指向全面、特色的远端，我们将继续推进“教育国际化”的建设和探索，以教育的国际化实现教育的现代化发展！

2017 年 8 月英语教师李方获得了中国国家汉语国际推广领导小组办公室提供的赴美教学机会。她归来后写下了《美国中文沉浸式教学经历和感悟》。她在文章中这样写道：

我所参与的教学项目为“中文沉浸式教学”，地点是美国犹他州贝茨小学。

贝茨小学是一所美国公立小学，包含从幼儿园到六年级一共 7 个年级段，每个年级大约五个班。他们的教学体制与国内公立小学有着许多不同。首先，他们是小班制教学，每个班只有 25 个学生。其次，每个班所有主要科目的教学任务由一个教师完成，包括英语语言、数学（幼儿园到 3 年级），进入高段后会增加社会和科学。最后，学生在不同年级段会有一位不同的老师。

自 2012 年起，贝茨小学参与到美国犹他州“中文沉浸式”项目之中。到 2017 年，每个年级有两个班为中文沉浸班，由一位中文教师负责这两个班的中文教学。中文沉浸式班级有两个老师——中文教师和本地英文教师分担这两个班不同科目的教学任务。

我负责两个班级中文和科学的教学任务。每天，学生的总上课时间约为 6 个小时，为了均衡学生在中文班和英文班的上课时间，我们把两个班称为蓝班和红班，每天都会进行换班。比如，前 3 个小时红班在我教室，蓝班在英文教室，中午就会进行换班，剩下的 3 个小时两个班则在不同的教室。

中文沉浸式教学坚持百分之百中文的教学原则。在我的教室里，不管是我还是学生只能说中文。因为完全沉浸在中文环境里，能将学生的目标语言的输入和输出最大化，更能提高学生中文的运用能力。这个原则给我的教学带来了许多的挑战，也进一步加大了中文教学的难度，特别是针对高段目标教学内容，许多都是不可以具象化的内容。就用“比如”这个词语举例，如果能用英语解释，学生可以很快理解到其含义。因为只能用中文教学，所以不得不用“比如”举出大量的例句，一步一步引导学生理解到其含义和用法。在中文沉浸式课堂的语言教学中，教师更多地运用引导和提示的方法，学生不是单方面地接受知识，而是通过教师的引导和提示，结合自己已有的语言知识去发现新的语言知识。在科学教学中，我主要采用“任务式教学法”（task—based learning)，基于这个教学法，中文只是为了完成科学任务的一个交流工具，学生不管使用什么中文知识，只要能表达自己的意思即可。因为在任务教学中，重点是完成这个科学任务从而理解科学理念。

在美国教中文后，我常常会通过中文沉浸式教学的经历反思自己在国内的英文教学。因为在我们的英语教学中，学生更多时候只是知识的接受者，希望我今后可以采用更多的启发和引导式教学去激发学生对新知识的探索和发现，从而进一步提升学生的自主认知能力。在国内小学的英语课堂中，百分之百英语环境也是值得尝试的一种方法，因为小学英语教学内容较为简单，很多知识内容可以通过多种媒介（如图片、肢体语言等）辅助去传达，“英文沉浸式”可以将学生在课堂上的英语输入和输出最大化。

我十分珍惜和真心感谢学校给我如此宝贵的机会去体验和经历，我将在今后的教学中加强反思，不断提升自己的英语教学水平。

李建荣曾在英国游学一个月，目睹了英国的小学教育及课堂教学，其总结文章《朴实 · 生本 · 发展——赴英国奇切斯特大学学习之思考》[①] 如下：

历时 4 周的英国奇切斯特大学学习结束了。在这 4 周里，我像学生一样围坐在桌

① 发表于《江西教育》2014 年 1—2 期管理版，同时获得 2015 年评选的 2014 年度优秀稿件奖。

旁听英国的教育学者、校长讲述“英国学校体系背景介绍”“英国教育管理”“学校领导力和管理力”，还深入 3 所学校参观、考察、学习。这个过程中，我不仅全面、客观、理性地学习和观察英国教育体系，还有深入其间的直观感受教育活动，也有和教师们的灵感交流和智慧碰撞。

“朴实无华”：浮躁之后的平静回归

刚到英国，就有一种强烈的感受——“规矩立国事事尊，刻板教条人人擎”。英国社会在经历了工业化革命之后，一切似乎都变得程序化起来。流水作业与批量生产的阴影自然也影响着学校教育。教育也像机械化生产一样轰轰隆隆，且一个追赶一个，谁也不愿落后地向前迈进。但随着时间的推移，英国的教育界明白了浮躁的教育是不可能带来积极效应的。于是，他们重新审视全国的教育走向，重新架构国家教育体制，探索出一条以学院制为主打的教育改革之路。在 4 周的学习中，我从英国教育学者的讲述和在学校的参观中反思到：教育不能刻板、教条，也不能实施机械化批量生产，一定要去除浮躁，实现其理性回归。

其一，校园建设在说明什么？

如果不是进入校园内部，我几乎不敢相信这就是奇切斯特大学精挑细选出来供参观学习的改革成功学校，因为每所学校都有一个共同特点——校门很小，建筑也很平常，甚至很不起眼，感觉都不像是一所学校。当我走进去细细观察，才发现这不起眼的校门里面简直是别有洞天。教学楼外，设置学生物品存放柜，有供学生休息的六方桌以及随处可躺下散心、亲近大自然的草坪；室外走廊上，陈列学生种植的植物，也有允许学生玩耍的泥沙，但学生玩耍的物品也与观察、探索相关；教学楼内走廊上，赫然书有学习理念、成长动力方面的“学校专属”标语，有供学生可以自动复印资料的指纹复印机，有悬挂学生书包和陈列学生作品的设施，有灭火器等消防器材；学生参与烹饪实践，做手工、缝纫，甚至还有保健服务等实践活动；教室里，学生桌多用六边形，方便学生合作学习，交流互动。教室布置不强调所谓的美观、整齐，而注重教育因素。学生参与教室布置，虽然稚嫩，但体现了个性。教师办公室就在教室内，保证对学生的管理、教育无任何遗漏。电子屏幕安装较低，便于学生参与、演示。学生使用计算机，不能玩游戏，而是围绕规定的学生任务在思考、制作。课堂活动，充分体现师生平等，相互尊重。助教、家长志愿者参与学生学习活动中，进行针对性帮扶，“不放弃任何一个孩子”的理念落到了实处。学生参与活动、学习的专注度很高，基本不受其他因素影响。学生图书分年级各有侧重，但没看见有《哈姆雷特》，也没有动漫画作，其图书多与科学、探索、创造有关。生活常见品毛线、胡萝卜、梨等进入学习视野，体现了学习与生活的密切关系。学生利用废旧物品自制的垃圾箱得到了很好利用，孩子们一有垃圾，便主动捡拾、丢放其中。学生展示、介绍自己的学习成果自然、大方，彬彬有礼……真可谓一草一木都在述说着教育，一砖一瓦都在书写着教育，一门一窗都在展示着教育。这让我们明白：教育不需要太多的展示，校园的一切都要服务于教育；教育需要平心静气、脚踏实地地服务于学生，学校的每个地方都应该承载教育的因子；教育需要注重细节，需要教育者通过细微的举手投足告诉学生需要怎么做。

其二，班级文化在呈现什么？

来到每个教学班，眼前几乎是一片凌乱，桌子上放的东西是学生需要的笔墨纸张、玩具杂物、剪刀胶水等，也有学生交上来的教师已经批改或者还没来得及批改的剪贴、拼接作业；教室的墙壁上，随处可见学生涂鸦的杰作，也有师生共同完成的成果展示和全班学生成长展示图。在教室的角落，有不算整齐堆码的各种书籍；教室外的小走廊上，更是堆得糟糕不堪——沙盘、木工锯子、小砖石、烂木板、盆栽的植物……随处可见。只不过，地面上确实没有一丁点儿垃圾，也看不见尘埃的痕迹。有趣的是，每节课快结束时，没听见教师安排学生收拾废弃的东西，却见每组中都有一位学生不动声色地捡拾剪切下来的碎纸片，并丢进纸箱里。这样的班级、这样的班级文化，谁能说这不是经过了长时间的训练所获呀！没有几番寒彻骨，哪来梅花扑鼻香。

其三，细节语言在主张什么？

众所周知，“细节决定成败”，但细节又在主张些什么？在一所学院制学校参观时，校方破例让我们旁观由学校体育教师组织的一次“关于多参加体育活动的集中训练”。那天午餐后不久，没听见铃声，没听见高音喇叭播出刺耳的广播声，没听见体育老师尖锐的哨子声，也没听见班主任此起彼伏对学生的吆喝声，只看见全校五至十六岁的孩子猫腰轻步快速地涌向一道对开门。我们应邀来到门口，只看见所有学生在即将进入大门前，都无声地脱掉脚上的鞋，提在手上，再小跑进入室内。随着学生潮进入室内操场，看见校长站在最前面的靠左的位置，一位体育老师偶有并不显眼的动作在微调各班的队列，各班学生不分男女来到自己班的所在位置没发出丝毫声响便就地坐下。全校老师分列四周靠墙的边上站着。整个集队大概花了几分钟时间。室内操场里，没有扩音设备，连简陋的“小蜜蜂”也没有。但校长在活动前的讲话和体育老师所讲的全部内容，应该说没有一个人不是听得清清楚楚。这样的细节，不得不让我思考：我们的教育做了吗？做到了吗？有什么样的差距？今后该何去何从？

“以生为本”：遵循教育本质

尊重差异发展——体现有教无类。在4周的学习中，我感受最深的莫过于英国教育对学生差异发展的尊重。英国教育体系一般分为5个阶段：第1阶段是3～5岁的幼儿园教育。第2阶段是5～11岁的小学教育。第3阶段是11～16岁的中学教育。5～16岁为法律规定的义务教育阶段。适龄儿童必须入学，由国家负责必需的学费、书籍和必要的供应。第4阶段是16～18岁的中学高级班（或大学预备班），为中学至大学的过渡期，也称继续教育阶段，主要是学术方向和职业方向学习。完成预科的学生主要参加普通教育高级考试，简称GCE。而职业技校的学生除了要参加GCE考试外，还要参加普通国家职业资格考试，简称GNVQ。第五阶段是大学教育，一般从18岁开始，读本科需要3～4年（医科为5年），可取得学士学位。硕士通常为1～2年，博士为3～5年。英国教育在有教无类思想的引领下，根据学生学习的情况，实施差异发展，不仅体现了以人为本的思想，也节约了教育资源，减少了教育资源的不必要浪费。

尊重个性发展——体现因材施教。英国的教育强调因材施教，突出学生的个性发展，所以，英国的学生表现出来的素质在全球都是有目共睹的。英国的义务教育阶段，主要学习语文（英语）、数学和科学三个学科，这是基本课程。小学教育阶段，每位教师几乎要担任全部课程，这样的安排有利于课程间的整合学习。每个班还配有1～2名助教，有的还有家长志愿者。教师设计的教学目标有层次、讲梯度。在课堂上，教师按照预设的目标进行简要指导、讲解后，更多的时间是与学生一道进行合作、探究、交流式的学习。助教或家长志愿者就更是直接坐在需要帮助的孩子身边“一盯一”地进行针对性辅导、协助。可以感受得到的是每位学生都在尽自己最大的能力投入学习活动中。比如，一节科学课——“动物的天敌”。课堂上，绝大部分时间是学生利用老师事先准备的各种资料——动物图片、动物皮毛、吹塑纸、塑料瓶、旧麻布、有色布巾、废旧的泡沫板、旧包装纸壳、竹篾块、树枝条、捆扎绳、宣传海报、笤帚、铝盆等，按照自己所知的关于动物和动物天敌的知识假设、拼凑、组装、装饰、描画自己想象中的“天敌”形象。最后，向大家展示自己的成果，并说出小组合作的“理由”。学生在这样轻松、投入、自我、合作、探究的氛围中学到了关于制服天敌的知识。这种学习，我想学生一定会终身受益的——这不是死的知识，而是对知识的灵活运用，是对知识的再创造。窥一斑而见全豹，正因为英国的学校教育注重人的认知与开发，所以培养出来的学生的实际能力在全球都位居前列。难怪英国人获得诺贝尔奖的人数是那样让人为之震惊：截至 2012 年，如果按毕业生算的话，剑桥大学 61 个，牛津大学 25 个；如果按所有在学校待过的人算（包括毕业生、教师、研究员等等），剑桥大学 90 个，牛津大学 57 个。无论按什么算，剑桥大学培养的人才拿的诺贝尔奖数量都是世界第一。

尊重特色发展——体现全面育人。英国的学生集中表现为有以下素质：

独立学习能力强。每个学生都能够去图书馆查阅文献，寻找自己需要的信息来完成一个比较正规的“计划”“设计”“规划”。他们从学生的兴趣和社会实际出发，题材极为广泛。从理化生实验、数学建模到英国的历史、地理，从环境保护到关爱生命，从反恐到世界和平，从政治到经济……应有尽有。

独立生活能力也很强。不分担家务劳动的学生很少见，他们从小就帮助父母擦汽车、剪草坪。小学生打工的也很多，送报纸是最常见的了，钱虽然挣得不是很多，却拥有了面对社会、独立处理问题的机会。到了假期，加油站、快餐店、超市，到处都有中学生在忙着干活。一个假期下来，不但能挣几百英镑，更重要的是他们变得自信、老练了。

团队意识极强。英国学校历来都很重视对学生进行“团队精神”教育，在公共场所或集体活动中，个人必须服从大家。如果哪个学生为了自己出风头而连累了大家，他就会被一致斥为“没有团队精神”。

探究精神也极强。英国学生做事十分开放，敢想敢干，不受条条框框的束缚，他们认为“只要不被禁止，就可以做”。所以，成功的机会也相对较多。每个学生都有自己的思想和行动。他们不迷信课本、不迷信权威，也不像台湾地区的学生那么关注问题的答案、关注他人的看法。对问题不但有自己的见解，而且特别注重科学论证，注重在探究中寻找答案。

“发展至上”：凸显价值追求

教师的发展是学校发展的前提条件。不容置疑，教师的专业发展是学校发展的首要条件，也是提升学校教育教学质量的根本保证。好的教师可以支撑好的学校，好的学校一定离不开好的教师。英国在确定了《课程标准》之后，由各学校任课教师从上百种教材中自选符合自己使用的教材，并在此基础上由学科组进行研究、整合、重组、编辑，整理出具有学校特色的学科教材。为此，这样的学科教学首先就考验着教师的课程意识和课程能力，即在一个主题或在一个大的框架下怎么去建构自己学校的课程内容，怎样在课程组建中体现学校的教育价值追求，怎样实现学校各自的特色发展，都在检验着教师们的课程意识和课程能力。可见，只会教教材的老师在英国是混不下去的，整合课程能力差的教师也不可能在英国混得好。所以，教师需要不断学习，不断更新，不断超越，实现自我的专业化发展，努力使自己成为时代需要的合格教师。难怪他们说："一个好教师，首先要像个演员，不管你有多累，都得装出神采奕奕的样子，把自己的良好形象留给学生；一个好教师，也要当个小偷，要善于像小偷一样去窃取别人的可用资源，以充实自己的教学资源。"英国的教师在制订个人目标时，都必须做到与学校的目标保持高度一致，目标可测，有挑战性又有可实现性，目标具体，分解到明确的时间点上，甚至于精确到某一天。可见，在英国做教师，绝不是盲目的，每个教师都必须是明白人，每天都必须做明白事，最终才能实现自己的整体目标。

学校的发展需要共同价值追求做引领。在英国，学校的自我发展目标是师生的共同价值追求。几位校长在讲课中都谈到，在重组学校时原有的教师可以自主选择去留问题，如果要留下来，就必须认可新学校的发展目标，朝着新学校的共同价值追求前进。在这样的新学校中，每个教师人人都是学校的主人，都得为实现学校的共同价值付出最大努力。

学生的发展才是衡量学校办学质量高低的唯一标准。在英国，也有对教育质量的评价。他们的评价是基于学校的自主发展目标进行的，其自主选择的目标的达成情况是评价机构对学校进行评价的重要依据。而学校的自主发展目标，主要看学生的成长和发展状况，学生成长得好，学校工作的效率就高；学生发展得有特色，学校工作的特色就鲜明。学生的发展，又主要集中在对知识的运用能力和解决实际问题的能力培养上，他们不考死记硬背的东西，他们的考题大多以分析、判断、推理、综合为主，考查学生思考问题的成熟度、精细度、全面性、辩证性等。他们的教学，体现着"教是有限的，学是无限的。教师只有将有限的教融入学生无限的学，学生才能在有限的学中学到无限的学"的伟大教育实践。

还有体育老师何媛媛的《美国游记》、语文老师李悦的《俄罗斯印象》、语文老师汪紫鹃的《走进德国人的生活》、语文老师杨未已的《以色列游记》等，虽然不是纯粹地从教育的视角来看不同的国度、不同的教育，但从他们的文章中，我们也间或能感受到不同文化背景下的人们的意识、思维、生活、教育等的明显差异，所以“读万卷书，行万里路”是我们做教师的应该遵循的法则，并且不管是公费还是自费，都需要尽力能走出去，阅读世界，带回反思，奉献祖国，报效教育。

感受多元文化魅力，体验英语学习之美

——小学英语主题式课程实践

语言不仅是一种交流的工具，更承载着各国的人文精神。如何引导孩子们通过学习英语，主动感受多元文化，更加多维度地思考问题，值得英语教育工作者深入思考。英语课程承担着提高学生综合人文素养的任务，倡导整体语言教学，指向学科育人。在熟悉课程标准和教材的前提下，依据课程标准提炼的学科核心素养，我与教研组的同事们发挥合力，深入挖掘学科课程的主题意义，开展英语主题式课程实践，引导学生了解、理解和尊重多元文化，培养国际理解能力，发展核心素养。

根据学生的年龄特点，在征求孩子们的建议的基础上，我们共同设计了英语活动月的主题式课程。

年　级	主　题
一年级	I'm a little painter 我是小小画家
二年级	My friend 我的朋友
三年级	Chinese food and western food 中外美食
四年级	Sports in our life 运动与生活
五年级	I love reading 我爱阅读
六年级	I love reading 我爱阅读

一年级：以“I'm a little painter”为主题，带领小朋友们欣赏世界名画，发挥自己的想象进行涂鸦和创作。

二年级：以“My friend”为主题，小朋友们通过课程学习，学会如何与人相处，并动手设计和绘制一张英文明信片送给外教或朋友。

三年级：以“Chinese food and western food”为主题，通过课程学习和查阅资料，

学生们了解中西方饮食文化，感受中西方饮食文化的异同，并把学习成果以小报、PPT等形式进行分享和展示。

四年级：以“Sports in our life”为主题，探索世界各国的典型或著名运动，用绘画和文字记录各类运动的异同及运动文化，鼓励学生通过运动养成良好的生活习惯。

五年级、六年级：以“I love reading”为主题，学生通过阅读英文名著、故事、绘本等，了解中外文化异同，通过讲故事、演短剧等形式进行分享和展示。

通过开展小学英语主题式课程实践，引导全体学生参与课程主题意义探究和展示，发展学生核心素养。学生们在感受多元文化魅力的同时，拓宽了国际视野，感受到了英语学习之美。学校的主题式课程开发与实践是一种新的尝试，需要融合PBL等学习方式持续推进。

（姚远）

2019年12月19日

（三年级六班　闵灏宁）

今年假期，我和妈妈开启了一次美国之旅，在美国国家公园里的体验让我们印象深刻。我在这里参加了内容丰富、生动、有趣的Junior Ranger项目。

对我来说，Ranger这个词挺生僻，不太常用，但每个美国人都知道。Junior Ranger，就是青少年护林员的意思。完成要求的任务就可以得到象征荣誉的徽章（例如给你一个塑料袋和手套，请你在公园里收集满一袋垃圾）。如果能得到所有国家公园的徽章，挂满全身，该是多么大的荣耀啊！

在Crater Lake工作的Ranger，提供游览咨询、发放Junior Ranger手册，我告诉他我来自遥远的中国，他热情地欢迎了我，我在游览时带着问题观察植物、动物、湖泊还有天气，生怕漏掉什么。

园区分成几个部分，每个部分都有一个Ranger组织，有为小朋友们组织Ranger-led Program，拿着各种标本为小朋友们解说并互动的Ranger。还有的Ranger在公园里为游人提供帮助，比如巡逻，提醒游客不要距离野生动物太近。我遇到有一个和我们玩“熊来了”的Ranger，10来个小朋友躲在森林的树洞里、岩石后、松叶堆中，好玩极了，又能学习知识又能互动玩耍，我是第一个收集到盖章的小朋友（完成本部分的项目需要Ranger盖章）。

接下来完成所有盖章后，在姐姐（我和我的姐姐一同完成的这个活动）的帮助下我做完了手册上的题目，有些不明白的地方 Ranger 为我一一解答，带我宣誓要自觉保护环境、把学到的环保知识传递给他人，然后为我颁发徽章。

这一刻，我感到无比光荣，因为在美丽的自然环境中我学会了爱护自然、保护环境、探索和观察周围的世界。

俄罗斯摩尔曼斯克追光之旅

（五年级一班　晏籽佑）

2018 年底，米哥说他想要有追光之旅。于是我们选择了世界上观看北极光最高纬度的俄罗斯摩尔曼斯克：纬度 68 度 40 分。纬度越高，观测到极光的概率就越大，这里是追光首选之地。2019 年 1 月，我们来啦！

这次行程从北京飞莫斯科，差不多 8 个小时。在莫斯科待了两天，然后飞摩尔曼斯克待 6 天，然后飞圣彼得堡待 4 天。

没见过大雪的我们在零下 35 摄氏度的地方欢呼雀跃起来。几分钟时间满电状态的手机就会自动关机。因为平常就没有戴口罩、裹围巾的习惯，这没遮没挡的脸随时都会僵，眼睫毛上的冰渣子也会觉得特别有趣。在这里生活的人们真是勇敢。

距离摩尔曼斯克市 110 公里的苔原地带，有一座露天的博物馆，它就是萨米民族村，当地人叫它“萨姆一斯特”，意思是“萨米村”。萨米族是俄罗斯最古老的土著民族之一，1930 年以前被称为拉普人。这个古老的民族在欧洲北部讲萨米语，驯鹿雪橇车是他们的主要交通工具。萨米族大部分生活在瑞典、芬兰和挪威北部。俄罗斯萨米人总数不超过 2000 人，绝大部分生活在摩尔曼斯克地区的科拉半岛上，他们主要以驯鹿、捕鱼、打猎、放牧为生。由于常年生活在远离文明的冻土地带，加上医疗条件匮乏，俄罗斯萨米族已经得到当局的重视和保护。

这天的行程是萨米村，驯鹿、哈士奇，雪橇、雪原体验北极牧民的生活，顺便感受圣诞老公公用驯鹿拉雪橇的乐趣。在户外太太太冷啦！

这晚去到距离酒店 3 小时车程的地方追极光。本团的二十多名摄影爱好者，才不管什么天寒地冻，早早搭建好自己几十斤重的摄影器材蓄势待发。我觉得太冷了，躲车上先暖着。当天空一团绿光出现的时候，大家都兴奋起来：极光出现啦！如战斗民族的飞机平安落地时的方式一样，掌声连绵不绝地响起来，然后是咔嚓咔嚓快门的声音。我们都不想错过这超级完美的一天。

世界最北的拱形门我们来过，世界最北的尽头我们来过，图文替我们铭记！

寻找盛唐踪影之日本亲子游

（五年级五班　Nina　王子彤妈妈）

“生活不止眼前的苟且，还有诗和远方。”这句话影响着我对孩子的教育理念，希望她多阅读，多旅行，成为一个独特而又视野开阔的人。

从三岁开始，女儿就有了一本护照，开启了她的旅程：泰国、马来西亚、日本、澳大利亚、加拿大……或许她已记不得曾去过的地方，但所有的经历都对她的人生观和世界观的形成有着潜移默化的影响。

一次机会，我们前往日本关西，游览了大阪、神户、京都。选择这几座城，是因为这里虽然没有东京的繁华，没有富士山的旖旎，但却很好地保留了古代中国对日本文化影响的印迹。这让孩子从另一个角度认识了中国盛唐文化，以及当时中国对周边附属国的深刻影响。在大阪，我们参观了天守阁，品尝了当地“黑门市场”里的美食寿司、串烧、章鱼小丸子。在神户，吃到了著名的神户牛肉，欣赏了神户海滨夜景。在京都，女儿换上了日本和服，穿梭在古建筑间的巷道里。作为日本千年古都，这里是日本文化的真正所在，拥有众多的古刹和神社。我们游览了金阁寺和伏见稻田大社。我告诉女儿，和服、寺庙文化和这里的建筑风格都是从中国传来的，而日本对于历史文化和遗迹的完善保护非常值得我们学习。在日本这个自然资源匮乏、人口密集的国度，环境被保护得却很好，每天都有蓝天白云。人们穿着整洁、行为有序。我们旅途中遇见的人也非常友善，问路时当地人不太会讲英文，却会带着微笑送我们去到目的地再折回他们要去的方向。当我们游走在大街小巷，每一栋房子虽然都不大，但屋外小院都打理得很精致，看得出主人对生活的热爱。

旅行虽然短暂，但收获满满。希望女儿能够一直保持一颗好奇心，读万卷书，行万里路，成为一个视野开阔的人。

（九）在“联盟发展”课程中收获拓展之美

“一花独放不是春，百花齐放春满园。”一所学校的优质发展，还能以“集团”“联盟”“共同体”的形式，将其功用发挥到最大程度，这是“教育均衡”“教育辐射”“教育扶贫”的有效举动。成华小学作为成华区、成都市优质教育龙头学校，有责任、有义务做好这项工作，于是在区内、市内甚至市外，我们都在尽力发挥它的功效，使其尚美教育的作用半径不断扩大，影响力不断拓展，形成了积极的辐射和引领。

以 2020－2021 学年为例，成华小学“集团/联盟/共同体”最新构成如下：

市级“教育集团”成员：双庆小学；

市级“发展共同体”成员：大邑县龙凤小学、金堂县淮口一小、金堂县赵镇一小、新都区桂林小学；

区级“教育联盟”成员：川交附小、双庆小学、列五书池、锦汇东城、嘉祥成华。

“集团/联盟/共同体”成员随着教育改革的发展和需要，每个年度都有适当调整。不管成员有什么变化，但我们的工作始终如一，稳步推进。

第一，整体推进。成华小学牵头，与联盟（集团、共同体）学校以协议的方式签订责任书，在协议中明确合作的指导思想、合作内容、推进办法等，使进入联盟（集团、共同体）的学校“捆绑式”发展。如《成都市第一教育联盟“成华小学发展共同体”建设协议（2020—2021 学年）》，开篇就讲“围绕市委‘中优’战略和高质量发展年的部署，紧扣建设‘优教成都’目标，根据《成都市教育局关于进一步深化区域教育联盟发展的意见》精神，成都市成华小学校、大邑县龙凤小学校、新都区桂林小学校、金堂县赵镇第一小学和金堂县淮口镇第一小学结为‘成都市第一教育联盟学校发展共同体’，成都市成华小学校为共同体龙头学校，带动联盟内成员学校实现共同发展、快速提升”。在“协议内容”中，明确了“推进党建结对共建”“加强学校管理互动”“提升教师队伍素质”“开展学生交流活动”“建设远程共享平台”等五大内容，目标清楚，任务具体，可操作性强。事实证明，这样的“捆绑式”整体推进思路较好地发挥了名校龙头学校的辐射、引领作用，有力地促进了成都教育的区域发展。

第二，项目推进。在整体推进的同时，因为有的内容具有临时性、阶段性、突击性等特点，于是，学校就以项目形式与联盟（集团、共同体）学校进行临时对接、沟通，以短时间、小任务、快节奏的方式推进有些工作，促进联盟（集团、共同体）的整体发展。我们与相关院校共同拟定了《“道法”立德·以“马”树人关于举办教育集团/联盟〈道德与法治〉学科赛课（含应知应会赛）暨与成都中医药大学马克思主义学院结对签约仪式的邀请函》，函中主要内容为：“上好思政课，需要与时俱进，向改革创新要动力；是落实立德树人根本任务的关键课程。青少年阶段是人生的‘拔节孕穗期'，最需要精心引导和栽培。坚持用习近平新时代中国特色社会主义思想铸魂育人，着力推动思政课改革创新，引导学生增强'四个自信'。为了促进各校上好思政课，培养好德智体美劳全面发展的社会主义建设者和接班人，把爱国情、强国志、报国行自觉融入坚持和发展中国特色社会主义事业、建设社会主义现代化强国、实现中华民族伟大复兴的奋斗之中，我校集团/联盟决定开展道德与法治学科赛课（含应知应会赛）暨与成都中医药大学马克思主义学院结对签约仪式。"活动安排了 6 节"道德与法治"（以下简称道法）赛课，锦汇东城小学蒋海燕执教"安全记心上"、双庆小学张雪薇执教"我们不乱扔"、嘉祥学校成华校区胡思语执教"美丽文字民族瑰宝"、列五书池学校贺捷执教"主动拒绝毒品"、四川交响乐团附属小学祝欣蕊执教"低碳生活每一天"、成华小学校张怡执教"古老而优美的汉字"，其间还观看了成都中医药大学马克思主义学院专题微课，受到四川省教育厅宣思处副处长刘海峰、成都中医药大学马克思主义学院院长刘东梅、成都中医药大学马克思主义学院书记高旭亮、成华区教育局德育科科长曹建全、成华区教育科学研究院道法教研员刘翠华等领导、专家一致好评。来自兄弟学校的校长，道法学科分管校长或中层干部，道法学科骨干教师代表，省内一对一帮扶单位凉山州昭觉县四开中心小学，省内共建友好单位凉山州昭觉县东方红小学、西昌市第二小学、西昌市月亮城小学，市级联盟发展共同体成员学校新都区桂林小学校、大邑县龙凤小学校、金堂县赵镇第一小学、金堂县淮口镇第一小学，区级联盟成员学校列五书池学校、锦汇东城小学、四川交响乐团附属小学、嘉祥学校成华校区，市级集团成员学校成都市双庆小学校的同仁参加了相关活动，认为这样的活动值得好好开展、多多开展。

在联盟（集团、共同体）发展活动中，我们没有采用严格意义上的课程推进方式，但联盟（集团、共同体）学校在与我们的共同活动、研讨中，总能学习到尚美教育的理念、做法、效果，让大家感受到在联盟（集团、共同体）的发展中收获了成华小学之美。

（十）在"衔接课程"中获得成长之美

对于小学生而言，入学和毕业都是令他们终生难忘的，因此，做好相应的"衔接课程"就显得很有价值。我们说的"衔接课程"指的是"入学课程"和"毕业课程"。"一进一出"两项课程，对小学生来说弥足珍贵。

洗礼般的“入学课程”

人人都有童年，童年都是天真无邪、充满幻想的。每个人的童年虽有不同，但是他们都对上学读书满怀期待与憧憬。每个人也会对自己的童年生活记忆犹新。所以，如果能给孩子们的期待、憧憬增加一些梦幻般的色彩，无疑会给他们的童年添加记忆的密码。

我们的愿景：希望通过新生“入学课程”，不仅让一年级新生提早了解和进入小学生活，明白小学和幼儿园的不同，尽快转换角色愉快地融入小学生活中，也能让新生家长尽快调整心态，明白他们需要为孩子做些什么，促进家校共同努力让孩子们有一个美好的小学生活。

我们的做法是：第一步，举行庄重的入学交接仪式，家长带着孩子通过学校的“成长门”将孩子交到班主任老师手中。第二步，入学交接仪式之后，学生跟着班主任老师到自己就读的班级熟悉老师、同学、教室、厕所、教师办公室等，并接受首次入学培训。下午，举行第一次家长见面会，班级所有任课教师集体亮相，跟家长见面，让家长认识老师，并知晓各科老师的教学思考、对学生学习指导及对家长协作教育的建议。第三步，举行第二次学生、家长入学培训。学生在教室接受班主任老师第二次学前培训，家长则在学校多功能厅接受学校以及特邀的校外专家的二次培训，让家长更深入地了解学校，也更清楚地知晓如何配合学校管理自己的孩子。第四步，二次培训之后，学校会开展丰富的体验活动。如 2018、2019 年的“开心找找看”，让孩子和家长熟悉校园；2020 年的“入学初体验”，让孩子体验小学的一些课程，既让孩子在游戏中感知小学的课程，也让他们感到小学还是那么有趣和好玩。第五步，新生开学典礼。让学生和家长了解学校的艺术特色，参观学校的管乐、美术、民乐表演以及带着孩子参观校园、拍照留念。

通过几次学前培训，不仅小一新生和家长的适应期得到有效缩短，而且家长们的家校合作意识也得到前所未有的加强。

盛典般的“毕业季课程”

一个人的一生可能要经历大大小小许许多多不同类型的典礼，典礼虽多，有的如过眼烟云，转瞬即逝；有的深入骨髓，铭刻心底。成华小学尚美教育追求用学生在学校短短的六年给他们终身成长打下底色，给他们带来人生尚美的发展。其“毕业季课程”做得十分认真，考虑十分精细，效果十分抢眼。

设计初衷：毕业，对于每一名学子而言都是值得纪念的日子。毕业，也意味着离别，孩子们将告别母校，踏上新的征程；毕业，更意味着希望，他们在下一段征途中，离自己的梦想越来越近了；毕业，同样意味着回忆，小学六年的真实生活从此将变为脑海中弥足珍贵的记忆——六年的浸润，学校的理念、文化、校风、校训已在他们心中留下深深的印记，影响着他们的言行。抓住这个契机，让毕业变成一个丰富多彩的课程，把毕业那一天扩展到整个一学期，时间延长了，体验丰富了，教育会更深刻，意义会更深远。

课程目标：回忆过往，懂感恩；面对当下，会珍惜；直面挑战，有自信；肩负责任，勇担当；团队奋战，会合作；不惧改变，敢创新。

课程内容：由感恩母校、小初衔接、毕业典礼三个部分组成。

毕业课程全记录：

第一部分：感恩母校。

面对母校对学生六年的培养和关爱，毕业生能够深深体会，他们也想为母校尽一份心、出一份力，以此回馈母校。他们年纪小，做不了什么大事，但能从日常生活中的小事做起。不管事情大小，只要真情永驻，照样能让他们从中学会珍惜，懂得感恩。

镜头一：我为母校帮帮厨。

结合我校的食育课程，在毕业班开展帮厨活动。他们通过为同学送餐、分餐、倾倒厨余垃圾，为同学、老师服务，既体验了劳动者的辛苦，树立了正确的劳动价值观，也用实际行动回馈了母校。学校组织他们制订“帮厨流程图”，向五年级同学介绍帮厨过程，向同伴分享帮厨经验。当好节约监督员，带动同学响应“厉行节约，杜绝舌尖上的浪费”的号召。在参与过程中，让每位毕业生有感而发，写下诗句或感言，再与大家分享。一举多得，美哉美哉！

镜头二：我为母校站好岗。

快毕业了，让他们在学校当好“校园 110”，用自己护卫校园的具体行为来感恩母校，也为其他年级学友做好表率。当发现有同学乱丢垃圾、在操场上疯跑、不规范攀爬天梯时等，他们都先规范敬礼，然后礼貌提醒同学们该如何做，从而规范自己和他人的言行举止。这既能培养他们的主人翁意识，又能锻炼他们勇于承担责任、敢于担当的精神。

镜头三：我为母校送祝福。

六年的小学生活，他们与“爱相伴”，与“美相随”，在被爱的同时也学会了去爱别人，并且要把对学校、对他们的爱化作祝福，传递下去。所以，他们想为学校设计《一年级新生录取通知书》，以此传递他们的爱心，表达他们的爱意。

作为毕业班的大哥哥大姐姐，他们在即将离开母校时，自发地为学校捐赠毕业书架，捐出九成新的好书，写上对弟弟妹妹的祝福，传递阅读的乐趣，让校园弥漫书香。

热爱艺术的毕业生还利用寒假及毕业考试完以后的空余时间，用自己的特长向母校献礼。比如，被誉为我校校园清明上河图的《蜀韵天成》大型剪纸木刻画就蕴含着2018年毕业生对学校的爱和感谢。他们的名字也镌刻于此，为学弟学妹们做着示范。每当毕业后的孩子返校看望老师，也不忘到此回味，这里有他们深深的印记……

这是感恩母校的举动，这是表达爱意的行为，这是尚美教育开出的美丽之花。

第二部分：小初衔接。

小学毕业，就将面临初中生活，他们能不能尽快适应呢？这是母校关注的重要问题。因为教师的教学方式有所不同，小学以培养学习习惯为主，对学生的教育近乎面面俱到，似所谓“包得紧，管得多”；而初中学习，教师更为关注学生的自主学习、自律意识和自我纠偏、自主达标等能力。同时，初中的科目一下子增多，学习压力也随之增大。面对这种学业上的压力，他们的心理能否承受？学生进入初中学习，生理上也会发生很大变化，他们需要怎样面对和适应？对此，我们组织开展相关活动，以帮助他们度过“危险期”，进入“顺畅期”。

活动一：学长对我说。

学校请回在初中阶段发展较好的毕业生回来给同学们做交流、分享，让即将毕业的学生从他们师哥师姐的故事中了解优秀学长的心路历程，学习他们的成功经验。受邀回来的校友精心准备，非常真实地将自己的初中生活分享给学弟学妹，有初入中学不适应的迷茫，也有奋起直追毫不认输的勇敢……六年级同学听得非常认真。台上侃侃而谈的演讲者就是曾经和自己同校、说不定常常擦肩而过的同学，甚至还是邻居。他们将在母校习得的好习惯、学到的知识延续，在更高一级学府中发展态势良好。这样鲜活的事例往往比师长们的话更有说服力，学生与学生之间更容易沟通，六年级的孩子们更愿意倾听，也更愿意相信。

活动二：初中老师对我说。

我们请来友好兄弟学校的初中老师，给毕业生讲解初中和小学学习生活的不同之处，分享一些有效的学习方法和学习策略，鼓励他们用正常的心态看待初中生活，不念过往，不惧未来。

活动三：青春期性教育。

毕业班孩子刚进入青春期，这个时期的重要心理特征是自我意识的觉醒和性意识的觉醒，进入这一时期的孩子或多或少在性方面都会出现一些问题，因此，有必要对他们进行青春期性教育，使他们不仅获得知识教育，更能获得人格教育。因此，我们通常会在高年级家长开放活动中，开展青春期性教育，邀请专家为家长开专题讲座，让家长既不用惧怕也不用担心孩子的青春期，学习、了解这方面知识，掌握科学的方法，欣然接受、坦然面对，为孩子们的成长助力。

第三部分：毕业典礼。

毕业典礼是毕业课程的重头戏，也是每个毕业生最为期待的小学最后课程。在毕业典礼上，我们在广泛征集毕业生意见后，为每个毕业生提供最绚丽、最难忘的舞台，包括灯光、舞台、音效、环境布置，并在班主任老师带领下，齐心协力，一起努力打造一台属于他们自己的毕业典礼！我们的毕业典礼有两个关键词，一个是“一起”，一个是“自己”。这两个关键词体现了我们实施毕业典礼的理念：“一起”表示强化过程，从准备到呈现，我们都要求全体学生始终参与，一个都不能少，大家一起来。“自己”代表典礼始终以学生为主体，每个孩子都有资格说“我的典礼我做主”！

我们来看看典礼中，学生要在一起具体做些什么。

首先，一起制作成长影像。

六年前，每个稚嫩的孩子带着对小学的憧憬和期盼走进校园。六年后，当年的小朋友已成长为风度翩翩的少年。成长的历程需要影像来记录，同学们在一张张可爱、温馨的照片中寻找着自己成长的足迹，回味着自己成长的滋味，重温自己的成长历程。

活动1：收集、汇总成长照片。

每一张老照片都定格了过去的瞬间，比如小朋友一年级刚入队的照片、运动会赛场上的奋力拼搏的照片、课堂上专心学习或热烈讨论的照片、春（秋）游一起分享美食快乐的照片、课间嬉戏打闹场面的照片……一幕幕熟悉的场景仿佛把时光拉回到往日，校园的教室里、走廊中、操场上都有同学们成长的足迹。以班级为单位，每位同学收集、汇总六年小学生活的照片，用于制作毕业视频、毕业纪念册等。

活动2：拍摄创意毕业照。

经历了六年的校园生活，大家舍不得离开如此美丽的校园，舍不得离开爱他们的老师和同学。因此，将以班级为单位，在校园里拍摄创意毕业照，把这些美好的人和物的影像珍藏。

活动 3：毕业视频制作。

以班级为单位，制作毕业相册视频，在毕业典礼上播放。

接着，一起制作《毕业纪念册》。

《毕业纪念册》不仅承载着对小学时光的美好回忆，更是自己成长之路的真实印记。快毕业了，大家一起制作一本最真实、最真挚、最独特的毕业纪念册，把岁月珍藏！

活动 1：我来设计《毕业纪念册》。

将全班分成若干小组，小组成员和老师一起交流、讨论，给自己小组的拍摄准备道具、设计造型，最后全班一起交流与分享，形成班级毕业纪念册的制作共识。学生在这个活动中能够获得与人合作、与人交流的能力。

活动 2：制作《毕业纪念册》。

以班级为单位汇总毕业纪念册资料到大队部，由学校初筛比价后邀请有资质的专业制作公司加入六年级校级家委会群。家长代表直接和制作公司交流，投票选择性价比较高的公司，费用、套餐等均由家委会做主，也有放弃制作的班级。毕业纪念册小样制作好以后，班级负责审核、修订。

再接着，一起筹备毕业典礼。

我们典礼的流程大致是：签名墙签名、合影、步入红毯、参加典礼。

流程一：签名墙签名、合影。

每个班级都有一张个性化的签名墙。毕业典礼后，带着老师和家长的祝福，毕业生们在签名墙签下名字，写下祝福，与老师彼此勉励，互道珍重，合影留念。

流程二：步入红毯。

孩子们穿着干净的校服、佩戴鲜艳的红领巾，在班主任老师和家长带领下踏着红地毯，一起走过成长之门，寓意从小学走向美好的中学，从懵懂的小孩走向更加成熟的少年。

流程三：参加典礼。

首先，我们播放老师、同学共同创作的一个先导片，用先导片导入毕业典礼。然后是校长、老师、家长们登台热情寄语，送上最深情的祝福，期待每个毕业生飞得更好更远。感恩仪式中，每个孩子向老师、父母深深鞠躬，表达深情的感恩。师生一起制作的、充满幸福回忆的毕业视频和电子相册展播把每个人的思绪拉到了过往的回忆。精彩的毕业节目表演让现场的每个人感动不已，这一切都将印刻在每一个毕业生的脑海里，当他们回想的时候，这些回忆就会变成一个个彩色的糖果，甜蜜又美好。

特别说明：2020年，因为疫情的原因，学生不能聚集，家长不能到校，更是不能举办现场晚会。那么，今年的毕业典礼怎么办呢？为了让孩子们依然能够感受到浓浓的仪式感和满满的参与感，德育处多次讨论，做了四套方案，最后大家一致决定：虽然晚会办不了，但还是要让每个孩子像往年那样在舞台上亮相，让每个孩子感受到庄严的仪式感。于是，我们在阶梯教室设置颁奖台，举办了庄重的毕业证授予仪式——每班六个孩子一组，一组一组走进颁证现场，从校级领导手中双手接过毕业证，和老师拥抱，和老师合影。这样神圣的时刻，既隆重又印象深刻，巧妙解决了不能聚集的问题。为解决家长不能到校、不能参与的现实情况，我们采取录播的形式，在商定的时间转发到学校网站平台上，供家长们登录收看。录播分为两部分：一是典礼流程，包括校长致辞、老师祝福、毕业生发言、家长祝福以及部分毕业生带来的毕业节目；二是毕业证授予仪式。虽然大家没有聚集在一起，可是每个毕业生家庭的心是相连的，在这样特殊的情况下，学校依然给了孩子们充满仪式感的毕业典礼。

第九章 / 优化尚美的课堂行走方式

我们的尚美教育有三个支柱——尚美环境、尚美学堂和尚美活动。其中，尚美学堂是中心，是重中之重。

一、“五个三”：尚美学堂的理想期待

我们期待的“尚美学堂”有以下“五个三”的特点：

“三以”：以生为本、以学为要、以立为魂。“生”“学”“立”倒过来读就是“立学生”，这正体现了尚美学堂的初心和宗旨。以生为本是前提，“生”既指学生这个人的群体和个体，又指与“生”相联系的生存、生命、生活、生态等不同维度；以学为要是重点，涉及学生（中心）、学情（前提）、学习材料（凭借）、学习活动（载体）、学习状态（重点）、学习质效（标尺）和学习目标（短期终点）七个方面；以立为魂是目标，即通过以生为本、以学为要，实现立德树人、以美立人的目标。

“三规”：有规矩、守规则、循规律。

“三活”：思维活跃、充满活力、优质活动。思维活跃是尚美学堂、高品质课堂的本质追求，离开活跃的思维都无法谈及尚美和高品质；充满活力是对尚美学堂的本来要求，课堂死气沉沉，没有生机，没有活力，它就一定不是尚美的，也不是高品质的；优质活动既指教师设计的活动要优质，又指学生在活动中的表现要优质，二者缺一不可。思维活跃是内在的，充满活力是外显的，优质活动是师生双向的。

“三动”：任务驱动、学科律动、智慧引动。任务驱动是基于学习目标、学习内容、学习方式、活动形式而言的；学科律动则强调学科间的相互融合与渗透，是对任务驱动的进一步要求，强化学科整合，要求教师用整合的思维打通任务实现的路径，促进

学习目标的优化和学习高品质的形成；智慧引动彰显教师在学生学习过程中的点拨、点燃、点化作用，不能刻板，需要教育的机智，需要高品质的教育智慧。

“三状”：小手林立状、两眼发光状、审辩争论状。这是尚美学堂最为直接的表现形式——小手林立指的是学生在课堂上全身心投入、争先恐后、互不相让的课堂参与、交流状态，表现出在秩序中的竞争，在竞争中的秩序；我们还能从学生课堂上的两眼发光中看到他们内心在燃烧，内心对知识、技能学习的激情已被点燃，他们会对自己的学习、探讨、交流乐在其中，并且闪现出智慧的光芒；审辩思维是学生思维能力的极高体现，我们倡导学生说的“不一定对”，但一定要“自圆其说”“有理有据”“以理服人”，用高阶思维训练影响学生的思维发展。学生有自己的理由或思考，还要找合适的机会、用合适的方式表达出来，表现自己，体现的是其自信心的增强和表达（展示）能力的提升，其过程就是尚美的追求和高品质的必然要求。

以上“五个三”尚美学堂表征体现在尚美学堂的整个教学活动过程中，并引导全体教师适时对照、修正、优化，使自己的教育教学行为更具尚美特质，从而形成了成华小学的尚美学堂文化。

二、“四状态”：尚美学堂教学细节规范

作家林清玄在接受《中国青年》杂志采访时说：“百货公司的香水，95％都是水，只有5％不同，那是各家秘方。人也是这样，作为95％的东西其实是很像的，比较起来差别就是其中很关键性的5％。”[①] 那么，这关键性的5％到底是什么呢？有人说是思维、方法、习惯、理念。成华小学认同的是“细节”。根据队伍现状和发展实际，学校组织制定了《尚美教师的4种状态26条细则》，立足一个“学”字，从“教学”“研学”“助学”“育学”4种状态制定了26条教学细则。

（一）教学状态

1. 提前1～3分钟进教室，每次都能准时下课。凡事“预则立，不预则废”。提前进教室，一是收心教育，二是师生同时作好课前准备。“每次都能准时下课”是一件说来容易做来难的事情。“拖堂”估计是学生心中对教师最反感的行为。作为教师能否有

① 李愚．人与人的差别只有5％［J］．作文与考试·初中版，2008（4）．

“到点就停”的魄力？这就要求教师更加精心备课，做到精致高效，认真落实《尚美学堂观课记录表》的维度及指标。

2. 进教室“六看”：人数是否到齐？门窗是否通风？光线是否充足？桌椅是否整齐？地面是否整洁？是否做好课前准备（准备好桌面学具、静息候课）？老师啊，这些细节你都关注到了吗？你真的做到了吗？教学若心中无人，做得再多也只是“形”，而未能进入“心”。真教育必定是心中有人的。教师之间的优劣差异在于：优秀教师总是能发现问题并能提出要求、给出方法，从而解决问题。

3. 任何时刻，都不带负面情绪进教室。任何时刻，都不能在课堂中缺席，确保你在自己的工作岗位。很多学校把“教师旷课”这一现象定义为“教学事故”——这一点儿都不为过！同样，一个好教师一定是懂得调节自己情绪的人，不管在课外生活中受了多少委屈，遇到什么伤心事，只要进入教室，必须清醒地知道自己该以何种情绪进入工作状态；充分做好课前准备，中途不能随意离开教室（课堂）。

4. 离开教室“四请”：请相互问候，请做好下节课准备，请整理桌面用具，请做好座位及周围清洁。每一节课的结束，要做到“不给下节课添麻烦”，每天上午或下午最后一节课要确保教室内的卫生、物品摆放、电源关闭等情况经得起看与查。教师教育有始有终，学生的学习才不会“半途而废”。

5. 要经常走到学生中间，而不是一直站在讲台上。课堂中，更不做与教育教学无关的事。好教师在教学时一定是会深入学生中去巡视、发现、交流与反馈的，他们能随机应变，真正做到“兵来将挡，水来土掩”。“课堂中不做与教育教学无关的事”，这样的要求也是为了强化教师的细节与规则意识，知道什么能做什么不能做。比如在课堂中教师接打电话、刷微信聊天而无视学生的现象，这些对教学和教师形象的负面影响是非常大的。

6. 永远有管好学生纪律的能力，能够要求学生“入室即静，入座即学”。管纪律不等于“大喊大叫地吼学生”，而是“和善而坚定”地执行你的标准，让每个孩子信服、不逆反。最佩服的一种教师是看似对孩子们很严格，但学生心里不逆反、能认可，知道教师的好，很买他的账。任何一个学科的教师，都必须形成一个共识：教室不是奔跑打闹的场所，而是安静学习、静心思考的乐园。

（二）研学状态

1. 要求学生做的题，自己能够先做一做。做题是教师钻研教材、读懂学生、把握教学重难点的有效手段之一。一般来说教师做题的时间乘以 3 就是学生做题的时间（注意这只是完成本学科作业的时间，如果是所有学科的总时间至少要再乘以 3），这样一来教师就能很好地测算学生做题的时间，也好判断合理的作业时长，更能懂得学生的不易与错因。

2. 有收集与整理错题、好题的习惯，有一本自己的好题本；不断创新题型，能编写相关的试题。如今的命题要求已由过去的重知识、讲标准逐步过渡到现在的提倡创新与实践，鼓励抛弃程式化的思维。教师一定要有“集题、理题、析题、编题、组题”的研题程序。好老师的脑袋里一定要装着一个题库，这样他的学生才会学得轻松、考得理想。

3. 反复研读教材，做到教学重点、难点在心中。教师要围绕“知识结构与体系，教学重点与难点，习题呈现与训练”的目标，进行反复研讨，要真正做好“教材的研读与教学用书批注”以及“做题、研题及编题”。抓实教材研读，在集体备课中学习借鉴他人的智慧和经验。

4. 经常思考与教学有关的问题，经常记录自己教学中遇到的问题，并思考其原因与对策。研究就是发现问题、提炼问题、解决问题、分享问题，将每一个“事故（问题）”转化成“故事（成果）”，学会带着问题去记录去写作。拿起笔来，将自己教育中的麻烦事写出来，自己的一件件麻烦事，都会转化成为一个个曲折的、吸引人的好故事。写作的过程就是促进自己深入思考、规范表达的过程。

5. 时刻关注学生的学习动态，学会读懂学生。要充分了解学生，研究学生的认知基础。美国教育心理学家奥苏贝尔说过：“影响学习的最重要因素是学生已经知道了什么，我们应当根据学生原有的知识状况去教学。”所以，了解学生的认知基础，才能更好地实现教学的有的放矢。

6. 每学期能至少总结提炼与分享一个教学小妙招。在信息万变和信息激增的知识经济时代，教师之间能及时地实现有价值的信息共享与交流，既是教学才能和智慧的互补，更是教育智慧与创造力的递增。假如每一个教师都能将自己在教育教学中比较有效的做法适加提炼，形成千字文（百字文亦可）共享出来，再集结起来，这些看似不值一提的小妙招展现的却是教育的大智慧，能发挥出无限大的作用。我们的教学小妙招“小”在是一个小问题的解决，教师一个人就可以运用起来，而且短期内就能见效；“妙”既是情理之中，又是意料之外。

（三）助学状态

（1）激励助学。每节课都应有一半以上学生得到教师的鼓励与认可，还应经常回顾还有哪些学生没有被教师鼓励过。

苏霍姆林斯基说，人的内心深处都有一种根深蒂固的需要，那就是渴望被人赏识。我们的课堂应该给予学生一种被发现、被鼓励、被肯定的氛围，通过这种氛围激发学生积极向上、不断进取的潜能。这种鼓励可以是一个眼神、一个点头、一个微笑、一次掌声……如果学生一个月里从来都没有被教师鼓励与认可过，那多半是教师自己的问题。

（2）以学助学。研究学生的学，特别是经常研究学困生的学习需求。

以学定教，学为中心。研究学生的学是为了调整教师的教，不断提高学的效率。精准了解学困生的学习需求往往需要教师有更多的耐心、细心，读懂他们的学习需求、错误，这样才能做到“知己知彼，百战百胜”。作业布置得多的教师往往是因为缺乏对学生的研究，于是就出现“少数人生病，全班吃药”的现象。当然，教师自己批阅作业量也随之增大。

（3）思维助学。每节课都要让学生有思考的时间，能借助思维导图等图示方法帮助学生深度思考。

教育的本质就是培养学生的高阶思维能力。小学生的思维特点是以直观的形象思维为主，抽象的逻辑思维尚在形成之中。运用“思维导图”“概念图”等各种可视化思维图示工具揭示知识背后的复杂结构及问题解决策略，为学习过程提供直观说明和依据。我们重视学生的笔记摘录，积极引导学生运用“手账”“麦肯锡笔记”等笔记方式，让思维可视化，让学习看见思考的力量。

（4）演说助学。尽可能让学生开口多说，鼓励学生当小讲师，不断培养学生有序讲解与清晰表达的能力。

爱德加·戴尔提出的“学习金字塔”理论指出，“教别人”或者“马上应用”，可以记住90%的学习内容。语言是思维的外壳，我们不仅要做好，还要说好，“学进去，讲出来”就是我们的明确要求。有些时候，说比做还要难。其实学生每一次到讲台上给大家讲，就是一次小型的公共演讲，绝大部分同学都会刻意让自己表现得更优秀，久而久之，学生就能做到在各种场合自信表达了。

（5）教风助学。形成一套自己的教风建设操作程序，也可以参照执行学校的相关模式。

自由是建立在高度自律基础上的，规范与创新从来就不是矛盾与对立的。教师应该有自己规范、明确的课堂用语，时刻引导学生正确、高效地学习。

（6）练习助学。审视教师自己心中是否有学生，为学生留出更多的时间练习，每节新课至少有 10 分钟训练时间。

光说不练假把式。教师在课堂中要内化“形案”，装着“心案”。教师只有把精心备好的“形案”转为“心案”——眼中有教材，心中有学生，手中有方法，课中有训练（不只是书面练习），才能在课堂上动态生成，用智慧将教学演绎得更加精彩。

（7）激情助学。教学富有激情，用激情去点燃学生学习的热情。每节课至少让学生笑一次。

激情是成就精彩课堂的原动力。教师的激情应该隐含于他的语言、表情以及肢体之中。用教的激情带动学的热情，用幽默激发课堂的趣味性，增加学习的有效性，让学习变得既有意思又有意义。

（四）育学状态

（1）看到学生座位周围有垃圾，能和学生一起弯腰捡起，以身示范是最好的教育。

一个能主动拾捡垃圾的人必定不会乱扔垃圾，做事应该有条有理而不是丢三落四。言传身教、以身示范是最好的教育。

（2）做到文明用语，不说脏话，不辱骂学生。牢记学生是成长中的孩子。

“良言一句三冬暖，恶语伤人六月寒。”教师要时刻注意自己对学生说话的场合、方式、神态、内容和语气，可以严厉批评但不可伤孩子的自尊。要坚持用“和善而坚定”的原则去与孩子沟通。教师要学会理解与包容孩子，经常思考“假如我是孩子或者假如是我的孩子”。

（3）把育人放在首位，在育人中教书，时刻做学生的榜样。经常思考“我在学生心中留下了怎样的印象”。

“立德树人”已成为当今教师的座右铭。教师的职业不同其他，是面向人、关乎人、直达人心灵的职业。真教育是心心相印的活动。如果一位教师能经常思考自己留在学生心中的形象是怎样的，他自己心中就有了一面自我反思的镜子和自我衡量的天平。

（4）关心学生的健康与安全，时刻要有安全、礼仪等育人的问题意识，用爱与责任去守护学生。

教育若心中无人，教学再好都为“0”。“多管闲事”是每个教师尽心尽责的体现。如果碰到学生安全突发事件，学校将遵循以下两个主要原则：第一时间妥善处理原则、一切为学生着想原则，按以下流程处理：

①视情况采取不同的流程。

伤势较轻：当事教师问明原因→搽药→安慰学生→让学生休息→告知家长。

伤势较重：当事教师问明原因→联系班主任→联系家长告知情况，同时征求家长送往哪家医院→送医院→告知学校值周行政或德育处。

特别提醒：班主任（当事教师）送受伤学生到医院应全程陪同。后期也要多关心学生，比如和同学代表一起去看望慰问，打电话向家长了解情况等。

②时刻牢记三点。经常开展安全教育，如提醒学生课间文明、安全休息，上学、放学路上注意遵守交通安全规则等。担任值周老师期间，课间按时到岗，履行“三管”（即管跑、管闹、管危险游戏）职责，维护好课间秩序。面对安全事件，每个教师碰到时必须主动担当，树立“这不是我的事，但这是我们的事”的责任感。不管这个孩子是不是自己班的，都毫不推脱地及时给予帮助。

教师的关心与责任应该体现在方方面面与时时刻刻的细节之中。比如，孩子剧烈运动之后，要教育孩子不能立即脱衣服，而是用干毛巾擦干身上的汗水；如果没有干毛巾，可以敞开外套一会儿，这样才不容易感冒。

（5）时刻把习惯放第一位。学生写作业时，确保环境安静，桌面干净，不受周围干扰。

教育就是培养习惯。一个不注意培养习惯的教师，再怎么努力，最终的结果都会不尽人意。教师要时刻围绕“理事、理物、理心、理学”帮助孩子养成良好习惯，要让每个孩子明白“四不”（不伤害自己，不影响他人，不破坏环境，不给别人添麻烦）。

比如，学生的“三姿一率”（坐姿、写姿、读姿、抬头率）和“入室即静、入座即学”。再如，当一个孩子写作业时，务必保证安静与干净。有的孩子写作业时，桌面上的无关物品堆积如山，似乎不是写作业而是在“摆地摊”，试问这种状况学生能把作业写好吗？

（6）时刻围绕“好玩、烧脑、育心”去改进教学与布置作业，每学期有 10 次左右“小讲师”作业。

作业的目的是对学生学习进行巩固与延伸。教师要围绕“好玩、烧脑、育心”的原则布置适量、科学、有趣、有效且能促进学生思维的作业。要通过作业激发学生“学进去，讲出来”，充分调动学生动脑、动手、动口的能力，真正做到“让每一次作业成为学生一次深度思考的过程”。

（7）注重沟通小技巧，避免引发大麻烦。

在与家长、同事的沟通中，利用好微信、QQ、电子邮件等沟通渠道，重要信息请使用文字留言，这样沟通内容一目了然，便于查找；沟通时的文字信息要语言表达准确，避免产生歧义，任务要求明确，时间节点清晰；解决问题的过程中，要及时反馈，让对方知晓事件进展，当情况有变化，要告知相关的每一个人，避免信息不对等影响工作进程。

以上“四状态”“26 条”就是我们学校对教师强化关注细节的明确要求和扎实训练。做好了，基本能成为我们所认定的“好老师”；反之，则不成。

中国精细化管理研究所所长汪中求先生在《细节决定成败》一书中说：“芸芸众生能做大事的实在太少，多数人的多数情况还只能做一些具体的事。琐碎、单调的事，也许过于平淡，过于鸡毛蒜皮，但这就是工作，是生活，是成就大事不可缺少的基础。所以做好小事和细节非常重要。”①

千万不要误以为注重细节会扼杀创新，细节反而是一种创新。细节代表着你思考问题更全面、更细致、更深入。我们倡导学习中“格式要‘死’，思维要‘活’”。“细节”是方，“创意”是圆。唯有方圆有度，才能格物致远。

细节决定成败，在教学中每位教师都应该把自己当作品牌来经营，我们的每一次亮相、说过的每一句话、做过的每一件事，上面都烙着自己的“logo”。不要苛求这一辈子能有多成功，但是关注每个细节，努力把每件教学小事做实、做细、做精、做优，不断提升自己的专业水平，我们才会拥有更美好的教育人生。

三、尚美学堂的基本结构框架

教学模式，指在一定教学思想或教学理论指导下建立起来的较为稳定的教学活动结构框架和活动程序。作为结构框架，突出了教学模式从宏观上把握教学活动整体及各要素之间内部的关系和功能；作为活动程序，则突出了教学模式的有序性和可操作性。

---

① 汪中求. 细节决定成败［M］. 北京：新华出版社，2004。

（一）基于“七学”“四生”的思考

教育的出发点和归宿都是学生，所以，教学（尤其是课堂教学活动）必须“以生为本”“以学为要”“据学施教”。

实践告诉我们，在教育教学过程中一定要“着眼于学，服务于生”，我们把它具体表述为关注“七学”，服务“四生”。“七学”指的是学生、学情、学习目标、学习材料、学习活动、学习状态、学习质效。在这“七学”中，学生是中心，学情是前提，学习目标是短期和课时终点，学习材料是凭借，学习活动是载体，学习状态是重点，学习质效是标尺。“四生”包括生活的形态、生命的样态、生存的状态和尚美的生态，尚美教育就是要使学生的生活有品位，生命有质量，生存有保障、生态绿色、可持续。这“七学”“四生”是我校尚美教育理念下的总体思考与推进策略，是基于学生、为了学生、成就学生的路径探索与方法追问，所以，它烙上了尚美的深深印痕，具有教师尚美和尚美教育的特质，体现了我校课堂教学的尚美主张和要求。

“教而不研则浅，研而不教则空。”为了实现“着眼于学，服务于生”，我们可以通过“四施”路径——施趣，用“我想学”诱发学生学习内需；施策，用“我能学”启发学生学习方略；施法，用“我会学”掘发学生学习质效；施志，用“我乐学”激发学生学习恒力，做到因材施教，因势利导，实现基于学生、服务学生、成就学生的教育目的。

（二）五环节学堂基本结构框架

为促进老师们“着眼于学，服务于生”，学校由教科室牵头，梳理出了成华小学各学科通用的教学基本环节，又称“五环节学堂基本结构框架”：

学前准备—任务驱动—探究学习—点拨优化—拓展巩固

以语文学科为例，我们还梳理出了语文课的学堂基本结构框架（模式）和语文不同课型的学堂基本结构框架（模式）。语文学科的基本教学环节是：

学前自备—目标定向—自我感悟—合作分享—达标拓展

语文学科不同课型的基本教学环节分别有以下几种。

识字课教学的基本教学模式是：

定向准备—读文识字—识记字形—指导书写—总结提升

口语交际课教学基本模式是：

定向准备—情境感受—自由表达—合作交流—拓展创新

习作课教学的基本教学环节是：

素材准备—审题指导—撰写提纲—自主习作—评议修改

综合实践活动课教学的基本教学环节是：

问题探寻—主题确定—实践参与—分享交流—多元评价

阅读课教学的基本教学环节是：

定向准备—目标牵引—整体感知—局部突破—达标迁移

散文教学的基本教学环节是：

定向准备—目标牵引—创情激趣—品言悟理—诵读积累

说明文教学的基本教学环节是：

定向准备—目标牵引—信息提取—理脉悟法—拓展迁移

现代诗教学的基本教学环节是：

定向准备—目标牵引—意境感知—表达感悟—拓展积累

记叙文教学的基本教学环节是：

定向准备—目标牵引—整体感知—侧重感悟—拓展迁移

文言文教学的基本模式是：

定向准备—目标牵引—试读猜意—嚼字诵读—拓展活用

古诗教学的基本模式是：

定向准备—目标牵引—自读明意—品读悟情—迁移运用

像这样既有各学科通用的教学基本环节，又有语文学科的基本教学环节，还有语文学科不同课型的基本教学环节，从一定程度上解决了一线教师“开车”路上什么时候使用“远光”、什么时候使用“近光”、什么时候使用“强光”等问题，可以使教师在学科教学中方向更明确、方式更清楚、方法更有效，有可能达成课堂教学效益的更大化。

（三）尚美学堂指导基本模型

基于前面的认识，我们建构了如下“尚美学堂基本模型”：

尚美学堂指导基本模型

深钻教材	——	活用资源	——	诱发动机	——	顺学点燃	——	展示交流
烂熟、定标		设计、策划		循规、激励		趁势、深潜		点拨、提升

我们对尚美学堂有个基本的认知，那就是“四主”课堂要得到充分体现，即学生主体、教师主导、训练主线、思维主攻。其中，教师主导是尚美学堂学生学习活动中不可或缺的重要部分，离开了教师对学生学习情况的精准诊断，离开了教师对学生真实学习的精准识别，离开了教师对学生学习的精准指导，其“教师主导”就必然存在着误差或偏差，就不会出现学生在学堂中的“三状”样态，就难以达到我们追求的“尚美”和“高品质”，就不能实现我们“立学生”的初衷，故我们建构的“教师指导基本模型”便有了“深钻教材—活用资源—诱发动机—顺学点燃—展示交流”的五步基本要求和规范。

在这五步基本要求和规范中，“深钻教材”是指教师要对《课标》、教材进行深入学习，精准把握，尤其要对教材结合《课标》的总要求和学段要求作精准解读，并根据学生的学段特点精准定标。高了低了都不合适，要让学生“够吃”，也要“吃得饱”“吃得消”。“活用资源”指的是用资源教，不是教资源，要针对学科文化和学科特点，确定教学目标、教学重难点、学前准备等，设计和策划课时的师生活动、板书设计、作业设计等，不能“走偏”，更不能“走错”。“诱发动机”直指教师是教学活动的设计者、组织者、参与者、支持者，而不再仅仅是“课堂话语拥有者”，更不能“满堂灌”“满堂问”，要想方设法调动学生积极卷入学习活动的内在动力、兴趣和激情，使他们能在情绪饱满的状态下全身心投入到学习活动之中。教师的功力在于引发学生学习的内驱力，在于智慧地组织学生参与学堂学习活动。“顺学点燃”突出因势利导、因人施教、因材施教、因时施教，要把学生心中那团学习的“地下烈火”点燃、助旺，形成“火山爆发”，让他们进入不能自已的喷发状态。最后的“展示交流”是要组织学生把先前的学习所得、所感、所悟及所成展现在同学们面前，并作简洁、明了、引人入胜的陈述，使自己的学习成为引发其他同学学习的又一诱因。在这样的良性循环中，使思维得到不断优化，尚美得以不断提升，高品质得到日臻完美，最终实现学生知识、能力、技巧、思维、审美、素养等的全面提质增效。

（四）《成华小学尚美学堂观课记录》解说

课堂是学生学习的主阵地，是学生“四个学会”的练兵场，是学生厚积底蕴的营养所，是学生放飞梦想的孵化园，是学生燃起学习热情的炼火炉。尚美学堂除了具备课堂的基本内涵，还融入了美的因子、尚美的策略，使学生在美的环境、因素、氛围、活动中，获得美的感染、熏陶与发展。

那么，什么样的课堂堪称尚美的呢？从我们的《成华小学尚美学堂观课记录》中可以寻获答案。它已经从 1.0 版换代升级到 3.0 版。其中，1.0 版重点规范教师如何"教"的问题，2.0 版从关注教师的"教"转向关注学生的"学"，3.0 版则从关注学生的"学"上升到关注学生高品质的"学"。目前正在修订的 4.0 版，计划从关注学生高品质的"学"转向关注"双主"价值、育人功能、多元评价和增值发展等更为全面、系统的视角。

下面，我们以 3.0 版为例，来简要介绍一下我们的《成华小学尚美学堂观课记录》。3.0 版主要针对教师教学活动中暴露出的"教的关注，而不是学的追问""知者的阐释，而不是智者的对话""被动地依赖，而不是主动地生成"等问题，在借鉴"LICC 模型"理论基础上，抓住"尚美学堂"特质及"整合课程"要求，从"学生学习""课程性质""学生学习指导"和"课堂学习文化"四个方面进行了诠释和导向。

在"学生学习"方面，我们从"充分感受美""积极参与美""乐于表达美"3 个维度进行观察。在"充分感受美"中，专门列出了"学生自主、合作学习时间不少于 20 分钟，实现自我对美的感受""根据学科特点，学生学习方式在 5 种以上，实现多视角对美的感受"；在"积极参与美"中，专门列出了"95%的学生投入到鉴赏学习活动中""A、B、C 三类学生都有全班应答的机会""100%的学生参与交流活动中"；在"乐于表达美"中，专门列出了"90%的学生能对感受到的美进行自主表达""70%的学生能有条有理进行自我生动表达""50%的学生能创造性表达自己对美的自我理解""当堂课的美育目标达标率在 90%以上"。

在"课程性质"方面，我们从"学科性质美""价值追求美"两个维度进行观察。在"学科性质美"中，主要观察"90%课堂活动具备学科特点，指向学科核心素养"；在"价值追求美"中，专门列出了"课堂学习活动指向各学科独特的美育价值""体现尚美意识的价值、向往、追求三个层次"。

在"学生学习指导"方面，我们从"导学设计美""课堂实施美""资源利用美"三个维度观察。在"导学设计美"中，专门列出了"满足学生需求达 90%""对生成的问题 100%及时处理，且取得较好效果"；在"课堂实施美"中，专门列出了"导学方法 90%符合学生实际""学法指导达 90%以上""评价方式在 2 种以上"；在"资源利用美"中，专门列出了"预设资源利用率达 80%""投放的策略 90%能适宜凭借教材提升学生学科素养""板书有利于学生学习、理解""体现学科知识、能力结构化呈现"。

在“课堂学习文化”方面，我们从“问题思考美”“民主氛围美”“创新行动美”三个维度观察。在“问题思考美”中，专门列出了“学生带着问题投入学习达 90%”；在“民主氛围美”中，专门列出了“课堂叫答面达到 40%以上”“问题设计有梯度”“100%关照到特殊学生的学习”；在“创新行动美”中，专门列出了“导学设计、课堂气氛有助于学生表达自己的创新性思维”“教师对学生发表的新观点、新见解的关注度 100%”。

当然，这些观课指标中的具体数量、百分比不是绝对的数值要求，而是教育理念的诠释、教育行为的导向、教育方法的探索。学校领导用《成华小学尚美学堂观课记录》作为模板进行观课和记录，全体行政用《成华小学尚美学堂观课记录》作为模板进行观课和记录，所有老师也用《成华小学尚美学堂观课记录》作为模板进行观课和记录。我们要记的不是整节课的教学环节、流程或师生活动情况，而是针对《成华小学尚美学堂观课记录》中涉及的四大方面，抓住其中某个或某些最值得学习、研讨、回味的细节（情境），用白描、叙述手法及时、快速描绘下来，供自己或小组、团队进行教学活动的深入探讨和交流。尤其是《成华小学尚美学堂观课记录》最后的“观课反思”“最值得分享的经验”和“最值得探讨的问题”三项内容，不仅是记录者的真实思考，也是被观课者特别看中的内容之一，因为他们迫切希望“知不足，然后能自反也；知困，然后能自强也”。

正因为我们使用《成华小学尚美学堂观课记录》，不是要对老师的课进行定量、定性或模糊评价，更不是要与他们的考核挂钩，而是真心为了帮助被观课者提升课堂教学技能和水平，促进全校上下团结一致、凝心聚力，使我们这个团队的尚美学堂教学能一步一步稳健前行，所以，大家心里少了芥蒂和担心，愿意、主动邀请大家相互观课、探讨、交流，一种互帮互学的教育教学研究共同体便悄然兴起，且不间断地开展着各种研讨活动，时时绽放出美丽的笑容，处处能听到清脆的笑声。

第十章 / 放大尚美的校园环境力量

人们所爱之美，首先是基于外在的，然后再逐步向内。学校的外在之美，就是学校的校园环境建设及其折射出的校园环境文化，校园环境建设又主要集中在校园景观建设上。

校园景观不是为了好看而点缀，而是基于历史传承的发展与创新。校园景观是学生接受知识、获得人生成长的重要场所，所以，校园景观要根据不同的功能区做相应的系统设计及精细建设，从而更好地诠释校园的精神内涵、育人价值。当然，在设计校园景观时，不仅要考虑它的形式美、内容美、色彩美，以满足感官愉悦，更多地要为校内师生甚至校外人员提供交流、休闲、娱乐的场所，以舒缓人们的压力、放松身心，起到"此时无声胜有声""一景一物总关情"的效果，体现它的"场所精神"作用。

成华小学校园园景文化个性鲜明，育人功能突出，能给人以赏心悦目之感，形成了成华小学尚美校园园景文化特征。新华校区小游园林荫道的圆门上悬挂有"诗书千载经纶志，松竹四时潇洒心""石倚风前树，莲栽月下池"，教学楼出口挂着"爱之又爱乐学为要，美不自美因人而彰"，连教师吧大门上也有"要足何时足知足便足，求闲不得闲偷闲即闲"等句，人行校园中，书在心中存。

一、 尚美物理空间建设

空间多指物理空间，也称为狭义空间，是物质存在的一种客观形式，由长度、宽度、高度（包括直线和曲线）表现出来，是绝大多数物质存在的基础。对学校而言，物理空间是师生在学习、生活、交往活动中所依赖的自然环境和一切设施设备的总和。尚美物理空间，则是指师生所处的环境充满尚美因素和特质，能使人感觉到美的氤氲和浸润。

（一）尚美校园环境

校园环境是学校育人的一个重要组成部分，它在学校教育活动中发挥着特殊的作用。一位校长曾说："我要使校园里的每一堵墙、每一块草地乃至每一株花木都会说话，使'他们'营造出一种能够产生教育作用的'氛围'，发挥教育的作用。"这就是环境育人。环境育人在学校育人过程中的作用不可小觑，是其他育人内容、育人方式所不能取代的，正所谓"桃李不言，下自成蹊"。

首先，学校育人环境的创设是教育者教育思想的反映，它再现了教育者对育人方式和育人内容的创造。在校园环境的创设上，不同的认识决定不同的形式，不同的形式又会产生不同的育人作用。

图 10－1　成华小学三风一训

其次，环境所表达的语言能够净化学生思想、陶冶学生情操。让学生在这种"氛围"中产生良好的内心体验，从而成为促进学生积极主动学习和良好品德形成的重要因素，达成通过环境来实现启迪学生心智、塑造学生心灵的目的。

在"美浸生活，美润人生"办学理念指导下，我们的尚美空间课程、尚美基础课程、尚美主题课程共同构成了成华小学尚美课程的完整体系，致力于将学生培养成为"真的探索者、善的实践者、美的传播者"。

如果用一句话来形容成华小学的物理空间，或许就是"处处彰显精致的、精细的美”。“华夏第一龙和华彩门”“之间”“尚美大厅”“民风堂”“完美音符厅”“传承美厅”“百家姓氏园”“川剧美厅”“可园”等物理空间建设，无一不倾注着学校管理者和全体老师的殷殷教育情怀。

远远望去，就可见成华小学锦绣校区教学楼外墙上用彩色瓷砖拼成的“五彩琴键”，它取自校歌“多彩生活”一词，寓意希望每一个孩子在成华小学都能拥有多彩的童年，为奏响人生的华彩乐章奠定坚实的基础。

在校门旁边的收发室外墙上嵌有“成”字的“成长之门”，每天孩子们由此进入学校，寓意希望他们在这里能够快乐成长、体验成功；放眼望去可以看到校园里红色繁体“华”字造型的“华夏之门”，寓意“为中华之崛起而读书”。两扇“门”遥相呼应，形成完整的“成”“华”，喻指成华学子的成功与希望同在。

图 10－2　成长门和华彩门

在锦绣校区教学楼底楼最中间位置，有一堵“美语墙”，是由不同字体的“美”字拼成的一个大大的“美”字，暗含成华小学在追求共性美的同时，也鼓励每个师生彰显自己的个性美。“美语墙”上的每一个字都能按顺序与中间的“美”字组成一个词语，给师生传递着生活之美、语言之美、行为之美、人性之美，也能使师生在文字的浸润中感知美、体会美。左右两侧分别呈现的“五旗一徽”和学校校歌，还有“我们美美地在一起”画框中张贴的师生的一些精彩活动照片，寓意老师和学生一起成长，学校是师生共同的家。“遨游天地”水族馆养殖着一些水生植物和水鱼类，我们希望以这样的方式告诉孩子要保护生态、爱护环境。整个设计就是要告诉所有人，在成华小学里语言和行动都承载着美。

图 10－3　美语墙

“华夏第一龙”是内蒙古翁牛特旗博物馆 1987 年在民间征集到的一块黄玉龙形器，经国家文物部门鉴定，被认定为国家一级文物而列为国宝。我们在“华字门”旁边雕刻的“华夏第一龙”，是“C 形龙”的造型，借它的大气之象，寄寓学校致力于传承中华民族优秀的传统文化，浸润师生的美好人生的愿景。因为“C”正好与成华小学的“成”字拼音首写字母吻合。

图 10－4　“C 形龙”和华彩门

“之间”，位于锦绣校区教学楼“C 位”的对外交流中心与教师吧处。它陈列着国际友好交流的纪念物，摆放着师生们游历各国带回来的艺术作品，传播着中西文化，诠释着新旧时光，演绎着美好日常。我们期待“之间”通过人与人、人与世界、人与自己的真诚对话，传递成华小学的共同追求和独特美感。每个人在这里都可以徜徉于工作和生活之间，平衡于梦想和现实之间，驻足于过去和未来之间。拾级而上，让视野愈发开阔，让思想愈发深刻，让内心愈发柔软，让行动愈发有力。由此能逐渐更好地对待自己，更宽容地理解他人，以更开放的心态更平和地面对美好的世界。

图 10－5　“之间”教师吧书法作品

图 10－6　诚信书吧

成华小学艺术教师团队全身心投入民族文化的推广和传承教育中，指导学生创作出了丰富的独具民族风情和文化特色的艺术作品。目前，成华小学锦绣校区 5 层楼 4 个楼道共展出师生作品 536 幅，其中修复 198 幅、新装裱 338 幅。尤其是三楼展出的是水墨国画风格的地方特色文化作品，有川剧的滚灯、吐火、门神等等，充分展示了成华师生扎实的艺术功底，更展示着成华师生彩笔传递美的孜孜追求。

图 10－7　川剧之美

东郊记忆为原成都东区音乐公园，是集合了音乐、美术、戏剧、摄影等文化形态的多元文化园区。成华小学比邻东郊记忆，我们将东郊记忆的许多有趣的艺术元素融入校园文化建设，我们学习陈树中[①]油画夸大物像、缩小人物的艺术形式，巧妙运用喜闻乐见的夸张手法，表现小朋友们在充满老成华工业区韵味的环境中嬉戏打闹、快乐无忧生活的场景，使得画面更加具有童真童趣。

图 10－8　创意素描东效记忆

岩彩画是一种既古老又新鲜的绘画形式。岩彩这种矿物质颜料在远古时代就已经被拿来使用，有着很悠久的历史；之所以“新鲜”，是由于老师们第一次将其运用到我们学校的美术教学中，同学们在爸爸妈妈的带领下到大自然中搜集各种五颜六色的矿石并打磨成粉，做成颜料，然后自己裱板、做底，每一个步骤都有同学们的亲身参与，大家玩得可开心了。

① 陈树中，当代著名画家，四川美术学院油画系教授。

图 10-9　民风堂作品岩画岩语

岩彩画课程与科学课整合，让同学们认识了大自然中的石头。通过学习毕加索等大师的艺术，小朋友们用岩石来描绘动物和植物，把内心的梦幻世界展现得淋漓尽致。

图 10-10　岩彩画

二号楼道的版画是我们学校的一大特色。教师和学生们通过学习康宁①等版画家的艺术形式，完成了具有艺术风格的自画像作品。我们先将木刻版用丙烯黑色涂色，然后用圆刀和尖刀等不同的木刻刀进行点、线、面的刻画，通过不断地思考、设计、绘画、调整、总结，完成漂亮可爱的自画像作品。

---

① 康宁，当代著名画家，四川美术学院版画系教授。

图 10－11　二楼版画吊顶、版画门

四号楼道的纸浮雕，可谓充分展示了我校教师的“纸的联想”。

图 10－12　纸浮雕

进入楼层，将会给人别有洞天之感。一楼的彩墨画，主题是“阳光下成长”，展示的儿童彩墨画作品使人感受到童真和生气。

图 10－13　楼道儿童微型美术馆

二楼的绘本故事，集中陈列了孩子们的版画、线描作品。“线描作品”是通过欣赏美国插画家大卫·威斯纳的作品，与语文学科整合，进行了绘本课程的学习与创作，充分发挥师生的奇思妙想，运用线描的形式表现出生动、富有童话梦幻的故事环节的成果。顶上是用 PVC 板雕刻的版画，以红色为底色，表现“老鼠嫁女”“白蛇传”“草船借箭”“猪八戒与高老庄”“竹林七贤”等民间神话故事，对小朋友来说简直太有趣了。

三楼的“川剧美”厅，整体采用四川民间建筑的样式，师生共同用木刻版画表现出“生旦净末丑”造型，让来到这里的人对川剧艺术有更直观形象的感受，版画人物的一招一式都生动自然，呼之欲出。左侧悬挂着水墨国画“滚灯”“吐火”“变脸”等。这些大家耳熟能详的、具有浓厚川剧幽默特色的绘画常常吸引来访者驻足欣赏，更暗示了“民族的就是世界的”这一理念。

图 10－14　成华小学美育场馆 川剧美长廊

图 10－15　教育部副部长田学军调研成华小学原版版画工作坊

四楼的“百家姓氏园”是孩子们的最爱，因为这里向大家介绍了姓氏的来历以及相关姓氏的名人，甚至统计出了成华小学现有此姓氏的学生人数，如田姓的来历、田姓的名人、成华小学田姓小朋友的人数、田姓小朋友的版画自画像。如果没有某种姓氏的小朋友的自画像，会有提示语“这里等着你的作品喔”。这种方式让学生感觉到身在其中，特别是看见自己的姓氏和作品时既兴奋又骄傲。百家姓氏园区域不仅给学生们普及了百家姓的知识，更是让大家对于百家姓文化有了更深的认知与浓厚的兴趣。

五楼的“彝族风情系列”是精华所在。其中，“民风堂”是成华小学多年来最美丽的地方，是美术教育成果的精华部分，是学校以彝族文化为主题的作品展场。这些作品分别在教育部主办的全国中小学艺术节中获得过四届一等奖；部分作品编入人民美术出版社出版的《美术》教材。2012 年 8 月，四川省教育学会美术教育专业委员会、四川省美术家协会少儿美术艺术委员会在凉山西昌举办教学展，我校师生“梦回凉山——彝族风情儿童美术创作展”引起了强烈反响，展出的以“岩彩画”“剪纸彝趣”“彝趣版画”“麻线彝情”“漆画”“布艺”等形式的组画，让观众强烈地感受到了大凉山风味淳厚、博大精深的彝族文化。

图 10－16　《版画彝趣——天菩萨》

图 10－17　剪纸彝趣和麻线彝情作品系列

麻线彝情系列作品获得第二届全国中小学生艺术节一等奖。师生们在麻袋上作画，用粗麻线编结勾线后，再用丙烯颜料上色，利用红、黄、黑三色以及大量白色元素，其中红、黄两种颜色作为点缀来使用，而白色与红、黄、黑形成鲜明对比，凸显人物、事物特征，让作品活灵活现，起到了画龙点睛的作用。背景上进行大部分镂空，抽出正方形或长方形的格子，让画面有虚有实，给人以美和新鲜的感觉。

《版画彝趣——天菩萨》作品获得了全国第三届中小学生艺术节一等奖。作品选用红、黄、黑三色作画，用丙烯颜料上色，其中黑色和黄色作为服饰的基色和点缀，大量运用红色，最后用刻刀刻出粗、细线条，表现了彝族风情。

小朋友创作的《剪纸彝趣》系列作品获得了四川省第七届中小学生艺术节一等奖。作品结合剪、刻、折、撕、堆贴等多种艺术手法，如人物的脸部用镂空的方法，衣服纹饰用堆贴的方法，百褶裙用折叠的方式，作品背景部分用撕刻的手法，多种形式使得画面更加丰富，更有韵味。

岩彩系列作品《岩彩彝趣》《掐丝岩彩》《烙痕·岩语》《岩画·岩语》获得了全国第五届和第六届中小学生艺术节一等奖。《习总书记心系大凉山》借助多彩的岩石和手中的画笔，把总书记关心人民群众的大爱用艺术美表现出来，最终绘制成岩彩组画，表达了对习总书记的敬仰和感激之情。

图 10-18　《烙痕·言语》岩彩组画

在锦绣校区四楼墙面的“六艺”“三字经”是“四书五经六艺”的缩影，意在让学生了解中国古典文化，传承中华文化经典，中间的石材“案桌”，展示了以活字印刷为代表的中华文化的精粹，学生可以在上面下棋、练习书法。

位于锦绣校区二楼的天井区是具有演出功能的大舞台，可供班级和学生社团进行艺术展示活动，丰富学生的课余生活。同学们的口号是“不追求完美，但享受艺术带来的快乐”。几乎每周都有班级报名，利用午间的时间进行班级文娱节目展示、交流。师生们享受着“秀美大舞台”带来的“秀一把”“嗨起来”的快乐。

管乐演奏一直是成华小学享誉省市的传统特色艺术项目，曾受邀出访过日本、新加坡等国家，也多次在娇子音乐厅、四川音乐学院的聂耳音乐厅演出，数次获四川省中小学管乐比赛一等奖。为了满足师生日常的训练和参赛的要求，学校特别按照专业音乐厅的要求精心设计和建设了“完美音符”厅，每天从这里传出的悠扬乐曲让校园弥漫着艺术的气息。

图 10-19　“完美音符”厅

成华小学锦绣校区和新华校区都有“可园”。锦绣校区的“可园”占地一亩有余，藤架上缠绕着七里香，常年青葱翠绿，这是孩子们展示美、欣赏美的又一方天地。孩子们自愿带来美术作品陈列展示。作品种类丰富：有刀法顿挫、力透纸背的版画，有风格独特、造型夸张的岩彩画，有藏着奇思妙想的其他创意作品……这些用画笔、颜料、卡纸、胶泥等材料尽情表达美好的作品，让孩子们在此处流连徜徉，品评着同学或自己的大作，有滋有味。正如苏霍姆林斯基所说：“儿童的智慧在他的手指尖上。”这小小的一隅必将成为孩子们童年美好的回忆。新华校区的“可园”一年三季或有栀子花香，或有石榴点缀其间，冬天还有蜡梅盛开，与“音乐广场”相映成趣。真是：“今踏足人间福地，沐浴古今雅风，怎不教人醉怀忘返?”园内巨大的景观石上刻有陆游《闲居自述》中的名句“花如解语还事多，石不能言最可人”，可见成华人对教育的执着——一砖一石都是教育资源呀！

图 10－20　可园

值得一说的是，在这里，校园充当了“艺术馆”，每个孩子都有机会成为原创艺术家。学校以场馆、景观、橱窗、楼墙等为载体，将环境建设成既承载校园文化又利于学生身心成长的空间。如传递美感的艺术墙、讲述美德故事的走廊壁、介绍传统文化的读书吧、镌刻经典诗词的景观石，等等，都无时无刻地滋养着孩子们的心灵，为他们美感的习得提供着生长的空间。

图 10－21　耕读园

图 10－22　绘本故事

学生是学校的主人，他们参与到学校的空间建设中，自愿将自己的美术、书法、手工等作品带来，和老师们一起归类设计，陈列在学校的各个角落。每个人不经意地抬眼就能看到自己和同学的作品，油然而生的亲切感令人舒适。我们的孩子也许不会在成人之后都成为艺术家，但校园却要为孩子的一生奠定艺术基础和审美素养，让孩子们具有感受人性之美、自然之美、社会之美的能力。

图 10－23　师生手绘餐厅

校园空间不仅仅是外显的硬件设施，更应结合内在的软环境建设。只有内外环境和谐交织，才能为师生提供良好的成长空间。我们以智慧教育学校的建设为契机，以爱和美的文化内核为支点，通过先进的信息技术手段，与国外友好学校共建共享，让空间课程更具开放性、多样性，让资源更丰富，为每一个人的学习需求而服务。

美术作品促进师生与美同行

学校坚持“美浸人生，美润校园”教育理念以美育人，形成了鲜明的美育品牌特色。学校美术组二十多年一以贯之地致力于彝族文化艺术的发掘与整理，将大凉山彝族文化植入美术教育中，坚持“永不变”与“经常变”的艺术特色教学（即凉山彝族的风土人情表现主题“永不变”，艺术表现形式“经常变”），已连续四届荣获教育部主办的全国中小学生艺术展演活动一等奖。

我们以四川凉山彝族传统的民风民俗、传统节日、服饰文化、饮食文化、婚俗文化、酒文化等为题材内容进行了系列情节的创编，让孩子们的创作题材亲近自然，再现生活，感受题材创造的美。众多的彝族题材美术作品让学生认识了民族文化，培养了学生对民族文化的尊重和对审美的追求。

学校师生的美术作品以开放式、廊馆式陈列。美的空间对学生不仅仅具有熏陶意义，也成为学校课程的一部分。学校搭建平台，师生积极参与，人人都是校园文化的参与者与建设者，每个孩子都能真切地观赏到、触摸到自己成长的足迹。我们有九大类（麻线、布艺、版画、剪纸、水墨画、岩彩画、纸艺、素描、线描）一千多幅师生原创艺术作品用于美化校园环境，最大限度地让美育成果与氛围营造有机结合，激励我校师生去发现美、欣赏美、创造美、传播美，对美的追求不断延伸。

（莫露）

（二）尚美办公室建设

办公室的布置各种各样，有的低调奢华，有的高端大气，有的朴实无华……

在别人看来，教师办公室只是老师们办公的地方，但在教师眼中，这就如同自己的家，一个凝聚着他们心血的家！因为老师们上课聚精会神，课外开会、教研、听课、交流，总是忙忙碌碌，回到办公室也不是为了休息，而是喝口水润润嗓，再抓紧时间批阅作业、备课、与学生谈心……

教师办公室记录了老师们从青年到中年再到老年的无数片段，所以，我们要尽力把教师办公室布置得温馨一些，让文化内涵和尚美气息浓一些，使他们在“家”中既能放松休息，又能更好地工作。《成华小学“创尚美办公室，建温馨和谐家园”活动方案》明确提出，办公室布置以“美观、整洁、实用”为标准，体现“尚美、温馨、和谐”原则，重在营造富有特色的文化氛围，根据学校实际，因地制宜，少投入多用心。

“不以规矩，不能成方圆。”办公室建设也需要有相应的标准，包括打造标准、管理标准、维护标准等。如果标准过多，也不利于推动工作，细化为“必须执行”的标准，才更能持久。《尚美教师办公室清洁标准》或许就是谁都应该做到，也能够做到的。

表 10—1　尚美教师办公室清洁标准

清洁轮值安排	周一	周二	周三	周四	周五
姓名					
窗台	宜：清爽、可摆放绿植等			忌：堆放杂物	
饮水机	宜：干净			忌：积尘、积水	
卫生角	宜：用具整齐、墙面干净、抹布洗净晾晒			忌：垃圾过夜、不洗抹布	
桌面	1. 可归类，定位摆放与教育教学有关的书籍、学生作业、器材等 2. 可摆放绿植、饮水用具、学生作品等			忌：存放残余食品化妆用品等	

（三）尚美班级打造

教师尚美发展了，再引导学生尚美成长，这是学校的教育初衷和美好追求。学生怎么才算尚美发展呢？我们觉得首先就要有浓郁的班级尚美氛围建设。学生更多的时间都是与班级同学在一起的，他们一起学习、一起活动、一起玩耍、一起交流，同学们的言谈举止会对每个人产生影响，正所谓“近朱者赤，近墨者黑”。所以，我们特别强调尚美班级打造。德育处制定的《成华小学优秀班集体评比标准》就是引导全校同学朝着美的方向前进的基本指标。

为了帮助孩子们树立尚美意识，建设优秀的尚美班集体，我们还与学生编写了《成华小学“尚美”班级三字歌》，便于他们记忆和践行，纠正不良行为，养成符合学校要求的习惯。成华小学“尚美”班级三字歌之一：

环境美

地和墙，常干净；门和窗，无污迹。

桌内外，无杂物；课桌椅，对整齐。

卫生角，要整洁；图书角，摆整齐。
功能柜，洁无尘；楼道内，无垃圾。
出门前，要仔细；关门窗，关电器。
荣誉栏，要美观；黑板报，常更新。

还有“仪表美”“行为美”“健康美”“学风美”等内容，都是三字句，易读、易记、易理解，也便于学生对照执行。

尚美班集体建设不是高不可攀的，它与同学们的日常学习、生活、活动紧密相关，只要弘扬正能量，心中装着爱和美，我们的班级就会秩序井然，团结向上，风气纯正。这就是我们一般意义上的尚美班级。

当然，如果班主任在班级建设中还有自己独到的见解和做法，比如，书香班级、艺术班级、创客班级、诗意班级、科普班级、梦幻班级等特色班集体建设，那就是更高层次的尚美班级了，学校自然会以赞赏、表彰的方式予以充分肯定。

和学生一起享受“爱”与“情”

——谈谈尚美班级建设

我校是一所以美育为特色的小学，要求每位孩子做到“五美”（环境美、仪表美、行为美、健康美、学风美）。我认为“五美”必须以心灵美为前提，所以，我的班级建设都是在净化心灵美、感受心灵美的基础上开展的。

我的班级建设的心得总结起来只有一句话：和学生一起享受“爱”与“情”。为什么这么说呢？大家可以看到下面的三张学生小报，这可以体现我对学生“爱”培养的三个阶段。

第一张：爱家乡

图 10－24　学生小报“我的家乡”

三年级时，以学校黑板报“美在身边”为平台，先由我搜集了许多展示成都美景的照片作为黑板报的一个板块，让学生从视觉上强烈感受到我们生活的城市的美丽；再让孩子们利用思想品德课的一个单元教学观察自己所在的社区，捕捉、勾勒自己生活的社区美。孩子们都有意愿将自己所在的区域美化展示给他人欣赏，其实他们在完成作业的同时已经有了自豪感、荣誉感，以自己是这个优美环境中的一员而感到高兴，这时对周围环境的爱也就从他们的画笔中生出情来了。

第二张：爱家庭

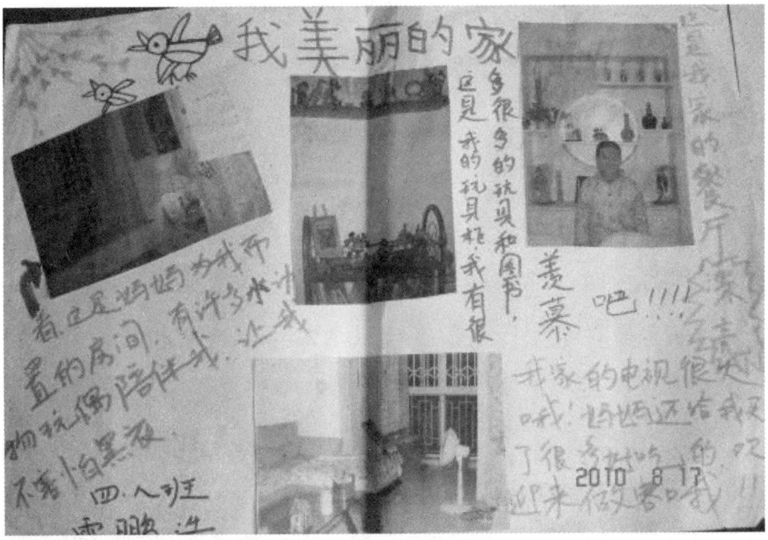

图 10－25　学生小报“我美丽的家”

同样让孩子们由关心城市、社区过渡到回味自己温暖幸福的家庭。看看这张小报中孩子写的句子：“看，这是妈妈给我布置的房间……”“妈妈还给我买了很多好吃的……”从这简单的话语中，我们已经看到了此次活动的效果——感恩，让孩子们发现、感受到来自家人的无私和鼓励。

第三张：爱班级

图 10－26　学生小报“我们的班级”

这里展示的是我班以我爱我“家”为班级目标进行的一系列活动。在这方面我重视的是孩子们的“情感认同”。

班级每期都有一个“红本子”。每当发现某位同学做了对集体有益的事情或者在自身的基础上有了进步，我都会在班级大加表扬之后，郑重宣布：“记入班级红本子！”有记录的孩子或想学习的孩子都可以在周末将此本子带回家给父母看并写上感言。这样就将孩子的优点放大了，也为孩子们在班级增加了好感度和认同度。但这仅局限在老师的标榜号召式的认同，几乎没有孩子自己的真情实感的表达和赞许。

于是，我就将这个“情感认同”进一步深化，在四年级开学之初就在班级搞了一个心理健康活动，通过同学相互间的赞美，感受到被他人认可的快乐，同时学会欣赏他人、接纳他人。活动大致流程是每个孩子站在讲台的椅子上聆听班级其他同学对自己发自肺腑的赞美的话。我班有个女孩子的双耳听力很差甚至影响说话，个子比其他孩子高一头，体型也很胖，孩子为此相当自卑，不愿和人交流，常跟家长说不想上学了。由于孩子本身对班级活动的排斥，所以我故意将她安排在活动中间上台，刚站在那个高高在上的椅子上，孩子很不自然。再加上她本身的身高和自卑，孩子的脸马上就红了。第一个赞美她的孩子走到她面前时，她根本不敢看同学，低着头用手使劲扯自己的衣角。“我很羡慕你的身高，因为你总能擦班上门的最高处!”“你的优点是不挑食，我爸爸老是让我向你学习!”“你是我们班的大力士，有了你我班才得了第一名!”同学们的称赞使这个孩子抬起头和同学对视、害羞地笑、激动到抽泣，从那以后她再也不提退学的事，每次班级活动都积极参加。

有了这个活动的铺垫，我就张贴了一张我爱我“家”的评比表，记录孩子们互帮互助的好行为。这次活动后，班级凝聚力得到大幅度提升，孩子们大气了、懂事了，表格中记录了许多红红的“正”字。这一笔一画就是孩子们团结友爱的体现，本写着浓浓的同学之和无数同学之情。

激发学生“爱”和“情”的类似活动还有“班歌创意大赛”，孩子们将自己对班训的理解、对班级风貌的向往进行提炼，创作出颇具特色的班歌。

孩子们的热情让我感受到快乐，也感受到我的班主任工作被学生朝前推。班级活动让班级面貌焕然一新，于是我趁热打铁，接着又开展了例如“书香班级”“爱我中华”现代诗朗诵比赛和“三字经”朗诵比赛等。

在开展“书香班级”活动时，每位同学都积极写书评或小练笔，争当班级的“书香小状元”。我们将此次活动中的优秀文章集结成册，推出了班级杂志《童心飞扬》。同学们在传阅的过程中欣赏学习了别人的长处，家长也了解了孩子的发展水平。在上期孩子们已经以循环日记小组为单位开始写自己小组的小说或童话了，我自己也受邀参加到小组中写小说。

这些活动让更多的孩子体验到班级生活的乐趣，表达了自己的“情”，感受到了各种“爱”。

当我和孩子们在一起做这些事时，就如同我在束河古镇晒太阳一样，极其舒适、享受。我们班级就像一个大家庭，我们彼此交换着情，收获着爱。这种和谐向上的氛围是每一位班主任最向往的。

这些活动，其实就是在塑造心灵美，心灵美正是学校追求的尚美的集中体现。

著名教育家夏丏尊先生说：“教育不能没有情感没有爱，就如同池塘不能没有水一样。没有水就不能成为池塘，没有情感没有爱就没有教育。”

（温沫）

二、 尚美虚拟空间建设

除注重物理空间建设，成华小学也特别关注虚拟空间建设。

2014 年，学校成为成华区唯一、成都市首批“未来学校”试点校。为助力“未来学校”工作顺利推进，我校率先建立了“未来教室”这个载体，在两校区同步开展未来教育研究工作，学校教学、德育、信息中心、教师发展中心、教科室、总务后勤六个行政部门以及两校区 22 个教研组大力度参与，还建立了一支未来学校项目种子骨干教师队伍，包括语文、数学、英语、信息技术、美术、音乐、体育、科学 8 大学科的 89 名教师深度融合参与相关工作。

目前，学校拥有实验室 3 间、实验仪器室 2 间、综合科技活动室 2 间、数字化阅览室 2 间、数字广播系统 1 套、信息技术教室 4 间、未来教室 2 间、移动平板推车 14 套、平板 650 块。已开通网络学习空间，其中教师空间 219 个，学生空间 3413 个，家长空间 3117 个，班级空间 74 个。

仅 2019 年 9 月至 12 月 31 日上午，就上传文件 3334 个，文章 3646 篇，照片 22729 张，参与评论 2118 次。开展互动授课 9330 次，导学检测 175 次，练习批阅 130 次，资源检索 186 次，成果传播 4218 次，使用习惯养成 1482 次。教师参与网络教研活动 2365 次，使用校园办公 3428 次。

为抢抓教育信息化发展战略机遇，学校立足区域教育现代化对信息化的高需求，坚持以数据化、智能化、资源化、智慧化和场景化等“五化”建设为抓手，全面推进学校智慧教育融合应用创新实践，助推区域教育高质量发展。按照《四川省教育装备标准》《成华区智慧教育行动计划》，进一步完善和丰富了学校智慧教育环境建设，引进智慧化管理软硬件系统。

为了使职能更细化、明确，学校还建立了智慧教育学校总体规划、建设实施、技术服务、应用推广、评估反馈组等若干个工作小组，由智慧教育学校建设协调组统一管理。由分管校长任组长，智慧教育中心牵头，其职责是全面协调智慧教育学校项目建设，包括智慧教育学校承建单位和学校各部门之间的沟通与协调、项目任务分解等。

学校已建成千兆校园网，宽带接入教育城域网，有独立的智慧教育中心。每个办公和教学场所均有网络终端模块，校园办公区域架设无线网络，实现了全域无线高速上网。学校广播站和校园电视台设备设施齐全，依托校园闭路电视系统与计算机网络系统传输闭路电视与网络视频双通道信息，信号覆盖全部教学区域。锦绣校区使用数字广播与音响系统，实现电脑智能点对点定时控制，能满足两操、课间音乐与校园广播的需求。学校建有校园宣传系统，两校区均配有 LED 屏，锦绣校区于 2018 年配备一块室外超大显示屏，在全校各班教室外均配备一块高清数字班牌。在图书室配有新华文轩数字图书查阅系统，大厅均配有信息公告宣传系统，并在锦绣校区实现了无人值守智慧图书自助借阅。学校 2 套高清监控覆盖两校区所有公共场所、安全通道，并实现和辖区派出所、区教育局联网。学校在重要区域均安装了数量不等的红外报警装置，这些设备有效保障了师生安全。

在虚拟空间建设中，我们形成了智慧云教学模式，探索出智慧云教育方式，建构起智慧分析模式，实现了“三转变”“三创新”。

一是灵活运用，形成“人网融合”智慧教学模式。

学校全面启用成华区教育智慧云的所有功能，依据各项功能开展深度应用，强化成果意识和数据意识，及时收集各系统数据进行分析，进一步促进课堂教学变革。通过教师使用教学助手及学科工具，参加各级赛课、展示课、研究课等促进整体全面应用，促进学科教师间的交流学习，达到 60%以上的教师能够在 70%以上的课时利用教学助手进行在线备课，准备教学资源，并使用学科工具提升课堂教学质量，主学科 90%以上形成校本特色套件资源。

成华区智慧教育云平台为教师提供了“学生点评”“习惯养成”“每日一题”“活动广场”“班级圈”“学习成果”等模块，给老师和学生家长搭建了沟通交流的学习平台，帮助家长随时随地了解学生在学校的学习、活动、社交和成长等各方面的表现，也让教师了解学生在家生活和学习的情况。

二是无缝指导，形成“人网融合”智慧学习方式。

以智慧教育平台为基础，教师根据学科教研结果，安排好课程计划，学生按照教师的教学计划，完善自我学习规划，积极、持续开展在线学习，并根据自身学习能力与习惯调整学习内容和难度，合理安排学习时间与学习进度。学生通过“学习导学”功能接收教师通过“课前导学”模块推送的微课，实现错时接收，多路径观看；教师通过“课前导学”查看学生学习行为和学习效果，指导学生提升学习效率。

学生通过“课后作业”版块提交居家学习作业，通过“智能检测”在线检测学习效果；教师在线批阅和反馈，实时生成作业及检测结果和统计分析数据，有利于学生和家长根据知识点主动分析检测结果，评判线上教学资源和教学过程的有效性，促进教师提供更多更有实效的教学资源。

根据不同平台具备的功能，如打卡、测验等自行规划学习流程；使用回放点播功能，回顾直播课程内容，巩固学习内容；随堂整理笔记，课后温习课程，利用个人学习空间进行学习记录，提高学习效率。充分利用移动设备的定时关机功能，或是设置定时闹钟等方式，排除内外部因素的干扰，提高学习的专注度。目前我校 100％的教师能够利用云平台与家长沟通学生学习情况。

教师、教研组根据区智慧教育平台提供的“数据驾驶舱”“成华数据大屏”“信息统计”等统计平台和学生个人空间数据积累，分析管理数据，巩固强化成果。

三是研判数据，形成“人网融合”智慧分析模式。

基于智慧教育平台师生学习过程的记录数据，学科教师对学习者在线学习行为进行分析。针对行为主体（教师、学生）的行为方式（登陆、浏览资源、在线交流等）、行为客体（各类资源、网路课程模块等）的被使用情况以及行为发生时间进行统计、可视化和各类挖掘，并结合师生的特征数据对影响在线学习行为的因素进行研判。

通过“人人通空间”及其相关模块的建设和应用，学校在数据互联的基础上，增加了基于大数据的智能分析和提示功能，将教学日常管理的数据进行收集、汇总、整理和分析，对教师师德师风风险、安全预警风险、课堂管理风险、学生体质健康风险等进行综合分析和评判，为教学提供全面的指导。

学校的数据平台对学生客观信息的采集范围扩大至课堂内外、正式和非正式学习环境、线下和线上学习、学习活动和生活表现等，获取与学生成长和发展相关的数据，形成系统、完备的学生数据系统，整合并标准化为能够反映学生综合素质的多源数据与信息，建立学习分析模型，对学生综合素质发展进行多维度、全方位考察，形成基于数据的学生个体和群体的综合素质数字画像。

在这个过程中，我们变革学校管理模式，实现融合智慧教育，实现了“三转变”“三创新”。

一是从管理到治理，实现“三转变”。

其一，通过数据积累和挖掘，实现管理理念转变。我校依托“成华区智慧教育云平台”，精确记录教师教学工作、学校行政办公及后勤管理服务各项数据。强化学校教师、管理人员数据观念，实现数据资源挖掘与有效利用，深度实现管理精细化。

其二，通过融合资源和服务，实现教学模式转变。依托“人人通”系统，创建“每周学分制”管理方法，清晰反映教师每周工作情况；通过学生知识掌握问卷调查，清晰反映学生知识点掌握理解情况；通过“成华区智慧教育云平台”实现资源和服务的数据化、精确化、智能化，变单一的传统教学模式为多元的授课模式，学生在校没有理解的知识点可以通过在线学习理解，让线上学习成为学校教学的有力补充。

其三，通过业务完善和分析，实现工作方式转变。以互联网大数据为技术支撑，基于智慧教育云平台，收集利于学校发展、业务完善的意见和建议；分析管理服务过程中形成的各种累积数据，更好地实现治理民主化、科学化，实现由管理向治理的转变。

二是从经验到精准，做好“三创新”。

其一，完善数据分析平台，创新业务监测方式。学校根据对智慧教育学校智慧管理的要求，在区智慧教育平台提供的“数据驾驶舱”“成华数据大屏”“信息统计”等统计平台基础上，创新智慧教育学校运行监测方式，建设和完善智慧服务与运维平台功能，实现运行设备的自动配置及应用管理、健康状况监视（带宽、速率、流量、吞吐量等），实现智慧教育学校运行设备全方位监控，实现用户权限便捷管理，实现云服务资源管理和服务提供，实现应用系统使用状况监控（在线人数、时长、操作），实现教职工工作台服务流程及业务处理（统一认证接入服务、特殊需求、报修）等。

其二，重构流程处理功能，创新行政办公方式。学校加强对教职员工的专业培训，系统、全面开展智慧教育行政办公类应用学习，加强管理人员对信息的捕捉、分析能力，切实提高管理者对信息的敏感度，掌握大数据思维方式。积极推进基于成华区智慧教育云平台的协同办公方式，梳理和重构办公处理流程，通过平台对校内数据统一管理，增强部门间信息流动和共享，实现职能部门对各自职责范围内的人、财、物业务的管理。创新行政办公方式，统一校园教务、学生、人事、财务、国资、后勤、科研等管理数据，深度提高管理运行效率。通过“人人通”空间，为手持智能终端提供无缝办公工具，实现泛在学习和办公。

其三，挖掘应用使用数据，创新教学管理方式。全体师生积极使用“人人通”空间，如课前导学、智能检测、学生点评、教师考评、习惯养成等，应用数据由区智慧教育运营中心和学校信息中心共同负责管理和维护，校内各部门共同制定数据采集、使用和分享等规章制度，强化和其他部门协调合作，提高各部门数据分享率；建立完善数据采集机制，保证数据质量，提高数据使用率；建立数据质量控制流程及体系，制定管理规范，确保数据完整性、准确性、一致性和实效性；通过大数据实施科学地评判与理解，实现教学效果与教育质量的保障性提高。

由于优化了智慧育人环境，我们也重塑了教育学习空间。

一是学生综合素质测评智慧化创新目标。

结合学校“尚美”学生发展目标，形成了“学生综合素质评价试行方案”，构建了科学合理的评价模型。我们以成华区智慧教育云平台为依托，通过分析学习服务、学习场景、学习活动以及成长过程中人的行为与学习个体的内隐特征，实现对学习者高度个性化的数据表征，从而更好地了解学习者的特点和个性差异，全面把握学习者的真实需求，对其学习活动进行更为准确与广泛的研究，从而开展精准教学，提供个性化学习服务，形成以学习者为中心的个性化学习模式。

二是基于智能终端交互设备的探索。

首先是利用教学助手优化评价内容。通过智慧云平台在教学助手“学生点评”中设置了学生个体课堂评价正面评价要素和改进评价要素，从多方面对学生进行细致评价和及时反馈。

其次是利用远程巡课完善评价体系。利用教育智慧云平台的巡课功能，将各班学生上课状态、学习习惯等情况及时反馈给任课教师、年级分管行政，并在学科教研会上对数据进行分析。

再次是利用网络空间丰富评价方式。利用智慧云平台中的“学生点评”“习惯养成”“活动广场”“班级讨论”等不断丰富网络学习空间的评价方式和手段，并了解学生参与学校线上活动的情况。

最后是利用智能检测提升评价效率。学校利用课前导学、课后练习、在线检测、智能检测等智慧教育平台应用让学生在完成在线学习成果上报的同时，通过互查的方式展示自己的作品或作业，同学、家长、老师也共同参与到了学习成果的评价中来，通过评价数据以分析学生学习水平。

三是基于新技术的综合素质评价预期探索。

一方面，开展综合素质评价项目，包括心理评估、学业评价、健康提醒。

心理评估：利用智能学习环境以及具有数据采集能力的学习终端如平板电脑、智能手机、数码笔、可穿戴设备、摄像头等应用，结合情绪识别系统随时分析学生学习行为背后的情绪状态，并及时对教师和学生进行提醒。

学业评价：如在英语学科开展基于人工智能的听说教学、听说测试，可以在很大程度上提高学习者在英语学习过程中的听说能力。

健康提醒：为学生佩戴智能手环，收集和检测学生在运动、睡眠以及膳食方面的情况，及时提醒学生注意保持健康的生活方式。

另一方面，进行综合素质评价方式变革，涉及个性化标准、伴随式采集、及时性报告。

个性化标准：针对不同的评价项目和内容，根据教育的共同要求，结合学生个体的实际情况，由家校共同制定出适合个体的评价标准，并通过人工智能技术，将该评价标准内置到区智慧教育平台上学生的学习空间内，作为学生学习评价的依据。

伴随式采集：通过全域式网络架构与学生随身携带的智能感应终端，综合素质评价系统伴随式采集学生过程数据，在学生学习过程中就记录和采集。

及时性报告：建设基于区智慧教育云平台上内置的学生评价标准，结合学习过程中伴随式采集的数据，平台及时对学生学习的方方面面进行专项或综合分析，并向学生、教师和家长发送阶段性学习诊断报告。

我们还计划在 2020—2022 年 3 年内，实施教育信息化 2.0 行动计划，到 2023 年基本实现“三互动两实现一形成”的智慧教育提升。

第十一章 / 淬炼尚美立人的教师专业素质

德国著名哲学家雅斯贝尔斯认为："教育就是一棵树摇动一棵树，一朵云推动一朵云，一个灵魂唤醒另一个灵魂。"邓小平同志指出："一个学校能不能为社会主义建设培养合格的人才，培养德智体全面发展、有社会主义觉悟的有文化的劳动者，关键在教师。"习近平总书记2016年教师节前夕视察北京市八一学校时发表重要讲话，明确要求"广大教师要做学生锤炼品格的引路人，做学生学习知识的引路人，做学生创新思维的引路人，做学生奉献祖国的引路人"。他还指出："教师是人类灵魂的工程师，是人类文明的传承者，承载着传播知识、传播思想、传播真理，塑造灵魂、塑造生命、塑造新人的时代重任。"2019年2月，《中国教育现代化2035》正式发布，对教育现代化和教师队伍建设提出新目标、新要求和新任务，是未来教育改革发展和教师队伍建设的纲领性文件，意义不言而喻。

教师是立教之本，兴教之源。高尚的道德情操、扎实的知识功底、过硬的教学能力、勤勉的教学态度、科学的教学方法是教师的基本功。一所学校的发展力源自一支优质的师资队伍，这支队伍需要在"自我发现"与"自我觉醒"中实现自我领导力的提升。

成华小学就是基于对教师职业的清晰认识，基于"定调子""瞄靶子""架梯子"的教师教育校本实践，把全校教师引上了尚美发展的成长之路。所谓"定调子"，就是唤醒教师自我成长的激情。明晰发展方向，引领教师放大成长格局；聚焦关键问题，绘制教师专业成长自画像。所谓"瞄把子"，就是找准教师自我成长的节点。找准生长点，让教师找到最佳舞台；明确发力点，让教师呈现最美样态。所谓"架梯子"，就是帮助教师自我发展。创新研训机制，深度挖掘教师潜能；营造学术氛围，夯实教师理论功底；锻造成长团队，提升教师发展速度。

一、 尚美教师梯队建设

十根手指有长有短，一支队伍因为人员众多，必然也有层次之分。学校为了促使所有教师都能得到发展，便有了教师队伍梯队建设的思路。

我们知道，鸡蛋从外打破，是食物；从内打破，便是生命。我们教师也是这样，如果被人从外打破，那他就将成为别人的“食物”；如果自己愿意从内打破，那他就可以很好地成长。那么，我们教师怎样从内打破，成长自己呢？

我们用哲学的三个终极问题来询问自己：我是谁？我来自哪里？我要到哪里去？大家对照自己，很快便有了这样的回答：我是教师；我来自教学第一线；我要走向“四师”——明师、鸣师、名师、铭师！

对，我们就是要走向“四师”！我们是这样理解“四师”的——

（一）“基础型”教师入格工程：明师

所谓基础型，指的是新入职和新到成华小学工作不满三年、在成华小学尚美教育理念浸润时间不长、尚美认识不够、尚美能力不强的新教师。对这类教师，学校要求他们首先要做明师。“明师”的字面意思就是明明白白，也就是基础型教师要做什么，自己需要明明白白；做什么样的教师，更是需要明明白白。要明白什么呢？我们认为，至少要做到以下“四明”：

第一，要明教育之理。立德树人是当今教育的头等大事，涉及“培养什么人”“为谁培养人”“怎样培养人”等重大方向问题、政治问题、社会问题、教育问题。所以，明教育之理，就是明白在对学生进行教育的过程中，需要用到的相关认识、知识、道理等。既包括教育的基本道理，也包括教育的基本原理，还包括教育的基本理论知识储备。比如，要教育一个犯了点“小错误”的孩子，我们就要看这个孩子犯了什么“小错误”，这个“小错误”是属于哪个方面或范畴的，涉及哪些教育的问题，需要用哪些教育基本理论知识来对他进行帮助。人们常说，“动之以情，晓之以理，导之以行”，其中，最重要的就是要借用合适的便于学生接受的教育案例、故事、理论，来对学生做思想上的疏通，情感上的疏解，学生便会在你的有理有据、有情有景、有声有色的说服、教育之下，明白他自己的错误，知晓他需要采用的改变方法，再用自己的实际行动来表示自己的忏悔和愿望。

前两天就遇到了这样一个真实问题——一个班有近 20 个孩子在课后服务结束之后，齐刷刷地坐在教室里的座位上，不愿回家。原因是他们要等班主任还给他们电话手表之后（学生在上课期间，不能使用电话手表；如果带了电话手表到校，早晨要主动交给班主任放在办公室里保管，下午离校前拿回），才愿意离校。这一天下午，他们的班主任外出开会很晚都没有回来，同办公室的另一位老师也外出了，办公室暂时没法打开。值守课后服务的老师跟这些孩子好说歹说，孩子们就是听不进，仍然坚持着自己的主张，一定要等老师回来。这时全校各班学生都陆续离校了，面对这样的问题，值周行政明白孩子们没有错，是班主任老师的疏忽导致了这样的事情。孩子们当时表面看来较为冷静，其实心里藏着一团“怒火”，如果处理不当有可能激化矛盾，使不大的事情变得更加麻烦。于是，值周行政来到班级后，先是若无其事地询问发生了什么事，待学生略有点激动地说出事情缘由后，值周行政接着说了一些话：“你们读几年级了？你们这样年级的学生是否愿意讲道理？班主任老师以前有没有过把你们的物品扣下后就当作自己的东西，再没有物归原主的情况？班主任老师今天外出有没有给你们保证她一定要回来？你们非得拿到电话手表才愿意回家，是不是还有什么很特殊的原因？现在班主任老师不能赶回来，你们又坚持要拿到电话手表，我们可以马上找师傅来破坏掉防盗门锁，但你们觉得为了自己的东西而破坏学校的公物，是否值得？如果还有同学回家担心父母责骂，现在可以让我给你的父母打电话说明情况……”通过交心谈心，通过换位思考，通过层层引导，孩子们最后打消了拿到电话手表才回家的念头，安静、有序、服气地排队回家了。这件小事告诉我们什么呢？现在的孩子是有主见的，如果不能动之以情、晓之以理，硬逼他们怎么办，那是没用的。只是在这样的时刻，老师更需要巧用思路、策略、方法，用“教育之理”来解决现实问题。

第二，要明教学之道。一般来说，一线老师更为看重教学之“术”，因为他们需要知道怎么操作。知道教学的“术”相当于知道要做什么、要怎么做之类的问题，而教学的“道”解决的才是为什么要这样做的问题，这是本质性问题，远比教学的“术”重要得多。教学中，如果没有“道”的引领，知道“术”也许是解决了小问题，而忽视了大方向。所以，教学的“道”，是方向，是主张，是追求，是牵引力，是行动的轨迹约束，老师们必须知晓教学的“道”，而不要只想到“抄近道”“走捷径”，那是不能解决教学的根本问题的。比如我们要教学语文学科的某一篇文本，如果只是从别人那里拿来现成的教学设计，然后按部就班，依葫芦画瓢，最终只是东施效颦。因此，拿到一篇文本，我们首先要考虑的是它在哪个学段、哪个年级、哪个学期、哪个单元，这个单元的语文要素是什么，侧重读的要素和侧重写的要素分别是什么，编者借这篇文本想达到的目的是什么，也就是“我们要用这篇文本来干什么”“我们要用这篇文本来干语文的什么”，想清楚了这两个基本的问题，再去对照语文教学所要达成的教学目标——听说读写书、字词句段篇等基本能力、语文学科特有的想象、思维能力，语文学科中的审美能力等自主设定教学目标、教学流程、教学环节、教学重难点、课后练习。同一篇文本，由于老师要达成的目标不一样，也就是利用的“道”不一样，所设计出来的“术”自然相差很大了。那么，哪种设计更符合课标精神和教材编写者旨意呢？这就需要把文本放在所对应的学段、年级、学期、单元、单元语文要素这样的高度去思考，才可能收到定位准确、设计合理、方法科学等要求和效果。

第三，要明未来之需。邓小平同志早就说过：“教育要面向现代化，面向世界，面向未来。”随着现代信息技术突飞猛进、日新月异的发展，教育面向现代化，面向世界，面向未来的紧迫感就显得越来越重要。未来是什么样子？未来有什么样的需要？今天的学生怎样才能适应未来社会的发展……也许谁也说不清楚。但是，未来将来，未来正来，未来已来，这是不争的事实。比如，过去的老师只要丰富了自己的知识，便可以去教学生学习，“师高弟子强”说的就是这个道理。但是，今天的老师谁还敢说自己一定是学生的老师？哪怕是我们小学，谁敢说你就一定是小学生的全才老师？像中央电视台播出的“中国诗词大会”“中国词语大会”“中国戏剧大会”等节目中，代表少年英才的“少儿团”成员年龄都很小，但他们的知识面如此宽，有几个老师敢在他们面前说：“我是你的老师！我比你强！”尤其是信息技术方面，现在还没有上幼儿班的孩子可能玩起手机来都比我们成人大胆、熟练得多。更不要说，慕课、翻转课堂、云课堂、智慧课堂等新型学习模式的出现，更给我们老师提出了前所未有的挑战，所以，我们如果不能站在“未来之需”的视角和前沿去审视、思考、构建自己的教学工作，我们就必然被时代潮流所抛弃，甚至淹没。因此，当今的老师要敢于正视自己，要做一个真实的真正学习者，要树立终身学习的意识，拥有开放学习的胸怀，练就主动学习的能力，掌握高效学习的方法，使自己在时代教育大潮中乘风破浪，奋勇前进。

第四，要明生活之美。生活处处都有美！男人之美在于度，女人之美在于韵，孩子之美在于真，老人之美在于醇，夫妻之美在于爱，爱情之美在于容，家庭之美在于和，生活之美在于品，朋友之美在于诚，学习之美在于悟，工作之美在于乐，社会之美在于公，做人之美在于舍，修炼之美在于空，人性之美在于善！教学生活、学习生活、学校生活都有值得我们去发现、审视、欣赏、创造的美。在第一章已经谈过，学校生活中的环境美、课堂美、课程美、活动美，以及美在心灵、美在奋斗、美在过程、美在永恒等论述中，都充分表达了我们对生活之美的认识和建构。需要引导学生去发现、欣赏、传递、创造各种各样的美，让美包围我们的生活、学习、工作，让美浸润我们的生活、学习、工作，让美影响我们的生活、学习、工作，让美引领我们的生活、学习、工作。在日常教学中，更是需要我们去发掘不同学科、不同内容、不同时刻所蕴含的不同的美育因素，在教学各个环节中渗透美育，实现以美养德，以美启智，以美正行，使学生时时、处处感受到美的存在、美的吸引力、美的表现度，在学习全过程获得美的感染，美的熏陶，美的浸润，美的启发，美的成长，并践行美的使者的义务。比如，语文教材思想内容丰富，具有多元美育因素。课文的题材美，包括喜剧题材、悲剧题材；课文的形式美，包括诗歌、散文、寓言、童话、小说等不同文学式样的不同美质；课文的文质美，选入教材的课文寓多种审美价值于语言的典范性、科学性、哲理性和情感性之中；课文的内容美，包括了自然美、艺术美、社会美；课文的结构美，不管“总—分”关系，或是并列关系，还是因果关系……都有其内在的必然联系，都是作者构思而成的上品……所以，语文教学要充分发挥语文学科中的美育作用，进行审美化教学设计，实施尚美化课堂教学，就能使语文教学充分发挥尚美育人功能，使课堂教学达到极佳效果。具体地说，在语文课堂教学中，我们可以有效利用教材，从感受自然美、弘扬社会美、表现艺术美、领会情感美、欣赏语言美、领略结构美、体会创造美等方面，凸显出语文特有的尚美育人魅力。还要特别关注提问的艺术美、理解的深度美、设计的流畅美、板书的结构美、讲述的生动美、朗读的韵味美、思考的多维美、知识的运用美、评价的多元美等尚美要素，用多元尚美手段与方式对学生进行全方位的尚美教育。[①] 其他学科也一样，我们要尽力去挖掘，去采撷，去弘扬，去把美的育人功能发挥到极致，使学生无时无刻不受到美的洗礼。

（二）“经验型”教师定格工程：鸣师

经验型教师比基础型教师不管是对学校的办学理念的理解，还是专业教学能力，都明显要高一个档次，基本可用成熟型教师来界定。学校对他们的要求不再只是做明师，需要提升一个层次，要做“鸣师”。什么是“鸣师”呢？顾名思义，“鸣”是发出声音，有“叫得响”的意思。既然是“叫得响”，应该比“明明白白”层次高一些，是对教

---

① 宿强，李建荣. 与美同行——尚美学堂凸显语文魅力［J］. 小学语文教学·人物，2014（5）.

师“明明白白”之后向前推进的更高层次的要求。其实“叫得响”的老师，有一个重要指标就是“课上得好”“大家服”“有较好影响度”。具体地说，表现在以下三个方面：

一是在学科叫得响。这里有两个层次，另一方面指的是在学校内的学科方面“叫得响”，一方面指的是在一定区域（如片区、区县）的学科方面“叫得响”。一般来说，获得我们学校“校级学科带头人”称号的，就算是在学校内的学科方面叫得响的老师；获得区级学科带头人称号的，就是在一定区域的学科方面叫得响的老师。在学科叫得响的老师，在其学科教学方面有自己的声音和发言权，自然会影响和带领学校这个学科的老师向前发展。

二是在学校叫得响。这是区别于学科叫得响的又一个层面的叫得响，它已经突破学科专业能力和素养，而是较为综合的“叫得响”了。如获得区级“骨干教师”、校级“最具影响力的班主任”之类称号的优秀教师就属于在学校叫得响这个层面的老师了。这个层面的老师还包括学校一年一度评选出的“尚美明师”“尚美团队”成员，因为这类评选已经不再是单一的学科类评选，而是对老师各方面发展情况的一个整体评价。所以，“尚美明师”“尚美团队”成员在学校内的声誉是很好的，影响力也是巨大的，相当于学校一年一度树的标杆、榜样。

三是在学界叫得响。“在学界”是有我们自己的圈子划定的。这里的“学界”不是基于全国、全省这样的层面，而是在比学校（包括区县）的范围略大的区域“叫得响”的这样一类老师。比如，在教育联盟或教育集团中，一提到某个学科，大家自然就会想到某某某，他就属于在教育联盟或教育集团中叫得响的老师；在区县学科教学中，大家都比较认可、推崇某某某，他便是区县级叫得响的老师了。如果比这个范围更大的叫得响的老师，就属于下一类“名师”了。

（三）“研究型”教师破格工程：名师

名师，是全国各地大家一致认同的师德高尚、知识丰富、教艺精湛、乐于奉献的影响力远超于前两类老师的一类老师。其“名”，是知名、著名、闻名、享有盛名的意思。所以，这类教师较之前两类而言已有实质性的突破了，已非一般意义的教师了，他们贵在“名”。

但凡“名师”，大都坚定政治立场，以教书育人为己任；敬业爱岗，全身心投入教育教学工作中；治学严谨，知行统一，师德高尚，为人师表。教学效果好，注重根据学生的个性特点因材施教；有效激发学生学习兴趣，培养学生自主学习能力，注重培养学生的综合素养；教育理念先进，合理利用现代信息技术开展教育教学活动；教学研究能力强，能适时学习、借鉴国内外先进教育理念和经验，改进教育教学工作；积极主持和参与各种教学、科研活动，并取得优秀成绩；资源整合能力强，教学管理水平高，有很强的团队合作意识。同时，他们还受到大家的拥戴。表现在：

在学校享有美誉。在一个团队中，大家愿意以他为榜样，愿意以他作为自己引以为自豪的偶像。因此，他在团队中，极负盛名，享有极高的美誉。成华小学有一个富有战斗力的美术团队，她们紧紧围绕在胡琳老师为首的美术核心周围，并在传递胡琳老师的美术研究成果基础上，把自己对美术的理解、对美术的专攻方向成果一步一步发扬光大的——学校楼道里、围墙上、学术厅中、工作室里、展览厅中无不呈现出各位美术老师及他们指导学生完成的精美作品，他们的作品点缀着成华小学美丽的校园，也把成华小学艺术教育对美的追求逐步延伸向学科审美、活动审美、课程审美、课堂尚美等各个方面，足见名师在团队中的影响力、感染力、辐射力。

在学科享有赞誉。如果说名师在学校享有美誉的话，他在学科就可能获得掌声一片了。仍以胡琳老师为例，她不仅带动着学校美术组老师全身心投入到学科教学及美术研究工作中，而且早声名远播，前来拜师的青年人络绎不绝。区内外老师把孩子交付给胡老师指导，社会人士纷纷送孩子到胡老师课外训练班上学习绘画技艺，示范毕业生也不约而同地登门求教，希望成为她的徒弟。当然，她也是乐此不疲，总是毫无保留地赐教她的学生和年轻的美术老师。

在学界享有盛誉。胡老师的美名得到了区内、市内、省内外美术老师以及学科专家的一致好评，共同盛赞。她牵头完成的学校艺术教育成果连续四届获得国家教育部中小学艺术教育成果一等奖；她和她指导的学生作品“彝族系列”登上了中国美术出版社出版的中小学一、四、五、七、八年级《美术》教科书；她成了成华区、成都市和四川省三级名师工作室领衔人，她的弟子来自全省各地市州，她的足迹遍布全省各地，她的声音回荡在全省美术老师耳际，她的美术研究成果传播到全省不少以美为特色的学校；她光荣地评为了四川省美术特级教师、中小学高级教师，现正冲刺正高级教师。我们学校像胡琳老师这样的在学界享有盛誉的省市级名师还有周乾英、李建荣、曾蓉、宿强等，难怪成华小学建校才三十年，就能获得全国、省、市、区重要荣誉 40 余项，成了成都市主城区“最具人气小学”之一和成都市“新五朵金花”学校之一。

（四）“专家型”教师立格工程：铭师

这是最高层次的一类老师。我们知道，金字旁的字都与金属有关。“铭（文）”是一种刻在器物上，用来警诫自己、称述功德的文字，后来成为一种文体，如刘禹锡的《陋室铭》、韩愈的《柳子厚墓志铭》等，还有放在书案右边用以自警的铭文叫座右铭。所以，“铭师”已不再是前三个层次老师的概念，而已上升到有自己的独到的教育理解、教学主张、施教行为，更是要用“著书立说”的方式，把自己的理念、主张、行为记录下来，传以他人，实现新的教育认同和教育实践，此乃“功在当代，利在千秋”耳！这类教师具有下面四个特质：

“精明”教学之道。毛泽东在赞扬雷锋精神时曾说：“一个人一辈子做一件好事并不难，难的是一辈子做好事。”这句话如果换在教师身上，是否可以变为“一个老师上好一节课并不难，难的是每节课都是好课”？要做到这样，绝非易事，因为要上好一节课，可以集大家的智慧于一体，在反复打磨之后形成难以找到瑕疵的好课。但是，要把每节课都上成具有名师风格和独特追求的好课，那绝不是件轻而易举之事。名师也是人，名师也是凡人。他们之所以力争把每节课都上成名副其实的好课，是因为他们不仅追求课的“质”，还追求课的“品”，更追求课的“魂”！这是他们精明教学之道的结果，是他们孜孜不倦的教育理想在左右他们的行为举动。所以，一般人看来很随意的一堂课，却在他们手中能闪耀出光芒，都得归功于精明教学之道。

“精研”教育之法。花，有的喜阴，有的喜阳；有的喜干，有的喜湿；有的喜肥，有的喜瘦。人上一百，形形色色。要把生命特质迥异、个性特点鲜明、家庭背景有别的孩子教育好，也得要摸清楚他喜欢什么，不喜欢什么，哪种教育方法对什么人管用，哪种教育方法对什么人不管用，对这些问题铭师们应该都有一本清晰的账。有了自己的“拿手好戏”甚至“独门绝技”，还需要有爱心、有耐心、有决心、有信心、有恒心，做到因人而异，因材施教，因势利导，才有可能实现孩子个个都能精彩，人人都能闪耀。他们会经常提醒自己：“好学生不是你教出来的，能让不优秀的孩子变得优秀，才是优秀老师的真本事！”基于这样的理念和思考，铭师们会随时随地精心研究教育之法如何才具有真实性、适切性、时效性、高效性。一旦遇到一般老师感到棘手的教育问题，他们更是把它视作珍宝，拿来作为经典案例研究，最终收获最一般的教育规律，再次奉献给其他老师共享应时教育的甘醇。

“精历”研究之方。仅仅能上好课，不能算一个好老师，他只不过是一个好的学科老师。真正的好老师，还需要与研究相伴，积极参与研究，认真实施研究，踏实做好研究，一个阶段能有相应的研究成果出来。亲力亲为，身先士卒，摸爬滚打，酸甜苦辣样样都有经历，而经历之后，能让我们看到雨后的彩虹，那才是值得我们尊重、敬佩、仰视、效仿、践行的。在这期间，他们需要真真实实地做，然后再是老老实实地总结、提炼，最后撰写出扎扎实实的丰硕成果。“操千曲而后晓声，观千剑而后识器。”“纸上得来终觉浅，绝知此事要躬行。”一个特别优秀的老师，应该做到课展示得好，研究做得好，提炼总结得好，笔下书写得好。

“精通学科”之术。前面已谈到“道”与“术”的关系，我们觉得，没有精准的“道”，难有实在的“术”；没有适时的“道”，难有时髦的“术”。精通学科之“术”，首先要谙熟学科之“道”。古今中外，不同流派、不同时期都有其理论成果和操作成果，那些经久不衰令后人津津乐道的经典案例、教育故事必然成为我们学科教学的有用之“道”。如果还能古为今用，洋为中用，他为我用，我们就能借“道”出“山”，彰显学科教学精妙的“术”。不同的学科、不同的时段、不同的情境下，需要用到的“道”也会有所不同，因此，我们头脑里拥有的“道”越丰富，到时候就会显得越从容，越能“逢水架桥”“逢山开路”，如庖丁解牛一样“只以神遇而不以目视”，信手拈来，左右逢源，得心应手罢了。当然，如果我们对同一篇教学内容有多种教学设计或思考，再在其中掂量出优劣来，或者找到最适合的方案，那就算是真正的“高手”了！

二、 尚美教师技能训练

教师因其职业规定性，在教育、教学、科研等方面都有相应的规范和技能要求，通识性的技能要求包括普通话、三笔字、信息技术运用能力、教学基本功方面的组织教学能力、教材解读能力、教学设计能力、课堂驾驭能力、师生交流能力、作业设计能力、作业批阅能力、家校沟通能力、团队合作能力等。下面，我们谈谈成华小学的“课堂教学五法”和“教师观课五要”。

课堂“教学五法”和教师“观课五要”，均以课例为基础，聚焦课堂，提高教学的针对性、实效性；也是对新进教师和新教师所进行的入格训练要求，意在促进每位老师先入格再出格，以至形成自己独有的无格之格。这是我校现阶段特有的教研文化符号。

（一）“教学五法”

教师的主要工作是教学，虽说“教无定法，但一定有法”。要搞好自己的教学工作，应该遵循一定的原理，掌握一定的方法，牢记一定的要求。成华小学要求全体老师必须记住下面的“教学五法”。

之一：目标确立。

课前，执教老师通过“四读法”（一读课标——把握准确定位；二读教材——自主确定目标；三读教参——合理调整借鉴；四读学生——研究学生需求），准确确立本节课的教学目标。课中，教师是否明示教学目标，怎样揭示教学目标，何时明确教学目标等，均由教师自主确定，不做统一的硬性规定。课堂上虽没有揭示目标的环节，但课中也应该能让观课者很顺利地提炼出该节课的清晰目标。

之二：活动实施。

这是一节课的主体部分，也是最重要的课堂教学环节。执教老师围绕教学目标个性化地组织、实施形式多样的课堂教学活动。包括活动环节设计、知识要点布局、教师指导预设、师生评价跟进、学科特质体现等，也包括课标提到的“知识与技能”“过程与方法”“情感态度价值观”三维目标在课堂教学中的渗透、师生在活动中的占比、自主与合作的时机把握等；还包括课程资源的利用、现代信息技术的交互使用、个体群体的协调发展、课堂文化的民主、平等、关爱、创新等。总之，一节课中的活动实施得好，其教学效率自然能正比例彰显。

之三：适时调整。

执教老师的教学智慧应该主要体现在面对课堂生成的问题、情况能进行适时的、合理的、有价值的调整、处理，以利于师生能更好地进入下一步活动和促进学生深层思维品质的有效提升。

之四：评价反馈。

课堂教学中，要有师生的多边、多形式评价与及时反馈。通过学生自评、生生互评、师生共评关注学生的参与、思维、生成等，关注学习后进生的状态，调动教与学双方的积极性，促使师生共同发展。

之五：总结拓展。

一是每节课的最后部分，老师要做好对该节课的收束、总结；二是要有立足课堂、紧扣教学目标的适度拓展延伸，充实教学内容，使课堂从封闭走向开放。

总之，“课堂教学五法”就是要敦促执教老师保持心中有目标、脑中有流程、眼中有学生、手中有方法、口中有评价的课堂状态。

（二）“观课五要”

之所以提“观课”，是因为我们要改变过去“听课”将重点关注放在老师在干什么的倾向，而要把关注重点和焦点转移到“学生学习”“核心素养”“学生指导”和“课堂文化”上来，与《成华小学尚美学堂观课记录》形成很好的对应。

之一：“要观”。

既为观课，就要求老师作为观课者首先做到“眼观六路”，观察学生课堂上的表现，尤其是不同层次学生在课堂上的不同反应。看学生是不是被课堂学习所吸引，是不是处在老师预设的问题情境中，是不是有自己的思维过程，特别是深度思维的呈现，学生的学科能力是不是得到了充分开发与发展等，是不是真正体现了课堂学习中学生的主体地位和真学习状态；还要观老师在活动实施中的组织作用、导引作用、调节作用、扶助作用等，是否充分体现老师的主导地位。

之二：“要听”。

观课者要注意听老师的讲解、启发、导引、提示、示范、评价、总结语等是否准确、生动、精辟；还要特别注意听学生个体及小组讨论、汇报交流时的语言是否清晰、准确，观点是否明白、正确，论述过程是否有条有理、层层深入；也要听教师在学生交流之后的反馈与相机引导，要看老师是不是真正促进着学生思维的成长。

之三：“要思”。

既要思考执教者的核心目标制订是否合理，教学设计是否恰当，是否符合学生学情（这节课哪些地方值得借鉴？哪些地方需要引起关注？具体的改进策略是什么？这既是学习方法，更是学习心态，营造积极向上的教研氛围）；又要思考如果是自己参与设计，你还有哪些合理的补充或调整、完善；也要思考什么样的设计更符合现代教育理念，怎样设计才是更具学科价值，怎样设计才是尚美理念下的教育行为等等。

之四：“要测”。

一是看执教者对学生的学习是否有当堂练习与适时监测；二是看学生课堂作业中的正确程度能不能有效支撑老师的预设目标；三是看学生群体的成长情况，尤其是学生知、情、意、行方面的发展与成长；四是可以做一些现场检测，了解目标的达成度，或了解学生学习的内心需求、情感变化等。

之五："要获"。

一是指在观课中获得的点滴感受与经验；二是指从观课中得到的启发与顿悟；三是指由此及彼获得的触类旁通的收获。

（三）"尚美学堂"上课观课流程图

"教学五法"是对执教者上课的基本要求，"观课五要"是对看课者的基本要求，"成华小学'尚美学堂'上课观课流程图"便是对教学工作的总体要求，任何人都不可以各行其是，任意处之，因为这是我们的教学文化规范。

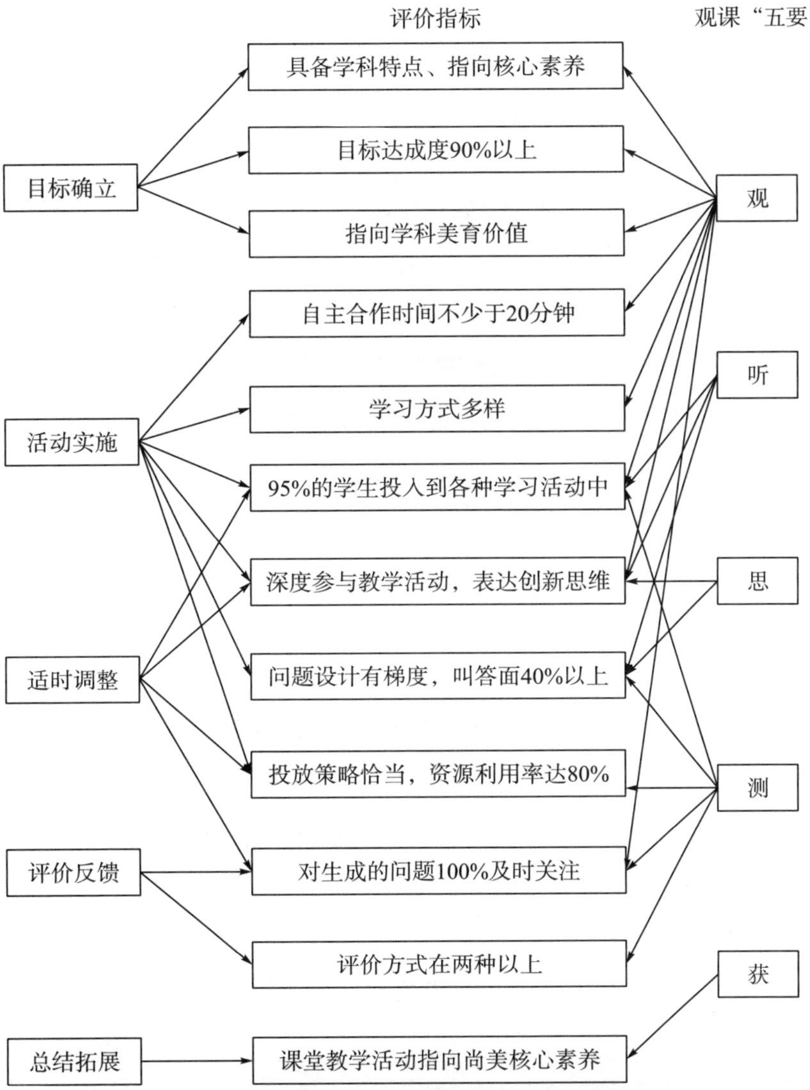

图 11-1　成华小学"尚美学堂"上课观课流程图

三、 建设尚美的教师团队

个人的力量总是显得势单力薄，难成气候。一个个优秀的个体组合成的一支团队必然呈现强大的震撼力，将势不可挡。而这个团队，首先需要一种文化作支撑，因为学校团队文化是一所学校的全体成员在学校办学思想、育人理念指引下，开展分工、合作，既为实现各自的人生价值，又能完成团队共同目标而形成的一种潜意识行为规范系统，包括价值观、最高目标、行为准则、管理制度、道德风尚等内容。它以全体员工为工作对象，通过宣传、教育、培训和文化娱乐、交心联谊等方式，以最大限度地统一员工意志，规范员工行为，凝聚员工力量为目的，为达成团队总目标服务。

（一）成华小学尚美团队文化

成华小学开展尚美教育，能三十年如一日，一以贯之，坚持不懈，靠的就是团队文化力量的推动。所以，我们的认识是：当一个团队所有成员都认同了某种行为规范，并能自觉、自愿、自主地践行这种行为规范，那么这个团队就能做到方向特别明确、目标特别清晰、力量特别集中、效果特别明显、品质特别突出，并实现百尺竿头，更进一步。

成华小学通过多年的实践、积累，经过反复斟酌、修改，现在已经把办学理念、办学目标、教师发展目标、学生发展目标、校风、教风、学风、校训等基本固化下来，并对全体成员有强制约束性和具体实践指导性。这正好是成华小学一路走来，越走越顺畅、越来越辉煌的有力印证。下面的《成华小学团队文化“六注重”》《成华小学团队文化“六懂得”》便是他们行动的具体规范。

成华小学团队文化“六注重”

注重个人形象，注重学习和思考，注重个人价值的提升，注重沟通和协作，注重发展的机会，注重整个行业的发展趋势。

成华小学团队文化“六懂得”

懂得追求目标，懂得按程序办事，懂得讲求效率，懂得多角度分析问题，懂得用数据和逻辑说话，懂得尊重别人的时间和隐私。

学校尚美团队文化是通过校园文化得以彰显，通过课程实施作用于师生，所以，教师队伍是关键，教育效果是最后的成果呈现方式。换一种说法，我们的教育，就是要培养尚美之人——尚美的教师、尚美的学生、尚美的家长；要践行尚美之学——尚美的课程、尚美的课堂、尚美的活动；要表现尚美之物——尚美的校园、尚美的教室、尚美的办公室。做到了这样，就可以自豪地说："我们的尚美团队文化影响力是巨大的，效果是真实的，成绩是突出的。"

不管是对课程实施（课程理解）的评价，还是对课堂教学的评价，或是对学生学习的评价；不管是对尚美"四师"的评价，还是对尚美少年的评价，还是对尚美家庭的评价，我们都要站在立德树人、"五育"融合的高度，用党中央和国务院的最新文件要求作为评价的基本指南，这既是政治站位，也是学术站位，是干的"顶天立地"的工作。同时，要关注"不比基础比进步"的增加值和"不比背景比努力"的净效应的增值评价理念，努力为建设"高品质实验学校"殚精竭虑，不遗余力。

评价重在导向。以《成华小学尚美学堂观课记录》为例，表面上看，它相当于《听课记录》，是听课过程中的必用之物；实际上，它代表着我们的评价导向功能，因为我们不需要记录观课所看到的教学流程、教学过程，而只需要用白描手法记录下成功之处、不足之处或闪光之处。我们先后对《成华小学尚美学堂观课记录》作了四次较大调整与升级，每一次调整与升级都代表着我们的评价指向：最初的称之为 1.0 版，主要解决教师"教"的问题——教什么，怎么教，怎么更好地教；接着是 2.0 版，主要解决学生的"学"的问题——教师的教为学生的学服务，凸显学生学习主人翁地位，教师从占据讲台转向服务学生学习，把课堂学习还给学生；再后来是 3.0 版，主要解决学生如何高质量学习的问题——教师作为学生学习的主导者、合作者、支持者、参与者，为学生学习提供思维支持、方法支持、技术支持，提高学生单位时间内的学习质效；今天再迈向 4.0 版，主要解决"双主"价值、育人功能、多元评价及增值评价等问题——主要涉及育人理念落地，育人方法落实，育人技术落细，育人效果凸显。比如，在 4.0 版本中，我们将在"学生学习""核心素养""学生指导""课堂文化"四个方面，重点关注"课堂 40 分钟的学习效度""教师提问的有效性比重""关注特殊学生的学习状态""学生参与学习活动的覆盖面""学生回答问题的准确性、创造性"等方面，实现实质性跨越。

评价重在促进。在立德树人、“五育”并举教育总方针指导下，我们的评价肯定必须指向“五育”融合和尚美立人这个方向。因为“五育”融合对接的是“五育”并举，尚美立人对接的是立德树人。只有抓住这两个牛鼻子，评价才在正轨上，不然就偏离了航向，甚至南辕北辙，背道而驰，那是我们绝不容许的。怎样利用评价去促进“五育”并举、尚美教育呢？我们采取“定量＋定性＋模糊”评价相结合的方式，并通过观察不同学科的课程建设特点和课堂教学情况，作适时引导，实现学生德智体美劳“五美成长”。

（二）成华小学名师队伍历练

“有什么样的教师，就有什么样的学校；有什么样的学校，就育什么样的学生；有什么样的学生，就需什么样的教师。”开展尚美教育，就需要有一支尚美的教师队伍，甚至尚美的名师队伍。

1. 尚美“最具影响力班主任”评选

一听，“最具影响力班主任”这个头衔就很有意思，就值得钦佩。为什么要做这项评选活动呢？我们知道，一所学校是由几个、几十个班级组成的。每个班级又是由一定数量的老师和学生组成的。如果把班级建设好了，学校的细胞就变得优质了，学校建设也变得容易了。要建设好班级，抓住了班主任队伍建设就像是提纲挈领一般，抓住了关键，抓住了龙头，其他成员自然就容易被带动起来了。《成都市成华小学“最具影响力班主任”评选方案（2019 年 6 月修订版）》，对其评选范围规定为“在我校担任班主任工作 3 年以上，从事班主任工作年满 6 年”的教师；评选条件则从“班务常规工作”“班级管理成效”两个方面进行真实、务实评选；还规定“近两学年内，从事有偿家教、有体罚与变相体罚等违纪违规记录，工作言行失范，给学校声誉造成重大不良影响的；近两学年内，班级出现因班主任工作失误造成重大责任事故的；近两学年内，教育教学中出现违法治班从教，师生或家长有反映并属实的”不予参评。所有评选活动都采取“自主申报—材料审核—集中评议—张榜公示—通过申报—颁发证书”等严格程序，要坚持评选出大家公认的、有说服力的、榜样作用强的标兵班主任。一旦他们获得了这个荣誉，学校将在绩效中，给予他们以省市区名师性质一样的“名师津贴”。

2. 尚美“校级学科带头人”评选

与“最具影响力班主任”评选工作一样，“校级学科带头人”评选工作仍然是公平、公开、公正、严肃的，有程序，有严格规范，不走过场，宁缺毋滥，每个年度有多少评多少，不受名额限制。最终结果，与“最具影响力班主任”同样享受相应待遇。《成都市成华小学“校级学科带头人”评选方案（2019 年 6 月修订版）》规定，评选条件为七项，包括：

（1）积极参与教育科研、未来学校建设，作为主持或主要研究人员，承担学科课题研究且效果显著。近两学年内有以下成果之一：作为主持或主研人员参与区级及以上立项课题研究；获得区级小专题研究三等奖及以上教学成果奖；在学校区级以上课题研究现场会上进行案例分享、交流、课例展示。

（2）课堂教学效果显著，教学成绩突出，得到学生、家长的欢迎和同行的认可。近两学年内，一、二、三年级教学成绩超过年级平均分；四、五、六年级超过示范校平均分。

（3）对本学科教学具有辐射带头作用，热心培养和帮助青年教师成长。对青年教师指导力度大，有效引领教研组建设，受到学校、同行的认同，受学生、家长的欢迎、好评。

（4）近两学年内在全区参与过一次以上公开课、研究课或专题讲座、中心组发言等；或在集团（联盟）执教研究课、观摩课、展示课、赛课；或在区级及以上优质课、微课评比、学科能力竞赛或教学基本功比赛中获二等奖以上。

（5）每学年至少承担一次校级及以上示范课（含研究课、观摩课等），在教研组做过有影响力的中心专题发言。

（6）论文与指导学生。积极参与区级以上教育科研或教学改革的实验研究，近两学年内至少有一篇专业论文在区级及以上论文（教学成果）评比中获区级二等奖以上奖励或发表；或者指导的学生在教育行政部门批准的学科竞赛、活动中获区级二等奖及以上奖励。

（7）被评为区级以上优秀教师、优秀青年教师者优先考虑。

申报程序、申报材料、特别说明等项目与其他评选活动要求基本一致，保证学校工作的持续性推进。

3. 尚美“首席教师”评选

学校的首席教师评选，已经明显超越了前两项评选工作的含金量，也不是仅仅优于一般教师的评选。因为“首席”这个头衔就注定了这位教师的不一般，应该是学校内某个方面、某个学科，甚至是全校所有学科中最顶尖的优秀教师。不然，就有愧于这个名号。《成华小学校尚美教育首席教师评选方案（2019 年 9 月第三次修改）》，从“全优标兵”“同事首肯”“宁缺毋滥”“公开公正”四项基本原则，就可以看出学校对这个称号的重视程度。其必备条件“美在师德高尚”“美在业务精湛”“美在管理有方”“美在实绩突出”“美在注重研究”五项，就把“首席教师”的标准大大提高到了一个非同寻常的高度来做要求。尤其是“加分项”更是会大大拉开申报者成绩。

（1）曾出版过教育教学科研专著，或参加过已经投入使用的校本教材编写（如与他人合作，其署名必须是主要著作人之一；学科习题集不算作专著）。

（2）在公开正规教育教学刊物上发表过分量较重的教育教学论文。

（3）有至少两篇在市级以上教育科研部门主持评奖的学科教学成果、教学论文二等奖以上，或有至少两篇在区级教育科研部门主持评奖的学科教学成果、教学论文一等奖以上。

（4）曾在区级教研或科研部门组织的学科活动中作过专题发言，或在市级以上大型教研或培训活动中作过专题讲座。

（5）参加或指导学生参加区、市级以上专业技能比赛，并获得一等奖以上。

评选办法、义务与权利等具体要求，对“首席教师”也有更为细致的规范和规定，以便学校一旦评选出来后，能使他们可以发挥更大的引领、带动作用。

学校对此工作慎之又慎，其《方案》虽三易其稿，由于此项评选工作规格高，要求严，条件硬，原则上要优先考虑在职一线优秀教师，所以，至今尚未推出首轮人选，可见学校对此的客观性、严肃性。

4. 尚美“明师（员工）及团队”评选

学校从 2016 年开始，每个学年度都要针对当年的工作的实绩，在自主申报基础上，由行政会和教代会最终评选出“尚美明师（含员工）及优秀团队”，并组织隆重的颁奖典礼，以庄严的仪式感影响、带动全校老师、员工在自己的岗位上竭尽全力做好本职工作，发挥每个人的光和热。为了让更多的一线老师有机会“上榜”，学校决定行政人员原则上不参与此项评选。

2019年度尚美明师（员工）及团队颁奖词

唐　黎：最是书香能致远，您一直为建设书香班级默默耕耘，从一、二年级的读写绘到现在的整本书共读，您和孩子们在教室里徜徉在最优美的文字里，沐浴在最美丽的灵魂中，被最动人心魄的情感牵引，被最宽广的胸怀温暖，去掉浮躁，放下杂念，就这样和孩子们一起，一天天走着，读着，学着，互相感动着，一切都很美好！

汪紫鹃：在工作中，您如春雨润物无声；在生活里，您如花朵灿烂绽放；您的一言一行恪守着职业的准则；您的一举一动诠释着团队的风采。您用智慧锻造着美丽的课堂风景，让生命和教育一起翩飞成长。

张亚玲：每天都在忙碌工作，每天都在辛劳付出，您的努力令所有人都看在眼里。您实事求是，严于律已，以自己的品行做学生的表率，坚持做到爱、严、细、实。您心里装着班级，装着学生。您敢于实践，敢于创新，用自己的执着与努力，和孩子们一起创造属于三（3）班的奇迹。

朱娅玲：您，点子多、思路新，一堂堂精彩的研究课让大家看到了您身上扎实的教学功底；您，有想法、有方法，用自己的言行和毅力去影响改变学生；您，用爱岗敬业干着“太阳下最光辉的事业”！

赵春梅：您韵致淑雅，浑身散发着迷人的光辉。您以四两拨千斤的淡定、从容地将自己所带的班级管理得井井有条、欣欣向荣。您没有热血澎湃的宣言，没有轰轰烈烈的壮举，也没有家喻户晓的名气，有的只是对教师职业的执着。

蒋　兰：20多年的执教生涯里，您总是那么精神饱满，严谨认真。您热爱工作，热爱生活。在孩子眼里，您是一位严师慈母；在家长眼里，您是让人最放心的老师。您让爱流淌在每一个孩子心田，以孜孜不倦的追求与执着坚守着不变的爱！

陈立秀：您永远用宽容的心态面对学生，永远用耐心和善良对待学生，永远用欣赏的眼光看待学生。

陈燕秋：您以生为镜，以美为鉴。

谌丽媛：教学中，您严谨求真，因材施教；对待学生，您严中有爱，有耐心且用心。带领教研组内老师互相学习，彼此支持，共同分享经验，形成了团结、务实、积极可分享的教研文化。

李　宛：您低调做人，认真做事，对待工作兢兢业业，对待学生严中有爱，用亲和滋养孩子的心灵，用真诚赢得家长的肯定！

冯　琦：您的教育追求是致力于打造高效的尚美数学课堂。

罗　玲：您是一个活泼开朗、深受小朋友喜爱的女孩子。三年的教学时光将您的青涩褪去，反复实践中形成了您自己的教育特色和风格，在打造别人的同时，也在重塑着自己。

毛　敏：作为一名老师，凭着对语文教学的一份热情、一份执着，您把孩子们带进奇妙的语文世界里，感受文字的魅力，怀着一颗感恩的心在平淡的岁月里演绎着语文老师的精彩！

秦　红：您对待工作认真、积极；对待学生有爱心、耐心；对待同事能和谐交流；对待家长能热情沟通。

曾　莉：办公室里总见您伏案忙碌的身影，如山的作业，您总是精心批阅。教室外，总回荡着您清脆的课堂嗓音。您总是精心呵护一百多颗稚嫩的心灵，对孩子满腔的热情化作对事业的高度负责和热情。

钟　青：您性格温和，常常笑容满面，乐观积极。您总是循循善诱、勤勤恳恳，用自己的耐心去改变懵懂的学生。您那和风细语般的话语，荡涤了学生心灵的尘泥；您那关怀备至的叮咛，鼓起了学生上进的勇气。您的付出，值得我们尊敬。

晋心怡：初出茅庐的您，以炙热情感笑迎工作，以科研视野思考教学。心有远方，学无止境；放眼国际，脚踏实地。

刘姝玥：您将手绘带进英语课，将民族文化传播给加拿大友人，热爱自己做的每件事，不忘初心，牢记使命。您是成华小学“斜杠青年”教师的最美代言人！

张晓庆：成为良师益友是您对自己的要求，学生乐思乐学，健康善良是您对学生最大的期许。

徐　倩：您是一个活泼开朗、深受小朋友喜爱的女孩子。三年的教学时光将您的青涩褪去，反复实践中形成了您自己的教育特色和风格，在打造别人的同时也在重塑着自己。

王　瑶：凭着对英语教学的热情与执着，您把孩子们带进奇妙的英语世界，让孩子们尽情享受英语学习的快乐。您虚心学习，勤于钻研，在教学中一次次磨炼，一次次提升，获得孩子们的喜爱。您以心换心，以爱博爱，赢得家长们的信任。

谢　琳：尺子一把，心中自有曲直；粉笔几支，眼前早有横竖。人生轨迹，尽在曲线弧度中；岁月印痕，都含加减乘除里。您从教 20 余年，横横纵纵间演绎了对教育事业的一片赤诚。

马　骄：一名看似年轻的班主任，但您却干练、沉稳。因为年轻，您谦虚好学，不断进取；因为年轻，您干劲十足，精益求精；更因为年轻，您走近学生，共同成长。

宋思蕾：您用甜美的嗓音、阳光的笑容打动学生的心灵，您用跳动的音符、优美的旋律、美妙的乐章点燃学生的激情，让孩子们尽情地畅游在音乐的海洋里，享受着音乐带来的乐趣。

汤永建：您在体育课中教会孩子们如何去赢，教会孩子们如何体面并且有尊严地输。您本着对体育教学的一份热爱，一路前行，和孩子们共同成长。

安　巍：赛场上的您有飒爽英姿，勇夺体育教师技能大赛一等奖；校园中的您细致耐心地向学生传授体育知识和技能。您谦逊好学，勇于创新，善于将新的教育理念运用到工作中，在实践中不断提高自己的教育教学水平。

朱　婉：好看的皮囊千篇一律，有趣的灵魂万里挑一，管理班级不靠颜值靠实力，您家校沟通能力强，第一时间解决问题。

房灵荣：作为一名后勤工作者，您认真、热情、负责地对待师生，做好本职工作，对接、协调相关部门。虽然做不到十全十美，但尽力做得更好。

四年级数学组："同心由成玉，协力土变金"，你们四年级数学组是一支能协作、有战斗力、敢拼、能赢的团队！你们勤于教研、乐于教研，资源共享，锐意进取！

六年级数学组：忠诚合作，积极乐观，努力开拓，勇往直前；众志成城，赢得机遇无限，团结拼搏，换来凯歌频传。奋进中的六年级数学组，抱团作战，荣辱与共，将成华小学20余年的光荣传统发挥得淋漓尽致！

"观滴水可知沧海"，从2019年度"尚美明师（员工）及团队"评选结果，便可以知道我们成华小学这个团队有多么优秀，有多么值得讴歌。

互助

8月12日　成都　雨

当我拨通吴林敏老师的电话，提醒他第二天的值班时间、地点、注意事项等，他愉快地答应了。

一小时之后，电话响起，吴老师语气急促："此刻我在德阳，本来决定赶回成都值班，可突然暴雨封门，成绵高速关闭，估计回不来，已经与胡强老师互换，并明确告知他相关的注意事项了。”

挂完电话，胡老师又打来电话，说已经知悉值班时间和地点，请我放心。

再后来，吴老师发来短信：“事发突然，给你造成不便，深表歉意，谢谢!”

关键时刻，大家相互理解，相互支持。

几个电话，一条短信，字字都那么暖人心!

乐观

这个暑假，新华校区绝大多数都是保安王冲师傅值守校门，他总是拿着体温枪，认认真真测量进校人员的体温。他经常打电话给我，问被暴风雨砸垮的树枝如何处理，需要帮忙尽管说；问学校安防设施设备的数量及位置，教育局安监科的同志在现场统计；问学校门口新装的防撞升降柱如何操作，挖的坑何时填平复位……

他也经常在后勤群里发消息，这不，因为那棵受伤的树，发了一句“问题不大，雨停了就叫人吹了就行了”，手抖，把“砍”写成“吹”，一个错别字，逗得大家直乐!

我跟他开玩笑“愉快的工作，乐观的生活，王师就是我们的开心果……”他又是一阵腼腆的笑。

还记得刚到学校时，安排一项任务给他，他很严肃地说：“先说钱哦，再做事……”

短短几个月，王师的变化是可喜的，这真得归功于成华小学这个强大的团队!

无论是几十年、几年还是几个月，在成华小学工作、学习，都有一种满满的成长感!

这种成长，是一场深沉的对话，是人与人的对话，人与环境的对话，更是人与自我的对话……

如果把成华小学比作一片森林，其中的每个成员就是一棵树的话，那每一棵树都在努力汲取水分和养料，每一棵树都在努力丰满自己的精神成长!我为自己是成华小学的一分子，并且能和战友们、校友们并肩作战感到深深的自豪!

无论未来怎样，唯愿你我在成华小学的日子里，都能刻下“与爱相伴”“与美相随”的烙印，并且，让它支撑着我们走得更稳、更远!

（李燕）

第十二章 / 导引尚美成长的学生内生动能

一、 尚美家长协同治校

有个“5+2=0”的教育案例随时都在警示着我们：如果学校教育不能很好地与家庭教育、社会教育形成“三位一体”的教育网络，就算学校付出再多的努力，其结果也不会十分理想。还有句话叫作“教学生不如教家长”，于是，我们学校不敢好高骛远、贪大求全，把一切教育责任都揽在身上，而是尽力整合各种教育力量，来促进我们的尚美教育形成合力。

（一）制定“家委会”暂行办法及工作制度

“人上一百，形形色色。”面对两三千学生，五六千家长，甚至更多的家庭成员，我们建立了分层次、分步骤的家长协同教育管理机制，采取分项目、分内容的家校协同管理，我们的工作才能得以顺利推进。所以，我们于2012年就拟定、讨论、通过了《成华小学加强和完善家长委员会建设的暂行办法》（以下简称《暂行办法》），让有志于家校管理的家长深度卷入到学校管理中来，并且持续推进着。

《暂行办法》主要包括“建设家长委员会的重要意义”“家长委员会的性质、权利和义务”“家长委员会的规范建设”四个大的板块，明确了家长委员会是对我校事务进行民主决策、民主管理、民主监督和咨询的自治性组织。它与学校教育机构相对独立、相互制约、相互促进，其成员由家长民主选举产生。根据学校自身“集团化办学”的特点，坚持科学、务实、创新的原则，建立健全“学校、年级、班级、校区”四级家长委员会。其中，“家长委员会的权利”涉及知情权、参与决策权、评价权、质询权和监督权。“家长委员会的义务”涉及维护学校和谐发展的义务、沟通协调和信息传递的义务、整合资源支持学校的义务、优化教育发展环境的义务、开展家长教育工作的义务等。在“家长委员会的规范建设”中，学校提出了“家长委员会委员的人数和任职条件”“家长委员会委员的产生办法”“家长委员会委员的变更”“家长委员会的机制建设”，以及“家长委员会的工作保障”等具体事项，让家长委员会从组建到工作都有章可循，有事可做，有能可为。

为配合《成华小学加强和完善家长委员会建设的暂行办法》顺利执行，学校还制定了《成都市成华小学家长委员会工作制度》，包括“总则”“组织原则”“活动方式”“组织形式”“参与内容”“权利和义务”等部分，较为完善地形成了成华小学“家委会”系统文书，有序地推动着全校家委会的各项工作的开展。

（二）建立《成华小学校家长学校工作管理制度》

“家委会”暂行办法及其工作制度建设，为学校加强与家庭教育的联系搭建了桥梁，接下来就是要做好如何指导和引导家长们做好孩子的督促、教育工作，因此，我们顺势成立了成华小学家长学校，并照例用制度建设来约束、管理相应工作，包括：

（1）分管德育工作的副校长主管家长学校工作，德育主任具体执行。

（2）德育处做好家长学校工作的计划、小结，按时填写讲课日志。

（3）班主任负责本班的家长学校工作，准时通知家长到校学习，组织好听课，统计好出勤情况，家长出勤率要达到90%以上。

（4）学校定期聘请专家、校领导、各年级组长、班主任、家长代表作为家长学校教师。

（5）家长学校以《家长学校教材》和《少年儿童研究》为依据，为家长配备必要读物。授课形式多种多样（专家讲座、参加学校、年级、班级主题教育活动、经验交流、座谈交流）。

（6）每次家长学校培训后，家长填写反馈表。班主任及时收回家长反馈材料，并写出情况分析。

（7）建立家长学校评价奖励机制，以评促建，以评培优，每年度对优秀学员给予表彰，以推动家学校依法、规范、有序、有效地开展工作。

有了《制度》，家长学校的工作也就得以顺利推进了。为了把家长的资源用好、用够，使学校与家庭形成教育的真正联盟，于是，我们又着手组织有时间、有责任、有能力、有奉献精神的家长到校开展驻校办公，也以《制度》的方式进行规范。

（三）健全《成华小学家长驻校办公制度》

家长参与学校的决策与管理，尤其是对学校工作进行的巡视、监督，能促进学校工作更好地向前推进。“驻校办公制度”或许就是很好的措施之一。

成都市成华小学家长驻校办公制度

（1）由学校家委会主席安排好驻校值班表，并提前一周通知家长，让家长们能提前安排好自己的事务，安心值班。（或者自己选择时间，提前一周提醒需要驻校的时间）

（2）驻校办公时间及人数：每月安排半天，时间为 8:20—12:35；每次 3～5 人。

（3）驻校办公地点：成华小学家长委员会办公室（二楼）。

（4）驻校家长的职责：驻校家长参与学校日常管理的全过程，如升旗仪式、随堂听课、检查食堂、值日护校等活动，督查学校教师上课、办公、学生活动、校园环境卫生、安全隐患、食堂卫生、饭菜质量以及协助学校处理突发性应急事件等，并完成家长委员驻校办公记录表。

（5）家长驻校办公流程

①到校后立即联系家委会校方负责人（德育主任），在其协助下开展工作；工作中有什么问题及时向家委会校方负责人反映。

②值班期间自行巡视办公室、教室、食堂、功能室、运动场地一次，发现问题及时记录。

③值班期间在学校教导处安排下至少进教室听一节课，主要是了解课堂，感受课堂气氛，但不做评价。

④大课间期间，随校方负责人参加课间操巡视。

⑤在值班期间，重点检查学校的食堂饭菜质量、卫生情况及学生进餐纪律，并做好相应记载，将意见反馈给校方负责人。

⑥如值班期间有大型活动，值班家长应全程参与活动，并提出相应的意见或建议。

⑦值班结束后，认真填写好值班记录表存档。

（6）工作考核

①学校对各班家长驻校办公情况进行记录，及时反馈家长的意见。

②期末对家长驻校办公的工作进行总结，表彰优秀的家长代表。

（7）本驻校办公管理制度解释权由学校德育处负责。

为促进家长驻校工作的认真、有序、扎实开展，我们还给他们设计了《驻校办公记录表》，让他们如实、及时地记录所发现的情况或问题，以便学校对照、整改。

表 12—1　成都市成华小学校级家长委员驻校办公记录表

家长委员姓名__________　时间__________

家长驻校办公包括一次校园寻访，一次与学生或老师的对话，一次课堂观摩，一条改进或合理化意见，一份翔实的记录。

项　目	内　　容
听课内容及评价	
与教师谈话	
与学生谈心	
参与学校安全（或食堂）检查	
合理化建议	

家长的眼睛是锐敏的，家长对学校工作的建议也是积极的，只要学校善于利用家长资源，无疑又会给学校发展增加一道新生力量。

（四）持续开展“家长开放日”活动

学校在发现家长资源、利用家长资源、整合家长资源方面，认识是超前的，行动是迅速的，效果是显著的。一年一度的“家长开放日”活动是按部就班、雷打不动的，并且每学期还有其较为明确的主题。比如，去年就确定了“如果有一个重返校园的机会摆在你的面前……你会……”这样令家长们十分心动的话题，促使家长们积极踊跃参与到活动中来。这是家长当时看到的《邀请函》部分内容：

在现代教育中，我们不难发现：孩子健康快乐地成长离不开家长和学校的共同配合。为了促进家校沟通，成华小学在本学期将开展四次“家长开放日”活动。我们诚邀家长们走进校园和班级，体验孩子的学习生活；走进孩子的心灵，倾听他们的心声；走进课堂，关注学习习惯；增进与学校、老师之间的沟通；加强家校共育，共同关注孩子的健康成长……

本着家长自愿的原则，通过网络形式报名，每名孩子的家长自主选择一次开放日活动。因为场地有限，每次“家长开放日”各班级邀请10—14名的家长参加，每位家长每学期至少有一次机会可以走进学校，走进课堂。

本期首次“家长开放日”流程是：参观校园文化→观摩学生“任务式晨读”→特邀成都市实验外国语学校西区教师、国家三级心理咨询师、四川省性学会青少年性教育专委会委员马文燕老师就“家庭性教育基本理念”开展专题讲座→观摩丰富多彩的大课间：冬季长跑、短绳操、川剧广播操……

我们在确定参加人员以后，班主任发放邀请函，家长凭借邀请函入校，领取意见反馈表，参观完毕后写下对学校的意见。

每次“家长开放日”活动都能给我们带来一定冲击——有肯定学校理念、做法的；有表扬老师的敬业、勤勉的；有建议学校活动开展形式、次数、内容的；有点评学校环境建设、办公室建设、班级建设的；有结合老师的讲课而写出的发自肺腑的感言……家长们的到来，从另外一个视角给学校管理者提供了新的思考和预期目标的重新设定，使学校如沐春风，能有力地推动学校尚美教育的进一步发展。

二、尚美学生综合评价

（一）学生尚美发展评价三级指标

学生怎样做才算尚美？学校希望他们怎样去尚美？“不以规矩，不能成方圆。”我们经过反复研究，梳理出了具有学校特色的量化指标，旨在引导老师、学生、家长去崇尚美好，奠基尚美的人生。

表 12－2　成华小学学生尚美发展评价指标

一级指标	二级指标	三级指标
思想道德	人品素质	爱护自己，关爱他人；自尊自信，自律自强；宽容谦逊，积极乐观；热爱劳动，勤俭节约；文明礼貌，言行得体
	公民素养	合群乐群，团结友善；关心集体，维护公德；热爱祖国，遵章守纪；诚实守信，善良正直；珍爱生命，保护环境；服务他人，履行职责
学业发展	知识技能	“双基”扎实，能灵活运用于实际生活；学科互联，形成有效的整合知识与技能
	学习能力	勤于思考，能综合运用已有知识解决实际问题；活学活用，具有实践操作能力；互助共进，具有合作学习能力；与时俱进，具有运用现代信息技术能力
	学业情感	敢于正视困难，拥有乐观、阳光的学习态度；敢于面对挑战，具备积极、持久的学习兴趣；敢于塑造自我，养成良好、健康的学习习惯
身体心理	锻炼意识	掌握体育锻炼的方法和技能、卫生知识和保健方法，养成良好的体育锻炼习惯和卫生保健习惯
	身体素质	身体健康，机能正常，身体素质达到《国家学生体质健康标准》
	自我管控	乐于与人沟通、交流，能调控自己的情绪，管控自己的行为
	自主适应	具有克服学习、生活中的困难的能力； 具有适应学习环境、社会环境的能力
尚美素养	尚美感受	能感知并发现生活、自然、艺术中的美
	尚美鉴赏	能用自己的标准、方式赏析美的事物及现象，表达美
	尚美创造	能在学习和生活中展示美、创造美
个性特长	兴趣爱好	对学习、生活充满兴趣，能专注于某一点，并持之以恒地发展
	特长特色	具备上面所有素养以外的或学科素质，或科学、艺术、体育技能等方面的突出表现

学校从“思想道德”“学业发展”“身体心理”“尚美素养”和“个性特长”五个方面建构起一级评价指标，又将其分解为“人品素质”“公民素养”“知识技能”“学习能力”“学业情感”“锻炼意识”“身体素质”“自我管控”“自主适应”“尚美感受”“尚美鉴赏”“尚美创造”“兴趣爱好”“特长特色”等十四个二级指标，再具体细化为三十个三级指标。这些指标实实在在规范着学生尚美发展的路径和方法，给学生提出了成长的明确要求。

孝顺

“爷爷，这是我们专门给你选的，你尝尝吧。”女儿一边说着，一边打开食品袋，拿出新鲜出炉的蛋糕请老人品尝。爷爷乐呵呵地说：“哦，谢谢，大家都吃！”

女儿在成华小学就读六年，从小就习得了孝顺的品德。无论在外就餐或是打包回家，她总会考虑爷爷婆婆，老人牙齿和肠胃不太好，太硬、太辣的不适合，她买的食品中一定有松软化渣、口味清淡的。

8月的一天下午，女儿6点打来电话，说要去取快递耽误一会儿，快6:40了才到家，一进门，就说：“不好意思，久等了。快递是一个小物件，阿姨帮我找了好一会儿才找到。”

一个电话、一句话，让等着开饭的家人心里暖暖的……

十多年来，这已经成为我们的习惯，也融为了女儿生命的一部分。

自信

8月的成都，酷暑难耐，文轩Books招商店成了我们的首选。

一天早上，我和女儿正在看书，忽然，有人拍拍我的肩膀，我扭头一看，是一个虎头虎脑的男孩子，他轻声问我：“请问您是成华小学的李老师吧？”我非常诧异，这里竟然碰到学生了？“请问你是？”“六（9）班的古家瑞，我在成华小学读完五年级，六年级就转到了另一所学校……”他告诉我，现在有两所中学抛出了橄榄枝，他和家长正在权衡哪所学校更适合自己。说完，他指着对面的一位女生：“她也是9班的，已经被某中学录取了，现在正在备战分班考试呢。”

偌大的书城，除了舒缓的背景音乐，只剩下我和小古同学的小声交流，我鼓励他，进入初中更需要静心的学习和严格的自律。

下午，依然在老位置，小古又带来另一位女同学，落落大方地介绍“这是我们班的……”一阵交流之后，各自安好。

小古，一个有礼貌的小男生，我坚信：凭着这份好学和自信，他一定能够闯出属于自己的一片天！

（李燕）

（二）“洁、齐、美”班级评比活动

珍珠晶莹剔透，十分可人；如果把一颗颗闪亮的珍珠穿缀成特质鲜明的项链，它将价值连城。学生个体优秀不如集体优秀，为了让学生尚美发展有更好的土壤，更为了促进学生整体的尚美发展，学校讨论、通过并实施了“洁齐美”班级评比活动。评比标准主要涉及学生看得见、摸得着、做得好的基本习惯培养，包括地面无纸屑、卫生角整齐、黑板水槽无水、桌椅对齐、课桌桌面干净、抽屉无垃圾、讲台物品整齐、墙裙干净、垃圾桶倾倒及时、黑板干净、电器关闭等。由德育处带着评比小组全体成员到各班进行“洁、齐、美”检查并打分，用相机拍下各班的卫生情况。做到检查当日及时反馈检查情况，提出整改意见。一周一汇总，在下周一集体朝会上表彰“洁齐美”班级，并颁发尚美荣誉旗进行表彰。

（三）班级集队“快、静、齐”评比

如果说学生能在相对固定的环境中表现很好的话，那就还要对他们在运动状态下的情况进行训练与考核、评比，以便让他们在集队、晨会、阳光大课间等多种环境下都能表现优秀。班级集队“快、静、齐”评比就是针对集队、集会活动中的班级学生表现，进行适时评价的制度建设。这项评比，由各班大队委交错下班，对负责班级集队“快静齐”进行监督、登记。待集队结束后，大队委听对班级的整体情况进行评判亮牌（“哭脸”或“笑脸”）。得到“哭脸”的班级，集会结束后将进行队伍队列单独训练。评比共三项内容，每一项内容以三“☆”为满星。在一项内容中，全班同学都做得较好，为三“☆”；每一项有 3～5 人未做好，为两“☆”，有 5 人以上未做好，为一“☆”。最后，按照总“☆”数量为评判依据：1～5 星为“哭脸”；6～9 星为“笑脸”。

简单的“哭脸”“笑脸”，却很好地激发着争取班级荣誉的激情，增强了班级凝聚力，弘扬着班级正能量。

魅力城市，花样运动

——成都市成华小学举行 2021 春季校内运动会

随着《运动会欢迎进行曲》奏响，“魅力城市，花样运动——成华小学 2021 春季运动会”于 2021 年 4 月 1 日在新华校区拉开帷幕。这次校运会离第 31 届世界大学生夏季运动会

(The 31th Summer Universiade) 正式开幕还有139天，自信的少年们也已蓄势待发。

开幕式上，几位神秘嘉宾——世界跳水冠军邱波、原四川男篮队长刘强以及两位四川省聋哑人篮球队队员莅临开幕式现场，为我校校运会加油助阵！

接着的入场式，可谓呈现了精彩瞬间：伴随激昂的音乐声，同学们的欢呼声，国旗队、各班方阵迈着整齐的步伐，喊着响亮的口号踏步入场。

紧接着是五年级“魅力城市”主题方阵——五（1）班“拉萨”、五（2）班“成都”、五（3）班“日本东京”、五（4）班“乌鲁木齐”、五（5）班“西安”、五（6）班“韩国”、五（7）班“西藏林芝”、五（8）班“泰国曼谷”、五（9）班“重庆”、五（10）班“丽江”逐一登场亮相，这些尚美少年们使出浑身解数，带我们领略不同城市的魅力。走进西安，感受中华历史文化；行至林芝，被藏族的舞蹈、摔跤等吸引；步入泰国曼谷，领略别样风情……随后是六年级“花样运动”主题方阵——六（1）班篮球、六（2）班呼啦圈、六（3）班羽毛球、六（4）班游泳、六（5）班韵律操、六（6）班毽球、六（7）班武术操、六（8）班绳操、六（9）班乒乓球、六（10）班足球悉数走来，少年们展示大运会的主要运动项目：篮球、羽毛球、游泳、武术等精彩场面持续高能、震撼。更令人期待的是教师代表队的惊艳亮相！

超燃的运动会开幕式，精彩无处不在，运动生生不息。

成华学子继续以尚美、自信、快乐的姿态向着未来出发。

运动会比赛即将开始，为了这场盛大的开幕式，同学们都铆足了劲儿，谁愿落后呢？

（蒋雨贝）

（四）尚美班级板报评比

班级文化建设是十分重要的，办板报既是学生喜欢的项目之一，又是班级文化建设的有益抓手。为鼓励学生办出高质量、有特色的板报，学校德育处也会对每次的板报进行以班为单位的评比。《尚美班级板报评比方案》就是为促进班级文化氛围的建设，充分发挥黑板报阵地在教育中的作用，学校组织开展的班级黑板报班级评比系列活动之一。比如，今年的《方案》规定了以“天府文化”“文明校园”“安全”“环保”“科技”“法治”“扫黑除恶”“校园欺凌”等为主题。德育处和部分老师代表、学生代表共计8人组成评委，按照主题是否鲜明、突出；版面设计是否文图疏密合理，分区有设计和规划感，整体视觉感协调、美观；内容是否丰富，健康向上，符合儿童特点，能体现成长痕迹；插图是否精致，富有个性，适当利用美化辅助材料（不宜过量使用喷绘），学生自主完成（低段师生合作）等进行评判，并以年级为单位，设“最佳设计奖”和“最具潜力奖”进行表彰。

（五）在特色主题活动中对学生实施多元评价

在2019年元旦佳节到来之际，我们以“四川美食闯天下”为载体，组织五、六年级学生开展了学期多元评价活动。活动秉承学校“美浸生活，美润人生”的办学理念，改变传统“一张试卷定乾坤”的单一评价方式，将“评价多元多维，注重生命成长”进行生动再现，通过游戏闯关活动与学科素养评价相结合的方式，在有趣的游戏中，达到让学生既“乐学”又“乐考”的目的。我们是想通过此项活动，让学生在游戏闯关中，对他们的基础知识、学习能力、创意表现、动手能力等方面进行考查；通过冲击各级关卡，检测学生在语文、英语、音乐、体育、美术、科学这六门学科学习中的综合能力表现；还希望通过活动与家乡特色美食的结合，让孩子们立足家乡，放眼世界，活学知识，活用智慧，尚美成长。

五、六年级全体学生人人参加本次活动，每个班的所有任课教师和各班家长、学生代表参加评价工作。以参与活动通关后，收集印章来衡量是否达标为评价方式。在五、六年级各设置五个关卡，一关一关地通过。

第一关是“客官，您的菜”。要求学生根据《小学语文课程标准》对五、六年级学生提出的综合性学习要求——能解决与学习和生活相关的问题，利用图书馆、网络等信息渠道获取资料，尝试写简单的研究报告；能策划简单的校园活动和社会活动，对所策划的主题进行讨论和分析，学写活动计划和活动总结；能初步了解查找资料、运用资料的基本方法。该活动要求学生四人为一组分工合作，根据交际情景，有条理地将四川特色美食介绍给一带一路的沿线国家，同时查阅资料，了解其他国家的风土人情，让小组的介绍更个性化。本内容主要考查学生的语文、美术、信息技术、品德与社会等学科知识的整合能力。四人小组选择出的一种四川特色美食，介绍给一带一路沿线的一个国家。让他们必须合作完成，并在了解推销对象国家概况后，进行相应推介。推介形式可以制作思维导图，可以制作PPT，可以录制小视频，还可以制作小展板等。四人小组准备好介绍资料后，要进行讲解分工，体现人人参与的必须要求。如果介绍资料准备齐全，人人参与，就得一颗“☆”；介绍时，语言表达流畅，又得一颗“☆”；介绍形式新颖，有趣，得到又一颗“☆”。

第二关是“美食我说唱”。这是根据《音乐课程标准》对五、六年级学生的综合性要求——学生发展音乐表现能力和创造能力，形成基本的音乐素养，能利用教师或教材提供的材料和方法，独立地或与他人合作编创 2～4 小节的节奏。该活动仍然要求学生四人小组合作，根据抽到的节奏型，组成四小节完整的节奏，结合语文、英语学科，用四小节节奏以说唱的形式，有条理地将四川特色美食介绍给一带一路的沿线国家。此项目主要考查学生语文、音乐、英语学科知识的整合。他们必须准备不同的节奏型，选出一种四川特色美食，四人小组以说唱的形式合作完成。评价标准是：介绍时，节奏表达准确，获得一颗“☆”；语言表达流畅，获得一颗星“☆”；用英文介绍，获得一颗“☆”。

第三关是“燃烧我的卡路里”。这是针对身体素质而设计的专项考查内容，意在使学生明白身体就是革命的本钱，知道健康的重要性。这一关包括极限挑战——一分钟仰卧起坐和风火轮——一分钟跳短绳两个项目。依然是四人一组，自主决定，两人仰卧起坐，两人跳绳。轮空的同学压腿、数数。通关方式是计算小组所消耗卡路里总数。小组消耗卡路里总数大于 45kcal 则为过关，未过关小组则重新排队，等待第二次测试。此关考查的是体育和数学学科知识的生活化解决能力。因为学生必须在通关过程中，将体育的两个通关项目与数学计算融合，计算出自己运动中所消耗的卡路里。计算公式是：仰卧起坐，每做一个消耗 10 卡路里能量，0.01（kcal）x 一分钟仰卧起坐个数＝一分钟仰卧起坐消耗卡路里；跳绳，每千克体重每分钟所消耗的能量为 0.83kcal，0.83（kcal）x 体重（kg）x 每分钟跳绳个数/跳绳满分个数＝一分钟消耗卡路里。五年级男生一分钟跳短绳满分个数为 148，女生一分钟跳短绳满分个数为 158；六年级男生一分钟跳短绳满分个数为 157，女生一分钟跳短绳满分个数为 166。最后，算出来的消耗 25kcal～34kcal 为一颗“☆”，消耗 35kcal～44kcal 为两颗“☆”，消耗 45kcal 及其以上为三颗“☆”。

第四关是“蓉城饭店，欢迎光临”。这项活动选取的是学生所熟悉的生活内容——家乡的小吃。通过引导学生调查了解家乡特有的传统习俗、传统饮食文化，以及具有地方风味的各色家乡小吃，从而启发记忆、观察生活，了解家乡的特色小吃，培养学生热爱家乡的情感。通过观察、记忆、介绍、表现具有本地区特色的小吃，体验生活的情趣，学会自己动手来制作表现家乡特色的食品，培养学生主动参与、乐于探究、勤于动手的意识，以及搜集信息的能力、获取新知识的能力、分析和解决问题的能力、交流与合作的能力。通过生动有趣的嘉年华活动，使学生了解有关家乡小吃的历史、特色和制作方法。尝试着采用超轻黏土工具来制作一份家乡的小吃，并能通过各种形式对家乡的小吃进行宣传，从而培养学生注意观察生活，激发学生热爱家乡的情感，提高学生的审美情趣。通过对家乡小食品的制作与宣传，大胆地表达自己的设计思想，体会美好生活的情趣。同时，还能培养学生的自信心，引导学生充分展示自己的个性。学习与人交往合作，增强小组合作学习的能力。在活动中，通过了解有关家乡小吃的历史、习俗，宣传介绍家乡小吃的特色，能抒发学生热爱家乡的情怀。此项目考查的是美术、英语、数学学科的整合能力。学生须自备超轻黏土一套，学校准备厨师帽子、一次性盘子或碗。我们始终坚持以小组的形式合作完成，本次的小组组成可以是自由组合，也可以临时按序组合。闯关规则是参加活动的制作厨师按组就座；下一场的活动厨师负责点餐，抽取厨师所做小吃；家长计时开始，三分钟内做完；厨师介绍推广，食客和家长裁判商定分值；一个队员先抽签，再任意选择一个美食模型，结合模型提出一个与签上有关的数学问题，并由第二个队员讲解并列式回答；一分钟内将题目叙述清楚，两分钟内完成讲解和列式。一共三分钟。评价标准是：能有小吃雏形，分工明确、人人参与，得一颗“☆”；有色彩搭配，得一颗“☆”；介绍推广形式新颖，有趣，得一颗“☆”。

第五关是“卡车装载大比拼”。这是根据《小学科学课程标准》对五、六年级学生提出的综合性学习要求——将科学课程与数学等课程进行相互渗透，从而促进学生的全面发展，体现出小学科学课程性质中实践性、综合性的特点。根据“舌尖上的美食：一带一路从成都出发”的主题，将科学与数学结合，设置闯关“卡车装载大比拼”。该活动要求学生两人为一组（可有家长参与），根据所学科学知识，选择最佳承重形状的纸梁，折纸后，试验纸梁最大承重力（所载垫圈个数），再利用数学知识将垫圈总数所对应的重力进行计算。主要考查数学与科学学科知识的整合。学生的闯关准备是要选择最佳承重形状的纸梁，折纸后，试验纸梁最大承重力（所载垫圈个数），再利用数学知识将垫圈总数所对应的重力进行计算。再用同样长度宽度材质的纸，折成理想中承载量最大的纸梁。在所规定的纸梁跨度（7 厘米）条件下进行实验，一个一个地在纸梁上放垫圈，直到纸梁垮塌为止，计算这个纸梁的最大承重力（所放垫圈总数减一）。最后，计算纸梁所载垫圈个数重力对应的卡车装载吨数（1 个垫圈相当于 500000 克力）。闯关规则是过程中不可使用手机或计算机；所折的各种形状的纸梁都为单层，不能为双层或多层；纸梁边缘重叠的位置允许有一厘米黏合重叠；放垫圈时，只能放在纸梁的表面，不能放在纸梁的中空的位置；总用时不超过五分钟。评价标准是：放垫圈在纸梁上，找准重心位置，摆放整齐，对称，得一颗“☆”；分工合作明确，得一颗

“☆”；计算结果准确无误，得一颗“☆”。

最后的“终极闯关方”是将语文、数学、英语、科学、音乐、美术进行大融合综合考查，并规定“只有闯关卡获得十五颗心的学生才能进行闯关”。闯关方式是参与闯关的学生，随机抽取一套练习，回答练习中所涉及的各学科问题，回答对三题过关获奖，五题全对获终极大奖。此闯关前，由英文、数学、英语、科学、音乐、美术各学科老师按年级各出五道有趣味性的闯关题，题型为选择、判断、填空三种形式，所出的题要做到彼此照应。各学科老师将闯关题的电子文档发给教导处，德育处统一设计《2019“美食闯天下”多元评价活动人员分工表》，方便大家查阅、对照执行。学生拿着“四川美食闯天下”卡，凭着前面获得的闯关积分，来挑战本轮“终极闯关”。评判标准与前面一致。

本次“四川美食闯天下”活动取得了圆满成功，受到各方面人士关注，他们在观察活动后，写下了自己的感悟。

第一关：客官，您的菜。孩子们在“上菜”环节，对四川美食如数家珍，对客人彬彬有礼，体现出了良好的品德修养，以及对美食知识的了解。

第二关：美食我说唱。以说唱形式推荐四川美食，娱乐中检阅了学生的音乐、戏曲、表达等素养。

第三关：燃烧我的卡路里。该环节集健康卫生、体育锻炼等于一体，较好地传递了“健康第一”理念。

第四关；蓉城饭店，欢迎光临。“蓉城饭店”，成都品牌。乡土教育、文明礼仪教育、美食文化浸润，不愧是川菜名府。

第五关：美食称称看（五年级）、卡车装载大比拼（六年级）。五年级的“美食称称看”蕴含物理、数学等学科知识渗透；六年级的“卡车装载大比拼”将装载、卸载寓劳动教育于兴趣活动中。

总体意见：立足国家“一带一路”倡议背景，在成都当前贯彻省委“一干多支、四向拓展、全域开放”部署，大力建设“世界文化名城”的背景下，学校坚持“活动育人、课程育人、实践育人”，坚持“创新评价、综合评价”，以生为本，家校携手，教育行政、教科研多元参与，指向学生综合素质发展，核心素养培育，较好地体现了学校新时代对立德树人、课程课改等育人目标、育人方向的精准把握。

总而言之，在元旦之际，活动策划立意高远，寓意丰富，极具时代性、育人性、实效性，效果显著。

——成华区教育局德育科科长　曹建全

评价的多元带来的是多维多元的育人模式，并以此撬动全体教师教育理念的不断更新，教育教学方法的不断优化。更由此为更多的孩子搭建了体验成功和进步的平台。引入家长参与到评价当中，也很好地表现出学校对教育成功与否的关键点的把握。寓教于乐的方式非常契合学生的年龄特点，很好。

——成华区教育局小教一科科长　李晓静

学科整合好；有“形”有“式”，“虚”中有“实”、“实”中有“虚”的形式；各学科素养得到很好培育。

——成华区教育科学研究院小学语文教研员余致俊

着眼于学生综合能力，展示学生跨学科素养，精心设置多元评价，真正促进学生全面发展，活动“创新、有趣、高效”。

——成华区教育科学研究院小学语文教研员　叶旭

将数学数据的搜集与体质健康监测结合，增强了学生健康意识，促进了学生健康生活观念的形成；动手制作食品模型，寓教于乐，对发展学生的空间观念很有裨益；依据数学信息，提出数学问题，在轻松自然的氛围中巩固了新知。如果时间充裕且条件成熟，似可以结合主题进行传统四川美食地图的制作；结合实际进行美食点餐中的营养搭配；美食制作过程时间的优化；食材采购价目表的制作等。

——成华区教育科学研究院小学数学教研员　张川

此次活动丰富了学生课程学习的方式，有力地激活了学生学习的兴趣，融合了家校联动的课程建设模式，活动主题和活动课程包含了“一带一路”、生活能力等社会发展热点元素和学生生活能力等多元的核心素养价值取向。

闯关活动以小组参与的方式，除了培养学生的合作能力，还发展了学生社交能力，以及批评思维能力，进一步在团队融合中渗透情感教育。

——成华区教育科学研究院小学英语教研员　任军军

“美食我说唱”部分建议：可以将“写”分解为写谱模版、节拍、排序技巧、终止感；将“说唱”分解为独特的唱词、词曲对位的技法、处理前奏、间奏、要素；将“伴奏”分解为课堂乐器的选择、奏法、与说唱的配合、小组合作分工。

总体意见：成华小学的活动有亲子共成长，或陪伴中见证之感受。表现在飘雪的惬意与喜乐、学科的认知与接纳、知识的处理和运用、同伴的互助与共享、情绪的释放与表达等几个方面。

——成华区教育科学研究院小学音乐教研员　李嵘

一个非常好的综合实践活动，学生在活动中价值体认、责任担当、问题解决都得到了很好的体验，融合了各学科，既动脑，又动手，很愉快。

——成华区教育科学研究院小学综合学科教研员　赵燕菊

学校举办的多元评价活动非常有利于学生的综合素养培养，这是一个很好的导向，对老师、对学生、对家长都是正确的引导。本次活动以小组合作的方式展开，对培养孩子的合作合群能力有积极的作用。这是基于儿童视野的创新性活动，是学校“以儿童为中心”的教育理念的重要体现。

——成华区教育科学研究院教科部　孙倩

开门办学，家长参与，内容丰富，评价多元。能在活动中调动学生学习参与的主观能动性和学习的潜能，并且乐于参与。活动中，学生的学科素养、综合能力、高阶思维的养成都有较好的展现。好！

——成华区人民政府督学　黄光远

《四川教育》还刊登了报道《有味道的多元评价——成都市成华小学开展五、六年级学生多元评价活动》，摘要如下：

评价是教育教学活动不可回避的话题，也是值得教育人潜心思考、系统构建的必修课。当2019年新年钟声即将敲响的时刻，成华小学于2018年12月29日上午8点，在新华校区开展了“四川美食闯天下——2019年元旦五、六年级学生多元评价活动”。

这次活动，是成华小学对接“一带一路”国家战略目标，秉承学校“美浸生活，美润人生”的办学理念，遵循“基于人，成就人”的思想，旨在改变传统的“一张试卷定乾坤”的单一评价方式，培养学生的全局意识、世界意识、未来意识，建立学科学习之外的多维度、全学科综合评价体系，促进全体学生全面、健康发展。“多元”成了本次活动最突出的特征。

首先，评价内容的多元。他们通过“客官，您的菜”“美食我说唱”“燃烧我的卡路里”“蓉城饭店，欢迎光临”“美食称称看”和“卡车装载大比拼”六大闯关活动，将学生置于一个又一个、一个接一个的活动项目中。这“六关”各有侧重，又都建立在五、六年级学生的认知水平、知识背景和学生的现有基础之上，不是课堂学习的简单重复，而是对学科学习、课堂活动的有益延伸和合理补充，体现了“学习的外延与生活的外延相等”的育人理念。他们将活动相关准备前置，旨在通过孩子们前期收集资料，形成研究报告，以“客官，您的菜”向一带一路国家推介四川特色美食；在“美食我说唱”“蓉城饭店，欢迎光临”两个环节，将具有地方风味的家乡美食作热情宣传；再到“美食称称看”体验购买、运输乐趣。其中在“蓉城饭店，欢迎光临”环节，鼓励学生提出生活中的数学问题，在“燃烧我的卡路里”环节激发锻炼兴趣，让孩子们从计算出的数据中懂得锻炼的好处，宣传健康生活的理念。

其次，评价主体的多元。他们坚持“人人都有舞台，个个都能精彩”的思想，提前一个月就在全校发动、准备，实现了不让一个孩子落下的承诺。学校教导处、德育处牵头几上几下设计、修改、完善活动方案，五、六年级 19 个教学班班主任作班级具体安排、协调，下班老师积极参与其中，全校学生基本按四人小组组队，参与活动前资料搜集、整理、写稿、演练，并将学生家长卷入进来进行针对性指导、提升、优化，再提前一天精心布置活动场地，29 日完成“闯关”活动。在整个活动中，孩子们是名副其实的主体，老师、家长也是配合学生完成活动的主体，学校行政、各个处室都成了这次活动的必不可少的主体。学生在活动中，“众星拱月”，也是当天最亮的那一颗颗闪耀的星星。最令人欣慰的是平时在班级里学习相对落后的孩子在本次活动中的表现却极为抢眼，多元智能理论充分影响着我们的教育。值得一提的是家长在活动中担任着主要角色，组织、后勤，尤其是担任评委工作，有板有眼，像模像样，自始至终表现出主人翁意识，实现了学校教育、家庭教育的有机融合，协同发展。

第三，评价方式的多元。这次活动，他们以“四川美食闯天下”为载体，通过学科整合相互渗透，检测学生在语文、数学、英语、音乐、体育、美术、科学、信息技术等各学科的素养和能力；其“闯关”过程，从基础知识、探究学习、创意表现、动手能力、合作能力与个人发展方面进行考查；以团队协作的形式进行评价，兼顾学生的个体成长和特长发展；坚持立德树人，配合“一带一路”国家战略，弘扬“天府文化”，将四川美食传播到世界去。这样的定位催生了活动的多样性和丰富性。在活动现场，有孩子们制作的 PPT、小报、实物模型、视频、MP3、照片、现场角色扮演；有现场陈述、即兴表达、现场绘画、击节奏、编词演唱、现场演绎、动手制作、体育运动、当场计算等，可谓是让孩子们要使出十八般武艺来各显神通，最终实现集体才华与个人才艺的互动多赢。

第四，评价标准的多元。他们将每个关口设置为 3 颗星，其中“达标”为 1 颗星，

“优秀”为2颗星，具有高阶思维为3颗星。评价过程中，强调观察学生的学科素养、小组合作能力、高阶思维养成，特别注重有创意、有特色的展现。集齐10～14颗星的孩子，奖励美食体验——品尝美食；为前24名的集齐15颗星学生授予“星级推介师”称号，并参与制作美食。这样的评价，既照顾全体，又允许冒尖，既注重参与，又突出创新，对孩子来说，获得了很好的挑战和真实体验。

“闯关”活动结束，全校同学依次到风雨操场品尝学校师傅为他们精心准备的他们最爱吃的“四川麻辣烫”。面对飘着漫天雪花的严寒日子，成华小学却洋溢着一个个快乐、惬意的笑脸，真是味道带来爽声语，尚美浸润学子心啊！

除此之外，学校还坚持开展一年一度的“三好学生”“优秀学生干部”“尚美少年”等评选活动。因为这项培训活动与上级主管部门有关，学校严格按照上级文件办理，不再单独设置有关评价指标。

后　记

《论语·为政》有“吾十有五而志于学，三十而立，四十而不惑”之说法，成华小学 1991 年建校迄今正好跨入而立之年。所谓“而立”，指一个人到了三十岁应该人格自立、学识自立、事业自立。成华小学迈入“而立”之年，高擎尚美教育大旗，践行尚美立人主张，成为成都市城东小学教育的“旗舰”。

成华小学为什么要高擎尚美教育大旗呢？因为“生活中不是缺少美，而是缺少发现美的眼睛”；因为“爱美之心，人皆有之”；因为美是人类的最高追求，尚美也应是教育的最高追求。

我们践行尚美立人，是基于人、为了人、成就人的教育，是立足师生追求美好，实现美的憧憬、美的规划、美的成长、美的发展、美的创造的教育，是一朝获得、终身受益的高品质教育。

尚美教育坚守“五育”并举，以美立人；理念是美浸生活，美润人生；主张提取国家课程、地方课程和校本课程的“美的因素”，引导师生发现美、欣赏美、表达美、创造美，做到在学习中尚美，在尚美中学习，在成长中尚美，在尚美中成长；通过建构尚美校园、尚美学堂、尚美活动三个支柱，将尚美教育有效落地，实现化理论为行动，化空洞为具象，化烦冗为简明。

尚美教育努力将客观存在与主观认识相统一，既观照“德智体美劳”和“真善美”中的“小美”，更关注以美为统领的“德智体美劳”全面发展和“真善美”协调的“大美”和合，追求“各美其美，美人之美，美美与共，天下大同”的教育境界。

尚美教育的成华实践折射出一条真理——美是个性中的共性提炼，也是共性中的个性张扬，既体现出“大美无言”“大美无痕”“大美无拘”，又告诉人们“大美有声”“大美有形”“大声有影”。

成华小学的尚美教育，是对习近平总书记关于美的真知灼见、党中央国务院关于

《教育方针》的定调、当今中国新时代教育的卓越追求的具体落实；是成华小学三任校长对尚美教育一以贯之的坚守，一代代师生将学校理念付诸实践，不断总结、提升的锐意探索；是学校教育科研持之以恒的八轮以“美”为核心的课题研究，对学校各方面工作起着方向引领的定心定力，成华小学的尚美教育是在传承中见韧劲，在细节中见品质，在创新中见卓越的教育。

三十年，说短不短，说长不长。但要把学校三十年的殷殷步履和不凡行动进行全面梳理，实属不易。故我们按照“追求”“历程”“行动”三个板块系统论述，构成了较有特色的成华小学美育著述。为此，我们还是感到欣慰的。

本书的撰写和出版，得到了全国顶级教育学家成尚荣先生大力支持，得到了《教育科学论坛》主编崔勇、副主编张泽科鼎力相助，得到了学校行政、老师、学生及家长通力配合，得到了四川教育出版社学术分社卢亚兵社长、李健敏主任、李霞湘老师的倾力编、审、校，我们将铭记在心，永远感恩他们。

王睿、甘源、叶春艳、陈川、陈鸣镝、张怡、张倩、罗锦霞、姚远、唐莉、廖佳秋等（按姓氏笔画排名）诸位老师对本书亦有重要贡献，在此特别致谢！

“凡操千曲而后晓声，观千剑而后识器。”通过本次编写，我们更加坚定：成华小学在而立之年已经尚美而立，我们将继续尚美行稳致远！

宿强 李建荣

2021 年 9 月